Mali

Wegweiser zur Geschichte

Begründet vom
Militärgeschichtlichen Forschungsamt

Herausgegeben vom
Zentrum für Militärgeschichte und
Sozialwissenschaften der Bundeswehr

Wegweiser zur Geschichte
Mali

Im Auftrag des
Zentrums für Militärgeschichte und
Sozialwissenschaften der Bundeswehr
herausgegeben von

Martin Hofbauer und Philipp Münch

Zweite, aktualisierte Auflage,
bearbeitet
von

Torsten Konopka

FERDINAND SCHÖNINGH 2016

Umschlagabbildung:
  Malischer Bus östlich von Mopti (*pa/EPA/Nic Bothma*)

Bibliografische Information der Deutschen Nationalbibliothek

Die Deutsche Nationalbibliothek verzeichnet diese Publikation
in der Deutschen Nationalbibliografie; detaillierte bibliografische
Daten sind im Internet über www.dnb.de abrufbar.

Gedruckt auf umweltfreundlichem, chlorfrei gebleichtem
und alterungsbeständigem Papier ISO ⊗ 9706

2., akt. Aufl.
© 2016 Ferdinand Schöningh, Paderborn
(Verlag Ferdinand Schöningh GmbH & Co. KG,
Jühenplatz 1, D-33098 Paderborn)

Internet: www.schoeningh.de

Redaktion und Projektkoordination:
Zentrum für Militärgeschichte und Sozialwissenschaften
der Bundeswehr, Fachbereich Publikationen (0718-03)
  Satz und Layout: Christine Mauersberger und Carola Klinke
  Karten und Grafiken: Daniela Heinicke, Bernd Nogli und
  Frank Schemmerling
  Bildrechte und Lizenzen: Marina Sandig
  Lektorat: Aleksandar-S. Vuletić

Druck: SKN Druck und Verlag GmbH & Co., Norden

Alle Rechte vorbehalten. Dieses Werk sowie einzelne Teile sind urheberrechtlich geschützt. Jede Verwertung in anderen als den gesetzlich zugelassenen Fällen ist ohne vorherige schriftliche Zustimmung des Verlages nicht zulässig.

Printed in Germany

ISBN 978-3-506-78661-6

Inhalt

Einleitung ... 7

I. Historische Entwicklungen

Mali und Westafrika in vorkolonialer Zeit.
Die Reiche Ghana, Mali und Songhay ... 17
Martin Hofbauer

Die Eroberung von Französisch-Sudan.
Vom 19. Jahrhundert bis 1940 ... 33
Martin Rink

Mali und die Entkolonialisierung ... 47
Bernd Lemke

Mali unter dem Militärregime Traorés ... 61
Klaus Schlichte

Mali seit 1992:
Erfolge und Schwächen einer jungen Demokratie ... 71
Charlotte Heyl und Julia Leininger

Separatistische Bestrebungen der Tuareg in Mali ... 83
Georg Klute und Baz Lecocq

Zwischen innerstaatlicher Gewalt und
Dschihadismus. Mali von 2013 bis in die Gegenwart ... 101
Torsten Konopka

II. Strukturen und Lebenswelten

Die Volkswirtschaft Malis:
Nomadische Viehhaltung und Goldrausch ... 115
Dieter H. Kollmer

Die ethnische Dimension des Konfliktes in Mali *Gerald Hainzl*	129
Der malische Staat. Vom Flaggschiff der Demokratie zum Schiffbruch im Fahrwasser der Anarchie? *Martin van Vliet*	143
Staatliche und nichtstaatliche Konfliktakteure in Mali *Wolfgang Schreiber*	157
Mali als Betätigungsfeld internationaler Akteure: Zwischen Entwicklungshilfe und »Globalem Krieg gegen den Terror« *Philipp Münch*	175
Deutsche Politik gegenüber Mali *Siegmar Schmidt*	191
Frankreichs Politik in Mali *Tobias Koepf*	205
Städteporträts Bamako, Koulikoro, Gao *Peter Pannke/Thilo Thielke*	219

Anhang
Historisch-politische Entwicklung Malis – Zeitstrahl	234
Literatur und neue Medien	256
Abkürzungen (Auswahl)	266
Register (Auswahl)	267

Einleitung

Mali ist mit einer Fläche von 1,24 Mio. Quadratkilometern rund dreieinhalbmal so groß wie die Bundesrepublik Deutschland und reicht über mehrere Klimazonen hinweg. Rund 60 Prozent der Landesfläche sind allerdings fast menschenleeres Wüstengebiet. Auch deswegen ist Mali mit etwa 17 Mio. Einwohnern eines der am dünnsten besiedelten Länder Afrikas. Als Binnenland besitzt es keinen direkten Zugang zum Meer. Dies wirkt sich auch negativ auf die politische Bedeutung des Landes in der Region und auf sein wirtschaftliches Entwicklungspotenzial aus.

Die geografische Lage abseits der Welthandelsströme mag sicherlich neben anderen Ursachen dazu beigetragen haben, dass große Teile der deutschen Gesellschaft die Entwicklung in der Republik Mali über Jahrzehnte hin kaum wahrgenommen haben. In politisch interessierten Kreisen galt der westafrikanische Binnenstaat bis 2012 als politische »Vorzeigedemokratie« in Afrika. Gleichzeitig suchten nur wenige kulturinteressierte deutsche Reisende die Große Moschee des UNESCO-Weltkulturerbes in Djenné auf, besuchten das legendäre Timbuktu oder ließen sich von der atemberaubenden Schönheit der unendlich wirkenden Wüste berauschen.

Mit dem Aufstand der nach Unabhängigkeit strebenden bewaffneten Rebellen im Norden des Landes Anfang 2012, dem Putsch in der Hauptstadt Bamako im März und der französischen Intervention im Januar 2013 trat Mali jedoch in das Blickfeld der deutschen Öffentlichkeit. Die Medien berichteten nun regelmäßig über Menschenrechtsverletzungen und vom Vormarsch der teils islamistischen Gruppen nach Süden oder vom militärischen Gegenschlag französischer Streitkräfte. Ein besonderes Augenmerk richtete sich dabei immer wieder auf die Verwüstung der weltberühmten Bibliotheken in Timbuktu durch Islamisten und die Rettung der überwiegenden Anzahl teils unersetzlicher Manuskripte durch die Bewohner der Stadt.

Weitere Aufmerksamkeit in der deutschen Öffentlichkeit erhielt Mali mit dem Einsatz der Bundeswehr vor Ort ab Ende März 2013. Kurz nachdem französische Truppen ihre Bodenoffensive in Richtung der nordöstlichen Landesteile begonnen hatten, beschloss die Bundesregierung zwei Mandate für den deutschen Einsatz in Mali, die der Deutsche Bundestag Ende Februar nach intensiven Beratungen billigte: zur Ausbildung der malischen Armee im Rahmen der »European Training Mission Mali« (EUTM Mali) und zur logistischen Unterstützung des französischen und afrikanischen Kampfeinsatzes (Operation »Serval«). Aus einem für die deutsche Öffentlichkeit lange Zeit eher unbekannten Land wurde auch ein neues Einsatzgebiet der Bundeswehr, das seitdem auch in den deutschen Medien präsent ist.

Drei Jahre später haben sich die Konfliktdynamiken grundlegend gewandelt. Zwar droht keine Abspaltung des Nordens mehr vom Rest des Landes. Auch amtiert seit Herbst 2013 ein neu gewählter Präsident, während nationale und internationale Streitkräfte im Rahmen der vom VN-Sicherheitsrat im April 2013 beschlossenen »Multidimensionalen Integrierten Stabilisierungsmission« (MINUSMA) die wichtigsten Ortschaften kontrollieren. Dennoch bleibt Mali der ständigen Bedrohung dschihadistischer Anschläge ausgesetzt. Derweil erschütterten islamistische Angriffe Ende 2015 die französische Hauptstadt Paris. Auch aus diesem Grund und zur Entlastung der für die VN in Mali sehr aktiven Niederlande entschied sich die Bundesregierung Anfang 2016 für ein noch größeres Engagement. Fortan erlaubt das Bundestagsmandat die Entsendung von bis zu 650 Soldaten im Rahmen der Stabilisierungsmission MINUSMA. Bereits im Sommer 2015 hatte die Bundeswehr zudem die einjährige Führung der EUTM Mali übernommen.

Das starke französische Engagement im heutigen Mali steht auch im Zusammenhang mit der früheren »Kolonialherrschaft« Frankreichs über große Teile Nord- und Westafrikas. Seit die französische Kolonialarmee im Jahr 1830 Algerien unterworfen hatte, starteten von dort immer wieder Expeditionen zur Erschließung und Eroberung weiterer Gebiete. Ende des 19. Jahrhunderts drangen französische Kolonialtruppen auch aus dem Senegalgebiet in das Gebiet des heutigen Mali vor und gliederten es Mitte der 1890er Jahre in das französische Kolonialreich ein. Auch nach dem Ende der französischen Kolonialherrschaft am 22. September 1960 sind deren Nachwirkungen im unabhängigen Staat Mali bis heute feststellbar.

Einleitung

Wie die meisten anderen afrikanischen Gesellschaften prägen auch die malische zahlreiche historisch gewachsene Widersprüche. Sowohl die Kolonisierung als auch die bereits vorher erfolgte Einbindung in den Weltmarkt bewirkten einen gesellschaftlichen Wandel. Die Grenzen des unabhängigen Mali hatten noch die Kolonialherren weitgehend ohne Rücksicht auf die dort lebenden lokalen Bevölkerungsgruppen gezogen. Somit entstand ein Nationalstaat, ohne dass ein entsprechendes Nationalgefühl vorhanden war.

Ebenso fehlte dem von den Kolonialherren hinterlassenen zentralisierten, bürokratischen Staatsapparat die Akzeptanz in der Bevölkerung. Die Regierenden unterschiedlicher politischer Richtungen setzten somit regelmäßig bei Konflikten auf die Anwendung von Gewalt. Auch die ab 1991 nach außen demokratisch-rechtsstaatliche Staatsordnung funktionierte tatsächlich zu einem Großteil im traditionalen Sinne entlang personaler Patron-Klienten-Netzwerke.

Die Verantwortlichen strukturierten die zuvor überwiegend gesellschaftlich eingebettete, auf Selbstversorgung ausgerichtete Wirtschaft um. Denn anders ließen sich die für ein modernes Staatswesen erforderlichen Überschüsse nicht erzielen. Ohne ein wettbewerbsfähiges industrielles Potenzial lief die Umstrukturierung der Wirtschaft auf Anbau und Verkauf von absatzstarken Agrarprodukten hinaus. Dadurch wurde Mali jedoch gleichzeitig abhängiger von den schwankenden Weltmarktpreisen und den erforderlichen Investitionskrediten.

Legitimiert durch unterschiedliche »Entwicklungs-« und Modernisierungsideologien, zu denen sowohl der Sozialismus als auch der Liberalismus zählten, machten sich die Regierenden daran, die als »rückständig« ausgemachten traditionellen Verhältnisse zu ändern. Entsprechend stark war der Widerstand in den am stärksten traditionell geprägten Landesteilen. Dies traf vor allem auf die Siedlungsgebiete der Tuareg zu. Diese Region war nicht nur von mehreren Staatsgrenzen zerschnitten, sondern bisher weniger von kolonialen Modernisierungsprojekten erfasst worden als der Rest Malis. So gesehen ist der Aufstand der Tuareg 2012 kein neuartiger oder auch nur überraschend auftretender Konflikt gewesen, sondern steht in einer Folge von Aufstandsbewegungen seit Beginn der Unabhängigkeit Malis. Damit ist Mali bereits historisch in die Region Westafrika eingebettet. Der vorliegende Band versucht daher, wo immer möglich, die wechselseitigen Beziehungen Malis zu den benachbarten Ländern bzw. zur Region aufzuzeigen.

Trotz des oft problematischen Erbes der kolonialen Vergangenheit unterhalten Frankreich und Mali intensive Beziehungen. Bis zum gegenwärtigen Konflikt lebten dort rund 7000 Franzosen; gleichzeitig haben zahlreiche Malier ihre Heimat in Frankreich gefunden. Auch haben französische Kultur und Sprache Mali geprägt. Dagegen ist das deutsch-malische Verhältnis weit weniger intensiv. Die Bundesrepublik Deutschland und die Europäische Union (EU) – aber auch andere internationale Organisationen – müssen eine gemeinsame Haltung zu den Ereignissen und gegenüber den relevanten Akteuren in Mali oftmals erst entwickeln. Zu unterschiedlich sind die historischen Voraussetzungen und die sich daraus ableitenden außen- und sicherheitspolitischen Interessen.

Der vorliegende Band versteht sich als Wegweiser für einen breiten historisch und politisch interessierten Leserkreis. Dem Konzept der Reihe »Wegweiser zur Geschichte« folgend, bildet das Kapitel über die *Historischen Entwicklungen* von Mali bis zu den Ereignissen der Jahre 2012/13 und deren Folgen den Kern der Darstellung. Hierauf bauen die Ausführungen zu den *Strukturen und Lebenswelten* auf, die das heutige Leben der malischen Bevölkerung prägen. Dieses Buch soll also einen breiten Ein- und Überblick in die Geschichte und Lebenswelt des westafrikanischen Staates ermöglichen sowie die Wechselwirkungen mit anderen Staaten der Region, mit einzelnen Ländern wie Deutschland und Frankreich und nicht zuletzt mit ausgewählten internationalen Organisationen und Akteuren aufzeigen. Die folgenden 15 Beiträge behandeln daher sowohl die Geschichte als auch die Gegenwart Malis und gehen auf historische, politische, gesellschaftliche, wirtschaftliche und kulturelle Themen ein.

Gegenüber der ersten Auflage von 2013 wurden der Großteil der Beiträge sowie der Anhang aktualisiert. In dieser zweiten Auflage wird der Fokus auf die politische und militärische Entwicklung Malis in den vergangenen Jahren gelegt: auf die zähen Verhandlungen um einen Friedensvertrag und dessen Umsetzungsschwierigkeiten, auf die im April 2013 beschlossene

Einleitung

VN-Mission sowie auf die parallel laufende Ausbildungsmission der EU. Trotz nationaler und internationaler Bemühungen ist Mali auch vier Jahre nach Ausbruch des Konfliktes noch immer regelmäßig von Gewalttaten betroffen. Deshalb ist auch in Zukunft eine internationale Aufmerksamkeit für die Entwicklungen in diesem Land zu erwarten. Eine zweite, aktualisierte Auflage erschien daher erforderlich.

Im ersten Kapitel *Historische Entwicklungen* beschreibt zunächst *Martin Hofbauer* in einem kurzen Abriss die Geschichte der alten Reiche Ghana, Mali und Songhay. Auf dem heutigen Staatsgebiet und im näheren geografischen Umfeld entstanden im Laufe der Jahrhunderte, die in Europa als Mittelalter bezeichnet werden, so viele staatsähnliche Gebilde wie in keiner anderen Region Afrikas. Noch heute besitzen sie eine hohe Symbolkraft für die Selbstidentifikation im postkolonialen Afrika. Nicht von ungefähr wählte im Jahr 1960 die neue Republik den Namen Mali und stellte sich so in die Tradition des alten Mali-Reiches.

Im Laufe des 19. Jahrhunderts wurden Nord- und Westafrika und damit auch das Gebiet des heutigen Mali zum Objekt französischer Interessen. *Martin Rink* schildert in seinem Beitrag die Entwicklung von der schrittweisen Eroberung durch die Franzosen über den anhaltenden Widerstand einheimischer Gruppen bis zur kolonialen Beherrschung der gesamten Region.

In den 1950er Jahren verstärkte sich die Unabhängigkeitsbewegung zur Loslösung der Kolonialgebiete von Frankreich. Diesem Themenkreis wendet sich *Bernd Lemke* zu. Schlaglichtartig umreißt er den langen und teilweise beschwerlichen Weg hin zur formalen malischen Staatsgründung am 22. September 1960. Im Anschluss skizziert er die letztlich gescheiterte sozialistisch orientierte Politik Modibo Keitas, des ersten Staatspräsidenten Malis, der am 19. November 1968 im Zuge eines Staatsstreiches entmachtet wurde.

Klaus Schlichte widmet sich Mali unter dem Militärregime Moussa Traorés, also der Zeit zwischen 1968 und 1991. Im Zentrum seiner Überlegungen stehen die Ausformung der politischen Herrschaft im Land, der Wandel der wirtschaftlichen Grundlage der Bevölkerung und der Konflikt zwischen der Zentralregierung im Süden des Landes mit Teilen der Tuareg-Bevölkerung im Norden. Ebenso wichtig sind für Schlichte dabei die

Verbindungen von Teilen der Tuareg zu den benachbarten Ländern wie Algerien oder Libyen, in denen ebenfalls Tuareg-Gruppen beheimatet sind.

Nach einem erneuten Militärputsch 1991 fand mit der Wahl Alpha Oumar Konarés 1992 die erste freie und demokratische Präsidentschaftswahl in Mali statt. Seitdem wurde das Land überwiegend als »Vorzeigedemokratie« in Afrika bezeichnet. *Charlotte Heyl* und *Julia Leininger* zeigen die Stärken und Schwächen dieser jungen Demokratie bis zum erneuten Putsch von 2012 auf und fragen, ob die vorherrschenden Defizite von der seit Ende 2013 amtierenden Regierung beseitigt wurden.

Detailliert zeichnen *Georg Klute* und *Baz Lecocq* die Sezessionsbestrebungen der malischen Tuareg in den 1990er- und 2000er-Jahren nach. Bereits die französischen Kolonialherren gewährten den Tuareg Sonderrechte, um sie in ihren Herrschaftsbereich integrieren zu können. In der nachkolonialen Zeit kämpften Tuareg-Gruppen immer wieder um Autonomierechte und entwickelten gleichzeitig die Idee eines unabhängigen Gebietes namens »Azawad«.

Im letzten Beitrag des ersten Abschnittes beschreibt *Torsten Konopka* die Konfliktlinien zwischen 2013 und 2016 und stellt die Frage, ob der im Sommer 2015 unterzeichnete Friedensvertrag zwischen der malischen Regierung und nichtstaatlichen Gewaltakteuren im Norden zur langfristigen Stabilisierung des Landes führen kann.

Der zweite Abschnitt *Strukturen und Lebenswelten* gewährt vertiefende Einblicke in zentrale Bereiche der malischen Gesellschaft und analysiert ausgewählte Aspekte sowie Problemfelder des 2012 ausgebrochenen Konflikts.

Dieter H. Kollmer stellt die Volkswirtschaft Malis vor, zusammengefasst als Armut zwischen nomadischer Viehhaltung und Goldrausch. Als eines der ärmsten Länder der Welt belegt Mali nach einem Bericht der Vereinten Nationen im Index der menschlichen Entwicklung für das Jahr 2015 den Platz 179 von 188, obwohl anhaltend hohe Preise für Gold und Baumwolle in den letzten Jahren wichtige Devisen erbrachten.

Für ein Land und seine Bevölkerung sind neben der wirtschaftlichen Lage kulturelle Aspekte wichtig, gerade auch im Hinblick auf die Selbstwahrnehmung und Selbstidentifikation

Einleitung

einer von historischen Widersprüchen geprägten Gesellschaft. *Gerald Hainzl* zeigt in seinem Beitrag, dass Ethnizität bestenfalls eine Form der Identität ist, zu der sich die Menschen in Mali bekennen. Außerhalb des Tuareg-Konflikts sind ethnische Kategorien im Süden des Landes weniger bedeutend. Gleichwohl bildeten sich in Mali auch politische Gruppierungen auf ethnischer Grundlage.

Martin van Vliet analysiert die von europäischen Vorstellungen abweichende Praxis des Regierens in Mali. Er geht dabei zum einen auf die Art ein, wie Politiker anhand persönlicher Netzwerke Zustimmung gewinnen. Zum anderen legt er dar, wie die Regierung den Norden größtenteils über wechselnde Bündnisse mit bewaffneten Gruppen zu beherrschen versuchte.

In einem systematischen Überblick skizziert *Wolfgang Schreiber*, wie die derzeit entscheidenden nicht-staatlichen bewaffneten Gruppen entstanden, wer sie unterstützt, welche Schlüsselfiguren sie prägen und in welchem Verhältnis sie zueinander stehen. Einige Gruppierungen kämpften dabei stets auf der Regierungsseite, andere agierten in unterschiedlichen Konstellationen.

Philipp Münch widmet sich der Frage, zu welchen teilweise widersprüchlichen Handlungsweisen die Vorannahmen und Interessen internationaler Akteure in Mali führen. Dabei konzentriert er sich zum einen auf die Handlungen internationaler Organisationen, unter denen insbesondere die »Economic Community of West African States« (ECOWAS) eine Schlüsselrolle spielt. Zum anderen analysiert er die US-Politik im Zuge des »Krieges gegen den Terror« und deren nicht beabsichtigte Folgen.

Die Bundesrepublik Deutschland und Mali verbinden längere Beziehungen, als den meisten bewusst ist, wie *Siegmar Schmidt* in seinem Beitrag darlegt. Gleichwohl zeigt er, dass Hoffnungen auf einen erhöhten wirtschaftlichen Austausch enttäuscht wurden. In erster Linie war die deutsche Mali-Politik in jüngerer Zeit Entwicklungspolitik, auch wenn Mali seit 2013 zu einem wichtigen Betätigungsfeld der deutschen Außen- und Sicherheitspolitik geworden ist.

Unbestritten ist die entscheidende Rolle Frankreichs im malischen Konflikt. *Tobias Koepf* beleuchtet die Faktoren, die zur besonderen französischen Afrika- und Mali-Politik führen. Er stellt dabei ihre historische Kontinuität, aber auch die wechselnden

Begründungen und Versuche, sie multinational einzubinden, heraus.

Der zweite Teil *Strukturen und Lebenswelten* schließt mit den Beiträgen von *Peter Pannke und Thilo Thielke* ab, welche die Städte Bamako, Koulikoro und Gao skizzieren. Der Schwerpunkt der Schilderungen liegt auf Bamako, das nicht nur die Hauptstadt des Landes, sondern gleichzeitig mit rund zwei Millionen Einwohnern, also mehr als zehn Prozent der Gesamtbevölkerung, die mit Abstand einwohnerreichste Stadt des Landes ist.

Der dritte Abschnitt umfasst als *Serviceteil* zunächst einen umfangreichen *Zeitstrahl*, in dem die Geschichte Malis von der Vor- und Frühzeit bis in die Gegenwart skizziert wird. Die Darstellung konzentriert sich dabei auf die jüngsten Ereignisse der Jahre 2012 bis 2016. Zum vertiefenden Studium führen die *Literaturhinweise* mit einer Auswahl von Literatur und Dokumenten sowie von Filmen und Internetseiten. Alle Textbeiträge der Reihe »Wegweiser zur Geschichte« im PDF-Format finden sich auf der Website des Zentrums für Militärgeschichte und Sozialwissenschaften der Bundeswehr (ZMSBw): http://zmsbw.de/html/einsatzunterstuetzung.

Zahlreiche Karten und Grafiken dienen zur raschen Orientierung und bieten zusätzliche Informationen. In die Beiträge sind farbig hinterlegte Info-Kästen eingebaut, die wichtige Personen, Schlüsselbegriffe und weiterführende Themen erläutern. Der Band endet mit einem *Abkürzungsverzeichnis* sowie einem ausgewählten *Register*.

Eine Bemerkung zu den verwendeten Namens- und geografischen Bezeichnungen: Es ist naheliegend, dass die Schreibweise von Personen-, geografischen Namen und weiteren Bezeichnungen, vor allem ihre Wiedergabe aus den ursprünglichen Alphabeten, in diesem Fall oftmals des arabischen, problematisch ist. In wissenschaftlichen Werken wird die Transliteration, d.h. die buchstabengetreue Wiedergabe im lateinischen Alphabet, bevorzugt. Da sich die Reihe »Wegweiser zur Geschichte« jedoch an ein breiteres Publikum richtet, haben sich die Herausgeber wegen der besseren Lesbarkeit für die vielen vertrautere Umschrift, also die weitgehend lautgetreue Wiedergabe im lateinischen Alphabet, entschieden. Im Einzelfall musste auch hier eine Auswahl getroffen werden, da es unterschiedliche regionale Aussprachen derselben Bezeichnung gibt. Eine Ausnahme bildet die Schreibweise von Bezeichnungen (z.B. Timbuktu), die im allgemeinen deutschen Sprachgebrauch bereits gebräuchlich sind.

Abschließend möchten wir den Autorinnen und Autoren, aber auch dem Fachbereich Publikationen des ZMSBw danken. Daniela Heinicke, Frank Schemmerling und Bernd Nogli entwarfen die Karten und Grafiken; Christine Mauersberger und Carola Klinke waren für das Layout wie auch für die umfangreiche Indexierung der Namen und Ortsangaben, Aleksandar-S. Vuletić für das Lektorat verantwortlich. Danken möchten wir auch Marie-Theres Beumler, Almut Seiler-Dietrich, Jan Henrik Fahlbusch, Helmut Opitz, Florian Peil, Markus von Salisch und Volker Schubert, die Infokästen oder den Zeitstrahl erstellten, sowie Marina Sandig für die Klärung der Bildrechte und weitere Hinweise. Ein besonderer Dank geht an die Mitarbeiterinnen der Bibliothek des ZMSBw sowie Jürgen Rogalski von der Stiftung Wissenschaft und Politik (SWP) für die von ihnen bereitgestellten Fachinformationen.

Wir hoffen, dass die Neuauflage dieses Bandes über den tagespolitischen »Tellerrand« hinaus interessante historische und aktuelle Informationen enthält, zugleich aber auch als kurzweilige Lektüre ein uns so fern scheinendes Land näher bringt.

Martin Hofbauer und Philipp Münch mit Torsten Konopka

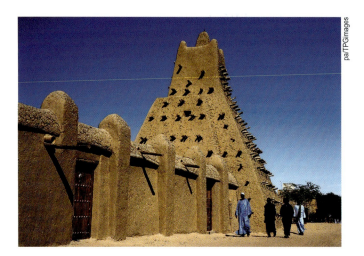

Lange Zeit herrschte in Europa eine kolonial geprägte Sichtweise vor, wonach der gesamte afrikanische Kontinent, und damit auch Westafrika, ein herrschaftsloser und kulturfreier »weißer Fleck« gewesen sei. Im Gegensatz dazu blickt Mali auf eine lange und politisch bedeutende Geschichte zurück.

Auf seinem heutigen Staatsgebiet und in seinem näheren geografischen Umfeld entwickelten sich im Laufe der Jahrhunderte, die in Europa als Mittelalter bezeichnet werden, mit den Reichen Ghana, Mali und Songhay so viele staatsähnliche Gebilde wie in keiner anderen Region Afrikas.

Im Zuge der politischen Machtentfaltung und wirtschaftlichen Entwicklung entstanden auch bedeutende geistige Zentren, so wie die hier abgebildete Sankoré-Moschee. Sie wurde vermutlich im 14. und 15. Jahrhundert erbaut, in den folgenden Jahrhunderten aufgrund ihrer Bauweise aber immer wieder erneuert. Die Sankoré-Moschee gehört zu den drei Moscheen in Timbuktu, die zum UNESCO-Weltkulturerbe zählen.

Die Geschichte der drei Reiche hat sich fest in das kollektive Gedächtnis der Bevölkerung eingeprägt und besitzt auch heute noch eine hohe Symbolkraft für die Selbstidentifikation in den Ländern, die im Zuge der Dekolonialisierung entstanden sind. So bezog sich das von den Briten 1957 in die Unabhängigkeit entlassene Ghana auf das rund 800 km nördlich gelegene historische Reich Ghana. Ähnliches gilt für Mali, das sich 1960 von der Herrschaft Frankreichs löste und sich in die Tradition des alten Reiches Mali stellte.

Mali und Westafrika in vorkolonialer Zeit. Die Reiche Ghana, Mali und Songhay

Westafrika, und damit auch Mali als ein Kernland dieser Region, blickt auf eine lange und in Teilen bedeutende Geschichte zurück. So lassen sich erste Spuren einer Besiedelung durch den Menschen bis 33 000 v.Chr. zurückverfolgen. Eine Kultur von Viehzüchtern findet sich ab 4000 v.Chr. Etwa 2000 v.Chr. beginnt dann der Ackerbau in Mali, während die Herausbildung von Städten ab 300 v.Chr. erfolgte.

In den nachchristlichen Jahrhunderten, die in Europa unter der Bezeichnung Mittelalter zusammengefasst werden, entwickelten sich in Westafrika so viele einflussreiche staatsähnliche Gebilde wie in keiner anderen Region Afrikas. Es waren dies insbesondere die Reiche Ghana, Mali und Songhay.

Die Bedeutung der drei Reiche Ghana, Mali und Songhay für die Identität des modernen Westafrika

Die Geschichte dieser drei Reiche besitzt eine hohe Symbolkraft für die Selbstwahrnehmung und Identifikation im postkolonialen Westafrika und ist fest in das kollektive politische Gedächtnis eingeprägt.

Besonders deutlich wird dies beim Namen Ghana. Als 1957 die britische Kolonie »Goldküste« (Gold Coast) ihre Unabhängigkeit erlangte, wählte man Ghana als Namen für den neugegründeten Staat. Dies geschah in Anlehnung an das Reich Ghana, obwohl dieses rund 800 km weiter nördlich sein Zentrum hatte. Trotzdem sollte mit der Wahl dieses Namens an die bedeutende Vergangenheit einer selbstständigen afrikanischen politischen Macht und Kultur erinnert werden.

Ähnliches gilt für Mali. Als 1960 das Land von seiner Kolonialmacht Frankreich in die Unabhängigkeit entlassen wurde, wählte die neue Republik den Namen Mali. Damit stellte sie sich in die Tradition des alten Reiches Mali. In ihrem Wunsch nach Selbstidentifikation verband sich die Republik Mali mit diesem machtpolitisch bedeutsamen Reich, das auch hinsichtlich von Wirtschaft und Kultur zu den führenden Mächten in der gesamten Region gehört hatte. In beiden Fällen war und ist es Ziel und Wunsch zugleich, an die politisch, wirtschaftlich und kulturell «große Zeit» der alten Reiche wieder anzuknüpfen. In Mali spielte aber noch ein weiteres Reich für die Selbstidentifikation eine besondere Rolle, denn die in Mali lebenden Songhay sind eine Bevölkerungsgruppe, die sich direkt auf das alte Reich Songhay und das ihr zu Grunde liegende Volk beruft. Bevor auf die Geschichte der jeweiligen Reiche im Einzelnen eingegangen wird, sollen im Folgenden kurz die gemeinsamen Ursachen und Entstehungsbedingungen für die Herausbildung der Reiche umrissen werden.

Die Entstehung der westafrikanischen Reiche

Vermutlich führten vor allem Krieg und gewaltsame Expansion zur Entstehung der Reiche. Wenn ein Klan bzw. eine Ethnie oder ein Volk sich zur Verlegung des eigenen Siedlungsgebietes veranlasst sah oder seinen Einflussbereich ausdehnte, konnte die ursprünglich ansässige Bevölkerung verdrängt oder gewaltsam unterjocht werden. Für die Siegerseite bestand die Notwendigkeit, eigene Herrschafts- und Verwaltungsstrukturen aufzubauen, um die gewaltsam errichtete Herrschaft langfristig zu etablieren. Erzwungene Tributzahlungen ermöglichten die militärische Sicherung wie auch eine aufwändigere Hofhaltung.

Ein zweiter wesentlicher Grund für die Entstehung der Reiche ist im Zusammenhang mit der politisch-militärischen Kontrolle des Fernhandels zu sehen. Bedeutende Herrschaften entstanden oft und gerade an den Orten, an denen die Fernhandelsrouten zusammenliefen und sich Marktorte entwickelten. Der Handel mit Gold und Salz, aber auch mit Sklaven erforderte ein Mindestmaß an Sicherheit, warf aber auch einträgliche Gewinne ab, die wiederum der Stabilisierung der Reiche dienten.

Eine wichtige Rolle spielte dabei die Verwendung des Pferdes zu militärischen Zwecken. Über den nordafrikanischen und arabischen Raum, in dem Pferde schon zu Kriegszwecken Verwendung fanden, gelangten sie über die Sahara auch nach

Süden in die Gebiete des Sahel. Einer kleinen kriegerischen Elite verschafften sie militärische Überlegenheit und dienten ihr zur symbolischen Repräsentation. Pferde waren aber den dortigen klimatischen Bedingungen nicht immer gewachsen, gleichzeitig waren ihr Kauf und Unterhalt verhältnismäßig teuer. Da für den Kauf eines Pferdes mehrere Sklaven in Zahlung gegeben werden mussten, förderte die militärische Verwendung der Pferde den Sklavenhandel in Afrika.

Das Reich Ghana

Das älteste der drei Reiche ist Ghana. Seine Anfänge liegen im Dunkeln. Ein Vorläufer dieses Reiches wurde vermutlich zwischen dem Ende des 3. und 5. Jahrhunderts von Berbern gegründet, die von Norden her aus der Sahara eingewandert waren.

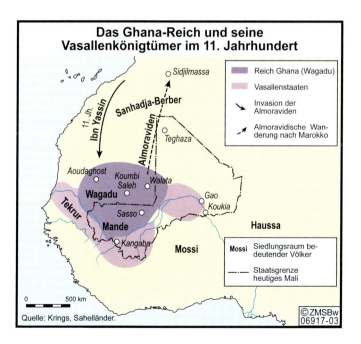

I. Historische Entwicklungen

Im 8. Jahrhundert, in dem das Reich auch erstmalig in den schriftlichen Quellen genannt wird, übernahmen einheimische negride, also schwarze Völker die Herrschaft der Berber. Als eigentliche Gründer Ghanas gelten daher die Soninke aus der Region Wagadu, die zum Volk der Mande gehören. Schon seit Jahrhunderten verstanden sie sich auf die Bearbeitung von Eisen und stellten daraus Waffen und Werkzeuge her. Durch den zusätzlichen Erwerb von Pferden aus Nordafrika gelang es ihnen, eine schlagkräftige Streitmacht aufzubauen und ihre Herrschaft über ihre Nachbarn auszudehnen. In der Zeit seiner größten Ausdehnung im 11. Jahrhundert erstreckten sich das Reich Ghana und seine abhängigen Vasallen auf ein Gebiet von rund 1500 km in Ost–West-Richtung und rund 1000 km in Nord-Süd-Richtung. Sie umfassten beinahe die gesamte südliche Hälfte des heutigen Mali, den vollständigen südlichen und

Timbuktu, Afrikas glanzberaubte Wüstenperle

Das pittoreske Architekturgewand der traditionellen Sankoré-, der Djinger-ber- sowie der Sidi-Yahia-Moschee, alle drei 1988 zum UNESCO-Weltkulturerbe erhoben, verliehen Westafrikas Wüstenstadt Timbuktu seit jeher den Beinamen »Perle der Wüste«. Jene Sakralbauten, die auf einem Holzgerüst mit umschließenden Lehmwänden basieren und die sich mit ihren Minaretten markant nach oben verjüngen, verkörpern nur die augenfällige Seite einer seit dem frühen Mittelalter existierenden islamisch geprägten Hochkultur. Zu ihr zählen ferner 16 Mausoleen in landestypischer Bauform. Auch als »Stadt der 333 Heiligen« bekannt, liegt Timbuktu, einst ein bedeutendes Geisteszentrum des Islam, mehr als 700 Kilometer nordöstlich von Malis Hauptstadt Bamako entfernt am Rande der Sahara.

Die Geschichte der Wüstenmetropole beginnt frühestens im 9. Jahrhundert, als vermutlich schwarzafrikanische Songhay am Südrand der Sahara an einer Wasserstelle sesshaft wurden. Zwischen dem 11. und 12. Jahrhundert bemächtigten sich nomadisierende Tuareg-Stämme der Region und gründeten eine Oasenstadt, die sich bald zu einem bedeutenden Handelsort entwickelte, an dem sich die Karawanenrouten zwischen den nordafrikanischen Ländern und dem westafrikanischen Reich Ghana kreuzten.

Während ihrer Blütezeit im 15. und 16. Jahrhundert stieg die Oasenstadt zu einem geistigen Zentrum für Mathematik, Pflanzenmedizin, islamisches Recht, Musik und Poesie auf, nachdem sie bereits in den Jahrhunderten zuvor eine renommierte Koranschule beherbergt hatte. Sichtbares Zeichen dieses jahrhundertealten Erkenntnisschatzes sind Tausende von alten Handschriften, die zuletzt in der Bibliothek des Instituts Ahmed Baba aufbewahrt wurden. Die Anzahl dieser Manuskripte, die teilweise bis auf das 12. und 13. Jahrhundert zurückgehen, liegt bei mehreren 10 000 Exemplaren.

Während des separatistischen Bürgerkriegs im Norden Malis zerstörten Mitglieder der Islamistengruppe »Ansar Dine« zwischen Juni 2012 und März 2013 Teile der zuvor vom UNESCO-Welterbekomitee als gefährdet erklärten Kulturgüter. In dieser Zeit verwüsteten fanatische Aufständische auch elf Mausoleen, darunter das Grab des sufistischen Heiligen Sidi Mahmut. Ihren Höhepunkt entfaltete die Zerstörungswelle, als islamistische Eiferer im Januar 2013 auf der Flucht vor französischen und malischen Truppen das Ahmed-Baba-Zentrum niederbrannten und rund 4000 Manuskripte zerstörten. Während die Mausoleen unter anderem durch Hilfe der UNESCO und der EU wiederaufgebaut werden konnten, engagieren sich das Auswärtige Amt und die deutsche Gerda Henkel Stiftung an der Sicherung, Digitalisierung und Restauration der geretteten Manuskripte. *VS*

südöstlichen Teil von Mauretanien sowie Teile des Senegal und Guineas und vermutlich sogar kleinerer Gebiete der Elfenbeinküste.

Bis zur Mitte des 11. Jahrhunderts erlebte Ghana auch seine wirtschaftliche Blütezeit. Grundlage hierfür war zum einen die Förderung von Gold und Salz, das in früheren Jahrhunderten als weißes Gold einen hohen Wert besaß und in der Sahara nur selten vorkam. Da bereits der Abbau dieser wertvollen Rohstoffe besteuert wurde, konnten beträchtliche Gewinne erzielt werden. Die zweite Säule bildete der Fernhandel mit Gold und Salz, aber auch mit Kupfer, Elfenbein, Ebenholz, Gefäßen, Glasprodukten, Textilien, Früchten und weiteren Gütern. Die Besteuerung der ein- bzw. ausgelieferten Waren führte zu weiteren bedeutenden Einnahmen und förderte so die anhaltende

I. Historische Entwicklungen

wirtschaftliche Blüte des Reiches. Wichtige Fernhandelsrouten verliefen vor allem quer durch die Sahara in allgemein nord-südlicher Richtung.

Regiert wurde Ghana von einem König. Dabei ist hier unter König und Königtum, und dies gilt auch ähnlich für die anderen afrikanischen Reiche, etwas anderes zu verstehen als in der europäischen Geschichte. In Ghana beanspruchte der König für sich selbst eine unmittelbar göttliche Autorität und übte mit seiner religiösen Rolle auch priesterliche Funktionen aus. In den abhängigen Teilkönigtümern wurde die Herrschaft von Vasallen des Königs ausgeübt. Diese mussten ihm Tributzahlungen leisten und Kontingente an Kriegern stellen. Angehörige der eigenen Herrscherfamilie stellte der König an die Spitze der Provinzen und betraute sie mit führenden Positionen in der Armee. Diese Maßnahmen dienten der Stabilisierung und Sicherung des Reiches nach innen wie nach außen. Denn die Einbindung fremder Völker in das eigene Herrschaftsgebiet und der nach arabischen Quellen sagenhafte Reichtum weckten vielfältige Begehrlichkeiten und brachten eine ständige latente Bedrohung des Reiches mit sich.

Residenz des Königs und gleichzeitig bedeutendes Handelszentrum war Koumbi, das im Gebiet des heutigen Koumbi Saleh lag, rund 120 km südwestlich der kleinen Verwaltungsstadt Néma im Südosten Mauretaniens. 15 000–20 000 Menschen dürften dort maximal gewohnt haben. Archäologische Ausgrabungen ergaben, dass die Stadt aus zwei Bezirken bestand. In der nördlichen Hälfte wurden Steinhäuser gefunden, die aufgrund ihrer Anlage vermutlich von reichen Händlern aus Nordafrika bewohnt wurden. Im südlichen Teil dürften die einheimischen Soninke gelebt haben. Daneben gab es einen abgesonderten und gleichzeitig befestigten Bereich des Königs.

Außerdem fand man in Koumbi die Fundamente einer Moschee, die die beträchtlichen Ausmaße von 46 mal 23 Metern hatte. Durch die intensiven Handelsbeziehungen mit Nordafrika drangen eben auch islamische Glaubensvorstellungen und arabische Kultur nach Ghana ein und verbreiteten sich dort zunächst unter den Herrschaftsträgern. Mitglieder der führenden Eliten wechselten im 11. Jahrhundert zum Islam, während der König bei seiner angestammten Religion blieb bzw. die tradier-

Mali und Westafrika in vorkolonialer Zeit

ten gottähnlichen Vorstellungen und die damit verbundenen Kulte beibehielt.

Neben Koumbi war das rund 200 km nordwestlich gelegene Aoudaghost ein weiterer zentraler Ort und der wohl bedeutendste Handelsplatz in Ghana. Ursprünglich eine Berber-Siedlung, wurde der Ort am Ende des 10. Jahrhunderts von den Soninke erobert. Er war von strategischer Bedeutung, verlief doch von hier die wichtigste Handelsroute durch die Sahara nach Norden in das heutige Marokko. Der Besitz von Aoudaghost bedeutete die Kontrolle eines beträchtlichen Teils des gesamten Transsaharahandels in Westafrika.

Ab der zweiten Hälfte des 11. Jahrhunderts setzte der langsame Niedergang des Ghana-Reiches ein, das sich in mehreren Kriegen verschiedenen Gegnern stellen musste. Eine besondere Bedeutung kam der Auseinandersetzung mit den aufstrebenden Almoraviden zu, worunter sowohl eine islamische Reformbewegung malikitischer Richtung als auch eine berühmte Herrscherdynastie von Berbern in Nordwestafrika zwischen der Mitte des 11. Jahrhunderts und 1147 verstanden wird. Der aus Südmarokko stammende islamische Gelehrte Ibn Yassin eroberte 1054 mit seinen Anhängern Aoudaghost, womit nicht nur der bedeutende Handelsplatz, sondern auch die Kontrolle über die wichtige Route des Transsaharahandels verloren ging. Seine Nachfolger und eigentliche Begründer der Almoraviden-Dynastie, Abu Bakr und dessen Vetter Yusuf Ibn Taschfin, setzten das begonnene Werk fort und eroberten neben Marokko und großen Teilen der westlichen Sahara sogar das unter arabischer Herrschaft stehende Spanien in Europa. Im Zuge dieser Eroberungszüge fiel 1076 mit Koumbi auch die Hauptstadt von Ghana. Herrschaftssitz und Teile der Stadt wurden zerstört, die Könige von Ghana den Eroberern selbst tributpflichtig.

Innerhalb des schwach gewordenen Reiches kam es zu diversen Aufständen der Vasallen. Außerdem verlagerten sich die Handelsströme, neue Handelsrouten durch die Sahara entstanden und entzogen so dem Königreich Ghana zunehmend die wirtschaftliche und finanzielle Basis. Das endgültige Ende erfolgte um das Jahr 1240. Das aufstrebende Reich Mali eroberte unter Sundjata Keita die Reste von Ghana und gliederte es in das eigene Herrschaftsgebiet ein.

I. Historische Entwicklungen

Das Reich Mali

Das Königreich Mali war ein westafrikanisches Großreich, das seine Blütezeit von 1235 bis rund 1400 hatte und als das bedeutendste in der gesamten Region gilt. Während seiner größten Ausdehnung im 14. Jahrhundert reichte Mali mit seinen abhängigen Vasallen im Norden bis weit in die Sahara zu den Salzabbaugebieten von Teghaza sowie im Süden bis an die Grenze des heutigen Mali und im Südwesten, wo sich bedeutende Goldlagerstätten befanden, teilweise sogar deutlich darüber hinaus bis weit in das heutige Guinea und die Elfenbeinküste. Im Osten gehörte das gesamte sogenannte Nigerknie bis nach Gao und Koukia, einer Insel im Niger, zum Einflussbereich, im Westen grenzte er an den Fluss Gambia, vielleicht sogar zeitweise bis an den Atlantik.

Die Anfänge zeigten sich aber bescheiden. Seinen Ursprung hatte das Reich in dem kleinen Herrschaftsgebiet von Kangaba, das in der Nähe des oberen Niger-Flusses, im äußersten Süd-

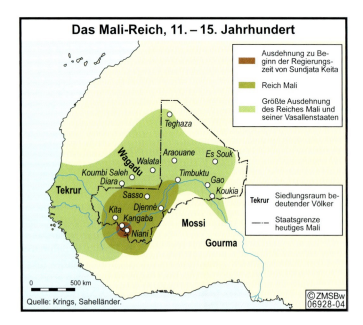

Mali und Westafrika in vorkolonialer Zeit

westen des heutigen Mali lag und dessen Herrscher bereits im 11. Jahrhundert zum Islam übergetreten waren. Es war eine Gründung der Mande, zu denen die Clans der Kamara, Konate, Traore und Keita gehörten, die teilweise bis heute zu den einflussreichen Familien in Mali zählen.

Das Fürstentum Kangaba hatte ursprünglich verschiedene fremde Herren, lange Zeit das Reich Ghana und nach dessen langsamen Niedergang zuletzt den Kriegerfürsten Sumanguru. Im Jahre 1235 schlug Sundjata Keita (1235–1255), ein berühmter Fürst aus Kangaba, Sumanguru und legte so den Grundstein für den Aufstieg Malis. In den folgenden 20 Jahren seiner Regierung eroberte Sundjata Keita selbst mehrere benachbarte Gebiete, so auch um 1240 das Reich Ghana. In den eroberten Gebieten lagen unter anderem wichtige Handelszentren, Goldfelder und Bergbaureviere, zum Beispiel für Kupfer. Der Abbau von Bodenschätzen und die Gewinne aus dem einträglichen Handel bildeten die Grundlage für Wohlstand und wirtschaftlichen Aufschwung im Reich. Diese wiederum verstärkten die Machtposition des Herrschers und ermöglichten weitere militärische Eroberungszüge. Noch während seiner Regierungszeit wurde Sundjata Keita als Volksheld und Reichsgründer gefeiert und nahm den Titel Mansa an, was so viel wie König bedeutet.

Das Bild zeigt in Kangaba den Schrein des Keita-Stammes, dessen Stammvater Sundjata Keita war, legendärer Herrscher des Großreiches von Mali im 13. Jahrhundert. Das ursprüngliche Gebäude stammt aus dem 13. Jahrhundert, wird aber alle sieben Jahre erneuert.

I. Historische Entwicklungen

Mit der Unterwerfung immer weiter entfernter Gebiete wurde es notwendig, eine wirksame und ausdifferenzierte Verwaltung aufzubauen. Schließlich hatte das zu kontrollierende Gebiet eine Ausdehnung von gut 2000 km im Ost–West-Richtung und mindestens 1000 km in Nord–Süd-Richtung. Damit hätte es alleine von der geografischen Ausbreitung her in Europa während seiner gesamten Geschichte zu den größten Reichen überhaupt gezählt. Eine effektive Verwaltung und Kontrolle dieses riesigen Reiches war entsprechend schwierig und beschwor im Laufe der Zeit entsprechende Konflikte herauf. Dabei gilt es aber zu berücksichtigen, dass man sich unter einem derartigen Großreich keinen Staat westlich-moderner Prägung vorstellen darf. Vielmehr spricht man von »Zonen verdichteter Herrschaft«. Vom Zentrum der Macht reichte der Einfluss mit abnehmender Tendenz unterschiedlich weit. Das bedeutet, dass weit entfernte Vasallen teilweise nur noch in einem mehr oder minder lockeren Abhängigkeitsverhältnis zum Herrscher und seinem Machtzentrum standen. Dies gilt auch ähnlich für die Reiche Ghana und Songhay.

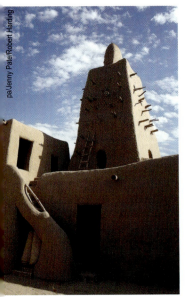

Seine Hauptstadt ließ Sundjata Keita an einem Nebenfluss des Niger in Niani erbauen, heute im äußersten Südwesten Malis gelegen. Eine weitere wichtige Residenzstadt war Kangaba, rund 100 km südwestlich von Bamako. Liegen auch die historisch überprüfbaren Anfänge etwas im Dunkeln, so ist diese Stadt bis in die Gegenwart hinein ein bedeutendes religiös-sakrales Zentrum.

Um das Jahr 1312 bestieg Mansa Musa (bis 1337) den Thron. Während seiner Regierung erreichte Mali den Höhepunkt seiner Macht. Mansa Musa kontrollierte effektiv sein Reich, sorgte

Die Djinger-ber-Moschee in Timbuktu wurde ab ca. 1325 unter Mansa Musa erbaut.

Mali und Westafrika in vorkolonialer Zeit

sich um den weiteren Aufbau staatlicher Strukturen und förderte den Handel. Unter seiner Herrschaft wurden auch heute noch existierende Städte wie Timbuktu, Gao und Djenné berühmt. Auch außenpolitisch engagierte sich Mansa Musa und pflegte Kontakte zu den nordafrikanischen Reichen. Außerdem förderte er die Verbreitung des Islam. Als Moslem begab er sich selbst ab 1324 auf eine längere Pilgerreise nach Mekka. Dabei erregte er international wegen seines prunkvollen und großzügig-verschwenderischen Auftretens Aufsehen.

Auf dem Höhepunkt seiner Macht und Ausdehnung wurde das Königreich Mali selbst in Europa bekannt. Das Bild stammt aus dem »Katalanischen Atlas« Karls V. von Frankreich (1375). Es zeigt einen thronenden König schwarzafrikanischer Herkunft, der ein Zepter und eine Goldkugel einem verschleierten Kamelreiter entgegenhält. Außerdem finden sich darauf die Bezeichnungen »Melli« für Mali und »Gougou« für Gao. Standort: Bibliothèque Nationale de France (BNF), Paris.

In der zweiten Hälfte des 14. Jahrhunderts begann der langsame Niedergang des Königreichs Mali. Er setzte sich im 15. Jahrhundert fort, bis sich sein Einflussgebiet nur noch auf das ursprüngliche Gebiet Kangaba beschränkte. Die Gründe hierfür waren vielfältig: Aufstände in den Provinzen, Angriffe der Tuareg aus dem Norden und der Mossi aus dem Süden und nicht zuletzt der Aufschwung des neuen Reiches Songhay.

I. Historische Entwicklungen

Das Reich Songhay

Das dritte bedeutende Großreich in Westafrika war das Reich Songhay. Der Name des Reiches ist identisch mit dem Namen des schwarzafrikanischen Volkes der Songhay, das sich aus verschiedenen Völkern und Bevölkerungsgruppen von Bauern, Fischern und nomadisierenden Jägern in der Region gebildet hatte und bis in die Gegenwart existiert.

Ein frühes Zentrum der Songhay war die Nigerinsel Koukia, bevor deren Herrscher im 11. Jahrhundert ihren Wohnort nach Gao verlegten. Innerhalb kurzer Zeit entwickelte sich Gao, das im heutigen Mali liegt, zu einer florierenden Handelsstadt. Hier begann und endete nicht nur eine bedeutende Transsahararoute, von der aus Waren in Richtung Norden in das heutige Marokko, Algerien und Libyen gelangten. Hier bestand auch ein zentraler Umschlagplatz auf der wichtigen Ost–West-Route, die sich insgesamt südlich der Sahara quer durch den halben afrikanischen Kontinent zog.

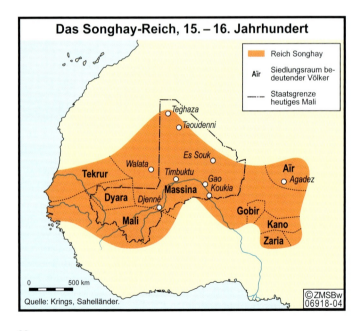

Mali und Westafrika in vorkolonialer Zeit

Im Jahr 1325 unterwarf der malische König Mansa Musa während der Rückreise seiner Pilgerfahrt nach Mekka Gao und band es für etwa das nächste halbe Jahrhundert als Vasallengebiet in sein Reich ein. Zur Sicherung des Abhängigkeitsverhältnisses nahm Mansa Musa zwei Söhne des Fürsten der Songhay als Geisel mit in seine Residenzstadt Niani. Beiden Brüdern gelang zwölf Jahre später, 1337, die Flucht zurück in ihre Heimat nach Gao. Der ältere der beiden Brüder, Ali Kolen, übernahm die Regierung und trug fortan den Titel Sonni, den alle nachfolgenden Herrscher führten. Damit gründete er die neue Dynastie der Sonni.

Die politischen Machtverhältnisse in der Region begannen sich umzukehren. Ende des 14. Jahrhunderts gelang es Songhay, die Oberhoheit von Mali abzuschütteln und eine von anderen Mächten unabhängige Herrschaft zu errichten. Um 1400 konnte das aufstrebende Reich seine eigene Machtposition ausbauen und in erfolgreichen Kriegszügen andere Gebiete und Völker sich selbst untertänig machen. Hierzu gehörten anfangs mehrere Stämme der Bambara, die bisher dem Reich Mali Tribute leisteten.

Die erste bekannte europäische Zeichnung Timbuktus, angefertigt von René Caillié (1799–1838). Er war gleichzeitig der erste Europäer, der wieder aus der Stadt zurückkam. Er publizierte das Bild im Jahr 1838.

Unter Sonni Ali, der von ca. 1464 bis 1492 regierte, entwickelte sich die bislang bescheidene Herrschaft zu einem mächtigen Reich. Während seiner ersten Regierungsjahre eroberte Sonni Ali Timbuktu. Nach zeitgenössischen Quellenberichten richtete

I. Historische Entwicklungen

er unter den wohlhabenden muslimischen Händlerfamilien ein Blutbad an, weil ein Teil von ihnen sich mit den Tuareg gegen die Songhay verbündet hatte.

Doch die eigentlichen und wichtigeren Gegner sah Sonni Ali woanders. Die Fulbe-Nomaden hatten sich im Binnendelta des Niger immer weiter verbreitet und die dort lebende Bevölkerung von sesshaften Bauern zusehends unterjocht. Nach Ansicht der Forschung wird hier ein grundlegender Konflikt sichtbar, der im Sahel über die Jahrhunderte bis in die Gegenwart hinein andauert: zwischen tierhaltenden Nomaden auf der einen Seite und einer sesshaften, negriden, also schwarzen Bevölkerung auf der anderen Seite.

Nach siebenjähriger Belagerung eroberte Sonni Ali 1477 Djenné. Mit der Einnahme dieses zentralen Handelsknotens kontrollierte er nun praktisch den gesamten Handelsverkehr entlang des Niger in dessen zentralen Bereich. Übrigens zeigte sich der Songhay-Herrscher in diesem Fall nachsichtig gegenüber der Bevölkerung trotz der langjährigen Belagerung. Im Sinne einer zukunftsorientierten Politik heiratete er die Mutter des jungen Sultans von Djenné.

Seine größte Blüte und Ausdehnung erlebte das Reich Songhay unter dem direkten Nachfolger von Sonni Ali. Mohammed Touré, der über viele Jahre sein politischer Ratgeber gewesen war, regierte von ca. 1493 bis 1528 und gab sich den Ehrentitel Askia. Er galt als weltgewandter und gebildeter Herrscher, der gute Kontakte zu islamischen Gelehrten pflegte. Unter seiner Regierung erfuhren die Städte einen kulturellen Aufschwung. Timbuktu entwickelte sich zu einem Zentrum muslimischer Gelehrsamkeit und wurde in der zweiten Hälfte des 16. Jahrhunderts zum wichtigsten Kulturzentrum in Westafrika überhaupt. Askia Mohammed Touré vermehrte aber auch seine Truppen und führte zahlreiche Eroberungszüge in praktisch alle Himmelsrichtungen. Am Ende seiner Regierungszeit umfasste sein Reich mit den abhängigen Vasallen die größten Teile der heutigen Staaten Mali und Niger sowie Senegal und Mauretanien.

Ein solch gewaltiger Herrschaftsraum war in erheblichem Maße von einer starken Führungspersönlichkeit abhängig und anfällig für innere wie äußere Begehrlichkeiten. Innerfamiliäre Machtstreitigkeiten führten im weiteren Verlauf des 16. Jahrhunderts zu einem langsamen politischen Niedergang des Songhay-Reiches. Die Verwaltung dieses übergroßen Reiches funktionierte zusehends weniger, Vasallen lehnten sich gegen die Herrscher auf und lösten sich los. Der wichtigste Grund für seinen Untergang war eine Invasion marokkanischer Truppen im Jahr 1591. Die Entscheidungsschlacht fand rund 50 km von Gao entfernt statt, bei der ein großes Heer der Songhay von den mit Feuerwaffen ausgestatteten Marokkanern besiegt wurde. Danach wurden zahlreiche Städte zerstört sowie Gold, Sklaven oder auch Gelehrte mit ihren Familien als Kriegsbeute nach Marokko verschleppt. Daraufhin brach das Reich Songhay endgültig auseinander, Chaos und Instabilität in der gesamten Region waren die Folge.

Ein Dorf der Songhay aus europäischer Sicht, etwa 1850.

Mehrere kleine Herrschaftsgebiete, die daraus entstanden, rangen um die Vorherrschaft. Hinzu kam der beginnende und langsam sich verstärkende Einfluss der Europäer. Zahlreiche Stützpunkte entlang der atlantischen Küste entstanden, womit sich insgesamt die Haupthandelsroute auf den Seeweg verschob. Außerdem wurde der Binnenhandel mit den traditionellen Transsaharaouten aufgrund der politisch instabilen Lage gefährlich und kam schließlich fast ganz zum Erliegen. Der Sklavenhandel tat ein Übriges und wirkt mit seinen psychosozialen Folgen bis in die Gegenwart. Dieser Gesamtzustand hielt grundsätzlich bis zum 19. Jahrhundert, dem Jahrhundert der kolonialen Inbesitznahme an.

Martin Hofbauer

Die französische Kolonialherrschaft über das Gebiet des heutigen Mali dauerte rund ein Dreivierteljahrhundert. Als »Französisch-Sudan« (Soudan français) gehörte Mali von 1881/1905 bis zu seiner Unabhängigkeit 1960 zu Französisch-Westafrika (Afrique Occidentale Française).

Auf der Suche nach dem noch unbekannten Verlauf des Nigers und der sagenhaften Stadt Timbuktu reisten bereits seit Anfang des 19. Jahrhunderts Europäer in die Sahelzone. Dennoch blieb das Innere Westafrikas für sie bis zum Ende des Jahrhunderts weitgehend unbekannt. Vor allem von Algerien aus, das ab 1830 von den Franzosen unterworfen wurde, starteten zahlreiche Expeditionen. Meist besaßen sie militärischen Charakter. Der französische Ausgriff auf den Sudan erfolgte jedoch aus dem heutigen Senegal. Der Westen und Süden des heutigen Mali wurde ab 1880 gewonnen, der Nigerbogen 14 Jahre später, als eine französische Truppenexpedition am 10. Januar 1894 nach Timbuktu vordrang. Die Abbildung eines kolorierten französischen Bilderbogens um 1910 zeigt eine idealisierte Darstellung dieses Ereignisses. Im Gegensatz zu dem nach Europa vermittelten Bild blieb die französische Herrschaft über den Kolonialbesitz in Westafrika und der Zentralsahara lange Zeit prekär. Stets blieb man auf afrikanische Intermediäre und Unterstützungstruppen angewiesen. In den beiden Weltkriegen des 20. Jahrhunderts gelangten zahlreiche in Westafrika rekrutierte »Tirailleurs Sénégalais« in Europa zum Einsatz – auch aus dem heutigen Mali.

Die Eroberung von Französisch-Sudan. Vom 19. Jahrhundert bis 1940

Mit kurzer Unterbrechung hieß das Kolonialgebiet im heutigen Mali »Französisch-Sudan«. Den Auftakt für das sukzessive Ausgreifen in die Zentralsahara bildete die französische Eroberung Algeriens ab 1830. Zu den bedeutsamen Mächten für die Geschichte Nord- und Westafrikas zählten bis Anfang des 20. Jahrhunderts auch das Osmanische Reich und Marokko. Letzteres übte bis 1833 die Oberherrschaft über den Paschalik Timbuktu aus, wobei freilich später faktisch Tributverpflichtungen an die Tuareg der Ullemmeden (Oulliminden) zu leisten waren. Bis Ende des 19. Jahrhunderts erhob Marokko historische Ansprüche auf die Oasen auf den Verbindungswegen zum Nigerbogen.

Westafrikanische Ethnien und Reiche

Im heutigen Mali vereinten sich zwei bedeutende Handelsrouten: Zum einen endete auf der Nord–Süd-Achse der Transsaharahandel vom Mittelmeer zum Nigerknie zwischen Timbuktu und Gao. Zum anderen waren auf der Ost–West-Achse die schiffbaren Oberläufe des Senegal- und des Nigerstroms nur rund 200 Kilometer voneinander entfernt. Dieser Schnittpunkt alter Handelswege wurde zur Projektionsachse der französischen Kolonialmacht. Dabei waren Norden und Süden des heutigen Mali durch unterschiedliche Wirtschafts- und Lebensweisen geprägt: von »schwarzen«, sesshaften Völkern in der Sahelzone (so der Bambara oder Tukulor) einerseits und von nördlich lebenden »weißen« Nomaden (Tuareg) andererseits. Regelmäßig war es an den Schnittstellen in der Vergangenheit zu gewaltsamen Auseinandersetzungen gekommen.

So hatten die Gruppen (Kel) der berbersprachigen Tuareg ihre Weidestätten im Grenzgebiet der heutigen Staaten Algerien, Mali, Niger und Libyen, vor allem in den – relativ gesehen – niederschlagsreicheren Gebirgen: so die Kel Ahaggar (Ahaggar/Hoggar im Süden Algeriens) oder die Kel Adagh im Adrar des Iforas (auch Adrar des Ifoghas in Mali/Algerien). Am

I. Historische Entwicklungen

Nordrand des Nigerbogens zwischen Timbuktu und Niamey war die infolge der ertragreicheren Weidegebiete bevölkerungsreiche Tuareg-Gruppe der Ullemmeden ansässig. Die locker zusammengefügten Clangruppen wurden von einem Amenokal (»König«) geführt, der jedoch weniger als politisches Oberhaupt, sondern mehr als Schlichter zwischen den Untergruppen sowie als prestigereicher Führer auf Kriegszügen in Erscheinung trat. Der Begriff der Razzia (oder rezzou = Raub- und Kriegszug) prägte die Konfliktaustragung zwischen nordafrikanischen Kriegern, später auch zwischen diesen und Europäern. Darüber hinaus wurden die schwarzen Ackerbauern in den südlichen Regionen (etwa die Haussa oder Songhay) von nördlichen Tuareg-Gruppen zu Schutz- und Tributzahlungen gezwungen oder von Razzien zur Verschleppung von Sklaven heimgesucht.

Südlich des Nigerbinnendeltas (Macina) bestanden seit der Zeit des europäischen Mittelalters immer wieder mächtige Reiche schwarzafrikanischer Herrscher (siehe Beitrag Hofbauer). Deren gut organisierte Heere brachten den Europäern noch im späten 19. Jahrhundert mitunter empfindliche Niederlagen bei. Zudem verhinderten befestigte Stützpunkte und Städte (tatas) im Gebiet des oberen Senegal und Niger jahrzehntelang ein weiteres europäisches Vordringen nach Westen. Mächtigster Antagonist der französischen Imperialmacht in Westafrika war zwischen 1860 und 1890 das Reich der Tukulor (Ethnie aus der Fulbe-Gruppe, nach ihrer Sprache auch Pulaar oder Peul genannt). Dieser Staat bildete sich Mitte des 19. Jahrhunderts zwischen dem oberen Senegal und dem Nigerbinnendelta. Nach dessen Zerschlagung war das Wassulu-Reich des Samori Touré weiter südlich jahrzehntelang französischer Hauptgegner in Westafrika.

Mit der Bildung sogenannter Dschihad-Reiche verstärkten sich etwa ab dem Jahr 1800 Prozesse politischer Herrschaftsverdichtung und militärischer Organisation im Norden des afrikanischen Kontinents. Sie prägten die Machtstrukturen des westlichen Sahelgebiets bis zum Ende des 19. Jahrhunderts. Deren Gründungsgestalten stützten sich auf einen erneuerten Islam, ähnlich wie andere Bewegungen in Arabien (Wahhabiten) und in Nordafrika (Senussi). Gewissermaßen einen Prototyp der westafrikanischen Dschihad-Reiche errichtete Usman dan

Die Eroberung von Französisch-Sudan

Fodio (1754–1817), der im Kampf gegen die Haussa-Staaten um 1808/09 im heutigen nördlichen Nigeria das Kalifat von Sokoto gründete.

Nach einer Phase der Expansion schwächte sich die Zentralgewalt zwar ab, doch wirkte das Sokoto-Reich beispielgebend. Der aus der Gegend von Mopti stammende Marabout Sékou Amadou (1776–1844/45) erklärte dem Bambara-Reich von Ségou im Jahr 1818 den Dschihad und errichtete das Macina-Reich im Nigerbinnendelta. Hier dominierte das Volk der Peul, der Islam diente als Integrationsideologie. Dessen ab 1820 erbaute Hauptstadt Hamdullahi avancierte mit ihren bis zu 40 000 Einwohnern zur Großstadt. Sékou Amadous islamischer Musterstaat griff in das etablierte Sozialgefüge ein. So ließ er das als unislamisch gebrandmarkte Tabakrauchen verbieten.

Nach dem Tod des Reichsgründers lockerten sich die rigoristischen Züge der Herrschaft, gleichzeitig verstärkten sich dezentrale Tendenzen. Unter seinem Enkel Amadou Amadou III. (1830–1862) unterlag das Macina-Reich der Expansion der Tukulor unter El Hadsch Umar Tall (1796–1864). Nach seiner Pilgerreise nach Mekka und dem Aufenthalt als Gelehrter in Kairo, Bornu und Sokoto wirkte dieser als Prediger in den islamischen Reichen Westafrikas Fouta-Jalon (Guinea) und Fouta-Toro (Senegal). Auch Umar Tall gründete ab 1850 ein eigenes Reich, indem er den Dschihad proklamierte. Nach Auseinandersetzungen mit den Franzosen im Senegal wich er ostwärts aus und geriet in Konflikt mit den Bambara-Reichen im heutigen Mali. Anschließend überzog er das Macina-Reich mit Krieg, dessen Hauptstadt er 1861 zerstörte.

So reichte der Herrschaftsbereich Umar Talls vom oberen Senegalfluss östlich der französischen Stützpunkte um Kayes bis kurz vor Timbuktu, das er 1863 aber nicht einnehmen konnte. Infolge innerer Konflikte kam Umar Tall im Jahr 1864 ums Leben. Sein Sohn und Nachfolger Ahmadou Tall (1836–1898) wurde seinerseits zwischen 1888 und 1890 in drei französischen Feldzügen geschlagen und in die nördliche Wüste vertrieben. Mit dem Ende des Tukulor-Reichs begann die französische Herrschaft über Französisch-Sudan als nunmehrige Nachbarkolonie des Senegal.

I. Historische Entwicklungen

Die französische Expansion und der Widerstand Samori Tourés

Gleichwohl dauerten die Kämpfe gegen die französische Kolonialmacht an, vor allem durch das von 1878 bis 1898 bestehende Wassulu-Reich (auch Mandinka-Reich) des Samori Touré (1830–1898). Nach dem Tod Umar Talls hatten sich in dem geschwächten Tukulor-Reich konkurrierende Machteliten mit teilautonomen Kriegsherren gebildet. Der aus einer Kaufmannsfamilie stammende Samori Touré befreite seine in die Sklaverei verschleppte Mutter und erwarb dabei Kampferfahrung. Ab 1867 sammelte er im Gebiet des oberen Niger eine eigene Gefolgschaft und erklärte sich im Jahr 1878 zum autonomen Kriegsherrn (faama).

Ein Kernanliegen Samori Tourés war der Aufbau einer bald 15 000 Krieger (Sofas) umfassenden, gut organisierten und modern bewaffneten Armee. Samori Tourés Titel »Almamy« (Imam) bezeugt sein Streben nach Islamisierung der unterworfenen Gebiete. Anfang der 1880er Jahre reichte sein Wassulu-Reich vom oberen Guinea und vom Norden der heutigen Elfenbeinküste und Sierra Leones bis zum südlichen Mali. Nachdem seine Soldaten die französische Kolonialarmee 1882 und 1885 erfolgreich zurückgeschlagen hatten, regelten beide Seiten 1887 ihre Einflusszonen sowie die Nigerschifffahrt vertraglich. Der in der Hauptstadt Bissandougou geschlossene Vertrag wurde später jedoch französischerseits als Unterstellung unter französisches Protektorat ausgelegt.

Bereits die Armee des Tukulor-Reichs setzte erfolgreich europäische Feu-

Mit der Gefangennahme Samori Tourés 1898 durch französische Kolonialtruppen endete die Zeit staatsähnlicher Gegenspieler Frankreichs (zeitgenössischer Holzstich).

Die Eroberung von Französisch-Sudan

erwaffen ein. Deren Lieferung entlang des Senegalflusses unterband später die französische Kolonialarmee, woraufhin Waffen und Munition über die britischen Küstenkolonien und Liberia ins Landesinnere gelangten. Die afrikanischen Reiche bezahlten sie mit Gold und Elfenbein. Im innerafrikanischen Zwischenhandel dienten auch Sklaven als Tauschgut. Das verstärkte den Anreiz, hierfür eigens Razzien durchzuführen. Probleme bereitete es den afrikanischen Herrschaftsgebilden, dass die europäischen Mächte gemäß der Brüsseler Konvention von Juli 1890 den Waffenhandel mit schwarzafrikanischen Abnehmern unterbanden. Mit dem Kampf gegen Sklaverei und »illegalen« Waffenhandel verband sich der Anspruch auf eine imperiale Mission zur Verbreitung von »Zivilisation«, »Frieden« und zur Beendigung der Sklaverei. Um einer weiteren Expansion des Wassulu-Reichs nach Osten Einhalt zu gebieten, zerstörte die französische Armee Bissandougou am 9. April 1892, doch wich Samori Touré in die entlegeneren Regionen Guineas aus. Sein Machtgebiet blockierte das Ausgreifen Frankreichs von der Elfenbeinküste aus, sodass mehrere Expeditionen ab 1893 fehlschlugen. Erst im August 1898 gelang es einem von Sikasso aus ausgesandten französischen Truppenverband, Samori Touré gefangen zu nehmen. Damit endete die Phase staatsähnlich organisierter afrikanischer Gegenspieler Frankreichs.

Die langjährige Existenz afrikanischer Reiche widerlegt die lange Zeit vorherrschende Europa-zentrierte Sichtweise, wonach sich die Erschließung Afrikas als eine Abfolge europäischer Kolonialpräsenz darstellte. Auch die Pachtzahlungen, die Frankreich bis 1854 für seine Stützpunkte den örtlichen afrikanischen Herrschern entrichtete, bezeugen die zunächst beschränkte Macht der Europäer. Denn erst ab Mitte des 19. Jahrhunderts verließen die Europäer ihre wenigen Küstenstützpunkte, die teilweise schon mehrere Jahrhunderte existierten, um weiter ins Landesinnere vorzudringen.

Seit 1659 bestand an der Mündung des Senegalstroms der französische Handelsstützpunkt St. Louis, bis 1902 Hauptstadt Französisch-Westafrikas. Ebenfalls seit dem 17. Jahrhundert befand sich die Insel Gorée vor dem Cap Verde in französischem Besitz. Von hier aus beteiligte sich durch das 18. Jahrhundert hinweg auch Frankreich am transatlantischen Sklavenhandel. An der Westspitze Kontinentalafrikas, dem Cap Verde, wurden der

I. Historische Entwicklungen

Auf der Suche nach Timbuktu: Reisende durch die Sahara

Von der Guineaküste erwies sich ein Eindringen ins westafrikanische Landesinnere für Europäer als schwierig. Viele Expeditionen endeten tödlich, so für den Schotten Mungo Park (1771–1806). Seine erste Reise führte ihn 1795 bis 1797 von der britischen Kolonie Gambia aus zum Niger bis nach Ségou, dann über Bamako stromaufwärts zurück. Während der zweiten reiste er entlang des bereits erkundeten Mittellaufs bis nach Bussa im heutigen Nigeria, wo er einer Krankheit erlag. Einem anderen Briten, Gordon Laing (1793–1826), gelang als erstem (bekannt gewordenem) Europäer die Reise durch die Sahara von Tripolis zum legendären Timbuktu. Auf dem Rückweg wurde Laing in Araouane bei einem Überfall getötet. Seinen Spuren folgte René Caillié (1799–1838), der als Muslim verkleidet 1824/25 das heutige Mauretanien, 1827 bis 1830 vom heutigen Guinea aus ebenfalls Timbuktu (1828) erreichte und durch die Sahara über Marokko nach Frankreich zurückkehrte.

Der deutsche Afrikaforscher Heinrich Barth hatte sich als Privatdozent an der Universität Berlin und durch langjährige Reisen um das Mittelmeer wissenschaftlich qualifiziert. Im Auftrag der offiziösen britischen Royal Geographical Society machte er sich zusammen mit dem britischen Missionar und Sklavereigegner James Richardson sowie dem deutschen Geologen Adolf Overweg von 1849/50 bis 1855 auf die Reise von Tripolis aus durch die Sahara. Sein Weg führte Barth bis zum Reich Bornu am Tschadsee und in das Gebiet des heutigen Nordnigeria. Nach dem Tod seiner beiden Reisebegleiter hielt sich Barth 1853/54 für längere Zeit in Timbuktu auf. Später verarbeitete er seine Afrikareise in einem fünfbändigen Werk. Der Astronom Eduard Ludwig Vogel (1829–1856) reiste Barth nach, erreichte ihn am Tschadsee, wurde aber im Gebiet des heutigen Niger auf Befehl des Sultans von Wadai festgesetzt und getötet.

Auch weitere Deutsche unternahmen ausgedehnte Reisen: Gerhard Rohlfs diente nach dem Abbruch seines Studiums als Feldscher, also Militärarzt, in der französischen Fremdenlegion in Alge-

Der Holzstich, nach einem Foto gefertigt, zeigt den deutschen Afrikareisenden Heinrich Barth, der am 16. Februar 1821 in Hamburg geboren wurde und am 25. November 1865 in Berlin starb.

rien (1856–1860). Nach seinem Abschied aus der Legion reiste er bis 1865 von Marokko durch die Wüste nach Tripolis. Eine zweite Reise (1865–1867) führte ihn von Tripolis zur Nigermündung. Das so gewonnene Ansehen verhalf Rohlfs zu weiteren Reisen, nun finanziert von Auftraggebern mit politischer Zielsetzung. Nicht zuletzt ist Gustav Nachtigal zu nennen, der von 1869 bis 1874 von Tripolis aus über den Tschad in den ägyptischen Sudan reiste und von der deutschen Regierung in den Jahren 1884/85 zum Reichskommissar für Deutsch-Westafrika (Kamerun und Togo) ernannt wurde. *MR*

Ort Dakar sowie zwei nahegelegene Inseln ab 1857 französisch. Mit St. Louis bildeten diese vier Orte die »quatre communes«, deren Einwohner 1880 (im Gegensatz zu den anderen Schwarzen im Kolonialgebiet) die vollen französischen Bürgerrechte erhielten. 1902 wurde Dakar Hauptstadt Französisch-Westafrikas.

Algerien und die »Eroberung« der Sahara

Die Landung der französischen Armee am 4. Juli 1830 bei Algier mündete in einem jahrzehntelangen Kampf um das Küstenland des heutigen Algerien. Auch die gewaltsame sogenannte Befriedung (pacification) der Gebiete bis zum Atlasgebirge und ab den 1880er Jahren die Durchdringung der Sahara gestalteten sich schwierig. Noch zu Anfang des 20. Jahrhunderts war die französische Herrschaft über die Sahara unsicher. Die brutale französische Vorgehensweise in Algerien und die Weigerung, Schutzgeld an Afrikaner zu zahlen, erschwerten weitere Entdeckungsreisen. 1874 wurden die Franzosen Charles Dourneauy-Duperré und Eugène Joubert bei Ghat ermordet.

Das von kolonisationsfreundlichen Kreisen betriebene Projekt einer Transsaharabahn vom Mittelmeer zum Nigerknie, die letztlich nie realisiert wurde, führte zu einer Erkundungsreise des französischen Offiziers Paul Flatters (1832–1881). Die Teilnehmer der Expedition wurden im Ahaggargebirge von Tuareg am 16. Februar 1881 in einen Hinterhalt gelockt und massakriert. Generationen nachfolgender französischer Soldaten strebten da-

I. Historische Entwicklungen

nach, diese Scharte auszuwetzen. Eine Revanche für Flatters' Tod erfolgte mit dem Gefecht von Tit 50 Kilometer nordwestlich von Tamanrasset, wo am 7. Mai 1902 die französische Dromedartruppe angreifende Tuareg besiegte und so die Grundlage für die französische Oberhoheit über das Ahaggargebiet legte.

Im Gegensatz zur französischen Zivilverwaltung in den von Franzosen besiedelten Küstenstrichen standen die Zentralsahara südlich des Sahara-Atlas (Algerien) sowie die wüstenartigen Gebiete des französischen Sudan unter Militärherrschaft. Damit einher ging die Anpassung französischer Offiziere an ihr Einsatzgebiet. Dies galt besonders dann, wenn sie in den »Einheimischenbüros« tätig waren, sich sprachliche und ethnografische Kenntnisse aneigneten oder – wie in der Zentralsahara und in Schwarzafrika nicht unüblich – eine Ehe auf Zeit mit Frauen vor Ort eingingen. Auch knüpfte die Indienstnahme von »Einheimischen« als Soldaten an vor Ort bewährte Verfahren an. Ende des 19. Jahrhunderts stellte die französische Afrika-Armee Dromedarkompanien (compagnies méharistes sahariennes) auf, mit deren Namen sich der französische Offizier Henri Laperrine d'Hautpoul (1860–1920) verbindet.

Die Grenzen ihrer Expansion setzte der französischen Afrika-Armee, die dem Kriegsministerium unterstand, ausgerechnet die französische Kolonialarmee aus dem Sudan, die dem Kolonialministerium unterstand. Im April 1904 trafen beide Truppen im Adrar des Iforas erstmals aufeinander. Die jeweiligen Expansionsbestrebungen sowie die gewachsenen eigenen Identitäten führten zu einer beiderseits feindlichen Atmosphäre des Treffens. Komplizierte Verhandlungen und Ressortabstimmungen führten im Folgejahr zur Festlegung der Grenze zwischen dem algerischen und dem sudanesischen Gebiet Frankreichs.

Die europäischen Verträge und die Aufteilung der Interessenzonen

Die französische Expansion entlang des Senegal-Oberlaufs verfolgte das Ziel, den Niger und Timbuktu zu erreichen. Louis Faidherbe, der mit kurzer Unterbrechung zwischen 1854 und 1863

Die Eroberung von Französisch-Sudan

Gouverneur der französischen Senegal-Kolonie war, begann, den Senegal bis etwa zur heutigen Grenze zu erobern. Seit 1857 bestand der befestigte Außenposten Médine im Westen des heutigen Mali, der sich gegen blutige, doch letztlich erfolglose Belagerungen der Truppen des Tukulor-Reichs hielt. Mit diesem schlossen die Franzosen 1866 einen Vertrag, der ihre Expansion für einige Jahre beendete. Zudem nahmen Rebellionen vor allem in Algerien und die Kriege in Europa Frankreichs Militär in Anspruch.

Ab 1879 durchdrang die französische Kolonialarmee den Süden des heutigen Mali. Oberst Gustave Borgnis-Desbordes nahm 1883 Bamako ein. Eine weitere Expansion erfolgte unter Oberst Louis Archinard, der den französischen Einfluss zwischen 1890 und 1893 bis nach Ségou und Mopti erweiterte. Obwohl Archinard wegen seiner expansiven Eigenmächtigkeiten abberufen wurde, folgte in Frankreich seine Beförderung. Auch dies war ein Zeichen für die Unstimmigkeiten zwischen den Ministerien für Koloniales, Marine, Äußeres und Krieg. In Ermangelung einer leitenden Kolonialstrategie sorgte vor allem der von außen wenig kontrollierbare Ehrgeiz der Offiziere vor Ort dafür, dass die französische Herrschaft weiter ausgriff. Diese geboten über eine Machtfülle, die ihrem relativ niedrigen Dienstgrad selten entsprach, vor allem im Vergleich zum Dienst in der »Metropole« (Frankreich). Sie agierten daher mitunter extrem eigenmächtig.

Eine Eigenmächtigkeit, faktisch eine Befehlsverweigerung, führte auch zum französischen Ausgriff auf Timbuktu. Noch bevor Archinards Nachfolger, der Zivilgouverneur Albert Grodet, vor Ort eintraf, startete Oberstleutnant Eugène Bonnier eine Expedition stromabwärts entlang des Niger. Die nachgesandten Briefe des Gouverneurs ignorierte er, genauso wie seine Ablösung vom Kommando. Unterdessen hatte sich die auf Booten vorausgesandte Kolonne unter einem Leutnant ihrerseits verselbstständigt und war nach Timbuktu vorgestoßen, ein Grund für Bonnier ihn einzuholen. Die Unterstellung der Stadt unter französische Herrschaft um die Jahreswende 1893/94 endete jedoch im Desaster. Auf dem Rückmarsch wurde Bonnier von Tuareg der Ullemmeden bei Goundam überfallen und mit seiner Truppe getötet. Zwar stand das Gebiet am Nigerbogen nun unter französischer Oberhoheit, wurde aber erst später »beherrscht«.

I. Historische Entwicklungen

Auf der Berliner Kongo-Konferenz, die zwischen November 1884 und Februar 1885 stattfand, trafen die europäischen Mächte Abmachungen über ihre Interessensphären in Afrika. Statt einer regelrechten Teilung des Kontinents vereinbarten die Verhandlungspartner den Völkerrechtsgrundsatz, der die Anerkennung von Kolonialbesitz an eine effektive Besetzung knüpfte. Schwarzafrikanische Akteure galten dabei faktisch als nicht völkerrechtsfähig. Nun beschleunigten sich europäische Initiativen, das Innere Afrikas als eigenes Gebiet auszuweisen. Die als Ergebnis des von den Imperialmächten in Gang gesetzten Wettlaufs um Afrika (scramble for Africa) entstandenen Karten mit kolonialen Flächenstaaten suggerieren jedoch eine etablierte europäische Herrschaft, die bis ins 20. Jahrhundert hinein oft nicht bestand.

Zur Aufteilung ihrer Einflusszonen in Westafrika verständigten sich Großbritannien und Frankreich im August 1890. Ausgehend von bisherigen »Erwerbungen« wurde eine Linie zwischen Say (südlich von Niamey) bis zum Tschadsee gezogen, um die Einflusssphären festzulegen. Damit zählte das heutige Nigeria zur britischen, das Gebiet des künftigen Französisch-Westafrika sowie des Tschad zur französischen Einflusszone.

Kolonialfreundliche Kreise in Frankreich verstärkten nun Bestrebungen, die französischen Kolonien Algerien, Senegal, Elfenbeinküste und Kongo zu vereinen. So erging im Juni 1896 der Auftrag an Hauptmann Jean-Baptiste Marchand, eine Verbindung von Französisch-Kongo (Brazzaville) zum Nil im Sudan herzustellen. Der Sudan war aber seit einigen Jahrzehnten Ziel der anglo-ägyptischen Expansion. Das Eintreffen Marchands am Nil am 10. Juli 1898 bei Faschoda (Kodok, Südsudan) führte zur freundlichen, doch sehr bestimmten Begegnung mit dem britischen General Herbert Kitchener, der kurz zuvor bei Omdurman das Mahdi-Reich zerschlagen hatte. Die anschließende britisch-französische Krise wurde so gelöst, dass Frankreich auf das Nilgebiet verzichtete, Westafrika und den Tschad aber zugesprochen erhielt. Auch hier war Land verteilt worden, das von Europäern weder erforscht, noch besetzt war. Zudem bestanden afrikanische Reiche im Innern weiterhin fort, so das Dschihad-Reich des Rabeh (Rabih az-Zubayr), ein Kriegsherr aus ursprünglich ägyptischen Diensten, der 1893 das Reich Bornu am Tschadsee eroberte.

Ein französischer Versuch, vom Nigerbogen aus ostwärts vorzustoßen, erfolgte von Januar 1899 bis Juli 1900 durch die Mission der Hauptleute Voulet und Chanoine. Ihren Vorstoß von Say (Niger) in Richtung Tschadsee begleiteten zahlreiche Exzesse und Gräueltaten, die in Befehlsverweigerung und der Ermordung des nachgesandten Militärbefehlshabers gipfelten. Das katastrophale Unternehmen endete mit der Desertion und dem Tod ihrer Anführer. Eine erste erfolgreiche bewaffnete Forschungsexpedition – unter starkem Schutz durch französische Truppen – gelang mit der Durchquerung der Sahara von Algerien über das Ahaggargebirge und durch den heutigen Staat Niger zum Tschadsee. Mit der Schlacht von Kousséri am 22. April 1900 zerstörten die Franzosen das Reich Rabehs und errichteten einen dauerhaften französischen Stützpunkt. Zu Ehren des im Kampf gefallenen Majors François Amedée Lamy (1898–1901) entstand Fort Lamy, heute als N'Djamena die Hauptstadt des Tschad.

Von der Eroberung bis zur Beherrschung

Um das Jahr 1900 war Französisch-Westafrika ein erstes Mal mit Französisch-Algerien und -Äquatorialafrika verbunden. Die innere Festigung der Kolonien dauerte wesentlich länger. Daher entstanden auch unterschiedliche Prägungen zwischen den verschieden lang französisch dominierten Kolonialgebieten. Die französische Herrschaft verdünnte sich nach Osten. Französisch-Westafrika (Afrique Occidentale Française) umfasste die heutigen Staaten Senegal, Mauretanien, Mali, Guinea, Burkina Faso, Elfenbeinküste, Niger und Benin. Die Hauptstadt von Französisch-Sudan war ab 1892 Kayes am oberen Senegal. Sie wurde 1899 nach Bamako am Niger verlegt. Ab 1921 nannte man das Kolonialgebiet, das von 1904 an »Haut Sénégal et Niger« hieß, wieder »Soudan français«, Französisch-Sudan.

Ein Zeichen für die Festigung der französischen Herrschaft war die Verkehrserschließung. Die Pläne, eine Eisenbahnlinie von Algerien durch die Sahara an den Niger zu legen, blieben unvollendet. Dagegen verband die Bahnlinie von Kayes nach Koulikoro seit 1904 die beiden Ströme Westafrikas Senegal und Niger verkehrstechnisch miteinander. Die Erweiterung der

I. Historische Entwicklungen

Tirailleurs Sénégalais

Seit ihrer Aufstellung 1857 als eigene Formation gehörten die senegalesischen Schützen (Tirailleurs Sénégalais) zum Bild der französischen Kolonialarmee. Trotz weitgehend europäischer Führung bestanden auch für Afrikaner gewisse Aufstiegschancen. So avancierte der Mamadou Racine Sy (1838–1902) aus dem Senegal vom Unteroffizier zum Hauptmann, wurde als Ritter der Ehrenlegion ausgezeichnet und schließlich zum »Dorfchef« von Kayes ernannt. Schwarzafrikaner gelangten während des Krimkriegs (1853–1856) sowie des Deutsch-Französischen Krieges (1870/71) zum Einsatz in Europa. Anfang des 20. Jahrhunderts erfolgten Überlegungen, ihr Rekrutierungspotenzial intensiver zu nutzen. So präsentierte General Charles Mangin 1909 den Plan einer »schwarzen Armee« (armée noire).

Von den rund 200 000 in Französisch-Westafrika mobilisierten Soldaten kämpften im Ersten Weltkrieg 135 000 in Europa. Anschließend gehörten auch sie zu den Besatzungstruppen im Rheinland, wodurch sich in Deutschland das rassistische, negativ definierte Stereotyp *des* »schwarzen Soldaten« verfestigte. Im Zweiten Weltkrieg fielen insbesondere die schwarzen Soldaten Frankreichs zahlreichen Kriegsverbrechen durch deutsche Truppen im Mai und Juni 1940 zum Opfer.

Im Ersten wie im Zweiten Weltkrieg kontrastierte der Einsatz afrikanischer Soldaten zur Befreiung des »Mutterlandes« mit rassisch begründeten Zurücksetzungen. Gleichwohl bot der Militärdienst gewisse Möglichkeiten zum Erwerb von Führungserfahrung und schuf somit indirekt eine Grundlage für die Formierung von Eliten während der Dekolonisierungsphase und nach der Unabhängigkeit. Die Frage nach angemessenen Pensionsansprüchen für »Einheimische« blieb in Frankreich und in den nordafrikanischen Staaten umstritten. Erst 2006/07 beschloss die französische Nationalversammlung eine Verbesserung. Nicht zuletzt der Film »Indigènes«, der die Rolle der Nordafrikaner im Zweiten Weltkrieg hervorhob, hatte hierzu einen Anstoß gegeben.   *MR*

»Unsere Soldaten aus Afrika. Der Tirailleur Sénégalais«. Abbildung aus »Le Petit Journal« vom 16.3.1913.

Die Eroberung von Französisch-Sudan

Das Foto entstand 1936 und zeigt eine Wolof-Frau aus Französisch-Sudan, dem Gebiet des heutigen Mali.

Trasse nach Dakar wurde 1924 fertiggestellt. Die Herrschaft über den Norden Malis blieb in der Zwischenkriegszeit und noch im Zweiten Weltkrieg lückenhaft. Im Ersten Weltkrieg erhoben sich die Ullemmeden. Ferner drangen Krieger aus dem (formal) unter italienischer Herrschaft stehenden Libyen in die französischen Saharagebiete ein. Erst ab den 1920er Jahren sorgten französische Razzien und Polizeiaktionen für relativen Frieden. Mauretanien und der Azawad blieben Orte von Unruhen. Im Zweiten Weltkrieg blieb Westafrika von direkten Kriegseinwirkungen weitgehend verschont. General Charles de Gaulles Kräfte des »Freien Frankreich« kämpften sich von Französisch-Kongo durch den Tschad nach Libyen durch. Bezeichnend für die nach wie vor nicht vollkommen »befriedeten« Ethnien im Norden von Französisch-Sudan war dagegen im August 1940 ein größerer Kriegszug mauretanischer Krieger nördlich von Nioro, den die Kolonialmacht jedoch blutig niederschlug.

Die Herrschaft Frankreichs nahm indessen in dem Maß zu, in dem die Kolonialmacht die Verkehrsverbindungen verbesserte. Hierzu gehörten große Projekte der Zwischenkriegszeit, die das Vichy-Regime in Westafrika weiterführte. Parallel hierzu nahm die Nutzung des Motors zur Beherrschung der Wüste zu. Dies galt für gemischte motorisierte und Dromedar-Einheiten ebenso wie für die Bekämpfung Aufständischer aus der Luft, aber auch für die Einrichtung regelmäßiger Postflugverbindungen.

Die kaum ein Menschenalter dauernde französische Herrschaft über das zentrale Westafrika hat es indessen vermocht, Grenzlinien zu ziehen, die ungeachtet ihrer Künstlichkeit weiter bestehen. Letztlich spiegeln sich in diesen Grenzen die Phasen der französischen Expansion wider. Innerhalb der Landesgrenzen Malis zeigen sich deren Folgen bis heute.

Martin Rink

In den 1950er Jahren verstärkte sich die Unabhängigkeitsbewegung, um eine Loslösung der Kolonialgebiete von Frankreich zu erreichen. Der Zusammenschluss mehrerer westafrikanischer Unabhängigkeits-Parteien zur sogenannten RDA (Rassemblement Démocratique Africain = Afrikanische Demokratische Sammlungsbewegung) trieb dieses Ziel voran. Bestimmend wurde die malische Sektion der RDA; führende Kraft war seit 1956 Modibo Keita. Nachdem eine kurzfristige Föderation mit Senegal, die sogenannte Mali-Föderation, gescheitert war, erklärte Mali am 22. September 1960 seine Unabhängigkeit.

Erster Präsident wurde Modibo Keita, der eine sozialistisch orientierte Politik verfolgte. Er ließ die Landwirtschaft kollektivieren und förderte die Gründung von industriellen Staatsbetrieben. Gegner des Regimes ließ er ausschalten und teilweise als Zwangsarbeiter deportieren.

Das Foto zeigt eine Regierungsdelegation aus Mali, die am 11. Oktober 1964 während eines Besuchs in der Deutschen Demokratischen Republik die Berliner Mauer am Brandenburger Tor besichtigt.

▰ Mali und die Entkolonialisierung

Malis Geschichte nach 1940/45 lässt sich nur begrenzt mit herkömmlichen westlichen nationalgeschichtlichen Narrativen erklären. Das Land und seine Bevölkerung hatten und haben bis heute vielfältige Bindungen, die im wahrsten Sinne des Wortes grenzüberschreitend wirken. Von erheblichem Gewicht waren und sind:
- die auch nach der formalen Unabhängigkeit 1960 erhebliche Wirkung des französischen Kolonialreiches in Westafrika bis in die Gegenwart,
- die Beziehungen zwischen den verschiedenen Nachfolgestaaten und ihrer Eliten untereinander,
- die sozialen, psychologischen und wirtschaftlichen Verflechtungen der Bevölkerung in der gesamten Region.

Die Gesamtsituation in Westafrika stand aus französischer Sicht nach 1940/45 eindeutig im Schatten der Kriege in Vietnam und vor allem in Algerien. Dabei war Algerien formal keine Kolonie, sondern galt als fester Bestandteil des französischen Mutterlandes und sollte auf keinen Fall aufgegeben werden. Die Kolonien in Westafrika besaßen dagegen eine geringere Bedeutung. Sie in die politische Freiheit zu entlassen kam jedoch nicht in Frage.

Schon vor Ende des Zweiten Weltkrieges hatten die unter Charles de Gaulle kämpfenden Franzosen gleichwohl verstanden, dass ein Fortbestehen des Kolonialreiches in der bisher gültigen Form nicht möglich sein würde. Man musste gegenüber der einheimischen Bevölkerung Zugeständnisse machen und ihr größere Freiheiten gewähren. De Gaulle hatte dies bereits auf einer wegweisenden Konferenz in Brazzaville 1944 mit führenden Vertretern der französischen Kolonialverwaltung erörtert. Nach Kriegsende wurde gleichzeitig mit der IV. Republik die »Union Française« gegründet (27. Oktober 1946), die eine Gemeinschaft des Mutterlandes mit den Kolonien bilden und den dort lebenden Völkern zumindest teilweise demokratische Rechte gewähren sollte (ab 1958: »Communauté Française«).

In Westafrika hatten die Franzosen seit Gründung der Föderation »Afrique Occidentale Française« (AOF) von 1895 nach und nach eine territoriale Verwaltungsstruktur etabliert, die auch für die nachkoloniale Ordnung maßgebend sein sollte. Das Kolonialreich wurde in acht Teilgebiete gegliedert:

- Guinea
- Senegal
- Elfenbeinküste (Côte d'Ivoire)
- Niger
- Dahomey (das spätere Benin)
- Obervolta (das spätere Burkina Faso)
- Französisch-Sudan (das spätere Mali)
- Mauretanien.

Das Ziel der Franzosen nach 1945 bestand vor allem darin, trotz mancher Zugeständnisse in der Region soviel Einfluss wie möglich zu behalten und am besten das gesamte Kolonialreich, wenn auch in neuer Form, zu sichern. Daher entspann sich in den folgenden Jahren ein teils aggressives Machtspiel, in dem Paris ein ganzes Instrumentarium von Mitteln zum Einsatz brachte, darunter auch die Androhung militärischer Gewalt und Maßnahmen zur Unterdrückung. Besonders hilfreich war, dass die Kolonialmacht eine ganze Reihe von einflussreichen Führern der lokalen Stämme und Clans (»Chifs«) auf ihrer Seite wusste. Ähnlich wie die Briten hatte man im Rahmen der »indirekten Herrschaft« indigene, also einheimische Funktionsträger für die Verwaltung der Gebiete gewonnen und diese teils mit Privilegien ausgestattet, ohne ihnen wirkliche politische Macht zuzubilligen. Diese »Vermittler« fürchteten im Falle einer raschen und umfassenden Dekolonisierung um ihre Stellung und ihre Privilegien. Dennoch befand sich Frankreich zunehmend in der Defensive, nicht zuletzt auch wegen des Prestigeverlustes im Zweiten Weltkrieg. In fast allen Kolonialgebieten begann eine kleine afrikanische Elite, die meist in Frankreich ausgebildet worden war, mit dem politischen Kampf gegen die Unterjochung und strebte eine Loslösung vom »Mutterland« an. Vor allem drei Persönlichkeiten sind zu nennen: Léopold Sédar Senghor (Senegal), Modibo Keita (Französisch-Sudan) und Félix Houphouët-Boigny (Elfenbeinküste).

Nach Kriegsende 1945 kam es rasch zur Bildung von Parteien, die jedoch nicht einheitlich strukturiert und auch häufig nicht auf ein Gebiet beschränkt waren. Vor allem die Massenparteien, z.B. die 1946 gegründete Partei »Rassemblement Démocratique Africain« (RDA), verkörperten die Hoffnung auf wechselseitige Solidarität unter den Kolonialvölkern und die gemeinsame

Mali und die Entkolonialisierung

Gestaltung der Zukunft. Indes bestand über die konkreten Ziele und die entsprechenden Wege dorthin keineswegs Einigkeit, was der Kolonialmacht Chancen für fortgesetzte Einflussnahme und Machtausübung eröffnete.

Nation oder Föderation?

In den 1950er Jahren entwickelten Kolonialreichsgegner zahlreiche Ideen, Konzepte und Begriffe, deren Inhalte und Bedeutung teils ineinander übergingen: die Idee einer Föderation, die Forderung nach Unabhängigkeit und das Projekt des Pan-Afrikanismus.

Wie in anderen Teilen der Welt präsentierten sie Modelle, die föderalistische Zusammenschlüsse ehemaliger Kolonialgebiete beinhalteten. Die konkreten Vorschläge blieben teils diffus und

Léopold Sédar Senghor im Gespräch mit Bundeskanzler Willy Brandt am 25. Oktober 1971 im Bonner Palais Schaumburg. Am 5. September 1960 war Senghor zum Staatspräsidenten der westafrikanischen Republik Senegal gewählt worden. Das Amt hatte er bis zu seinem Rücktritt 1980 inne. Von 1962 bis 1970 war er zeitweise Premier- wie auch Verteidigungsminister.

I. Historische Entwicklungen

unklar, wiesen auch Überlappungen zum Unabhängigkeitsgedanken auf, ohne jedoch zu klaren Ergebnissen zu führen. Die Franzosen spielten hierbei mit und entwickelten eigene Föderationsmodelle, die ein Fortbestehen der kolonialen Situation vorsahen. Kompliziert wurde die Lage durch die Forderung nach Aufbau einer gesamtafrikanischen Gemeinschaft bzw. sogar eines entsprechenden Staatswesens. Wichtiger Vertreter dieses Konzepts war der spätere senegalesische Präsident Léopold Sédar Senghor, der insbesondere die schwarzafrikanischen Völker und ihre Lebensweise als Vorbild präsentierte (»Négritude«). Diese Modelle sollten auch für Mali bedeutend werden.

Eine Wegmarke für die spätere Entwicklung Malis spielte die Verwaltungsreform von 1956, die in ein spezielles Gesetz mündete (Loi Cadre). Dieses Rechtswerk zementierte die Territorialgliederung, indem die politische Hauptverantwortung in die einzelnen Kolonialgebiete verlagert wurde. Die dortigen Territorialparlamente (Assemblées Territoriales) verfügten nun über die eigentliche Macht, auf Kosten der immer noch fortbestehenden Zentralverwaltung für Französisch-Westafrika. Dies schwächte die überregionalen Parteien ebenfalls. Das Gesetz führte letztlich zu einer »Balkanisierung« Westafrikas und bedeutete eine schwere Niederlage für die Befürworter einer übergreifenden Föderation oder vergleichbarer Modelle. Das »Loi Cadre« verfestigte die territorialen Abgrenzungen, aus denen dann im Wesentlichen die späteren »Nationalstaaten« entstanden, darunter auch Mali.

Einer der stärksten Befürworter französischen Machterhalts war der aus der Elfenbeinküste stammende Politiker Félix Houphouët-Boigny. Dahinter standen auch wirtschaftliche Interessen, da die Elfenbeinküste ein vergleichsweise reiches Land am Atlantik war und über vielfältige Wirtschaftsbeziehungen zu Frankreich verfügte. Dies gestaltete sich im Fall Mali teils ganz anders. Houphouët-Boignys Gegenspieler Senghor und Keita strebten eine Loslösung von Frankreich an und begannen mit entsprechenden politischen Aktionen. Doch vermieden sie ein allzu forsches Streben nach Unabhängigkeit, da sie die aggressiven Methoden der Franzosen fürchteten. Diese nutzten die Uneinigkeit der Gegenseite und übten administrativen Druck aus, brachten indigene Sympathisanten in Position, entzogen Leis-

Mali und die Entkolonialisierung

tungen und setzten schließlich auch militärische Gewalt ein. Dies bekam etwa Guinea zu spüren, als es sich im Jahre 1958 für die völlige Loslösung entschied. Paris zog sämtliches Personal ab, ließ Einrichtungen und Infrastruktur zerstören, förderte Sanktionen, die einer wirtschaftlichen Abschnürung gleichkamen, und stimmte in New York sogar gegen die Aufnahme des Landes in die Vereinten Nationen.

Richtungsweisend für die weitere Entwicklung war das Jahr 1958, als die IV. Republik nach dem Putsch französischer Generäle in Algerien zusammenbrach. Von diesem Zeitpunkt an begannen die konkreten Vorbereitungen für die postkoloniale Zukunft Westafrikas. Die Führer Senegals und Französisch-Sudans, Senghor und Keita, beschlossen, eine Föderation zu gründen. Zusammen mit Obervolta und Dahomey hätte sie einen regionalen Machtschwerpunkt bilden können. Für Französisch- Sudan, das spätere Mali, wäre damit ein direkter Zugang zum Atlantik verbunden gewesen. Trotzdem forderten sie keine vollkommene Unabhängigkeit. Frankreich sollte u.a. für die außenpolitische Vertretung und die militärische Verteidigung nach außen zuständig bleiben.

Selbst dieses vergleichsweise bescheidene Projekt war von Anfang an nur mit großen Schwierigkeiten umzusetzen. Félix Houphouët-Boigny bekämpfte die entstehende Föderation mit allen Mitteln und propagierte stattdessen ein eigenes Bündnis unterschiedlicher Staaten, die »Entente Africaine«. Nicht zuletzt auch deshalb entschieden sich Obervolta und Dahomey, der malischen Föderation den Beitritt zu versagen und sich Houphouët-Boigny anzuschließen.

pa/dpa/London Express

Im Februar 1961 macht Felix Houphouët-Boigny, mittlerweile Präsident der Elfenbeinküste, Urlaub in Europa. Das Bild zeigt ihn beim Schneeschippen in Crans-Montana in der Schweiz.

I. Historische Entwicklungen

Somit verblieben Senegal und Französisch-Sudan. Wohl mit stiller Billigung der schwächer werdenden Kolonialmacht gründeten sie am 4. April 1960 die Malische Föderation (formale Unabhängigkeit von Frankreich am 20. Juni 1960). Dieser war indes kein langes Leben beschieden. Die Unterschiede beider Partnerregionen blieben zu groß. Der finanzkräftigere Senegal wurde rasch zum Nettozahler, da Französisch-Sudan nur wenig Steueraufkommen und sonstige Einnahmen erwirtschaftete.

Es entstanden politische Konflikte und persönliche Rivalitäten zwischen Senghor und Keita. Strittig war die Besetzung wichtiger Ämter; vor allem der Posten des Generalstabschefs der aufzustellenden Streitkräfte bot Anlass zum Streit. Es entstanden Vorurteile und abwertende Stereotype zwischen den Bevölkerungsgruppen. Schon kurz nach dem formalen Unabhängigkeitstag, dem 20. Juni 1960, brach die Föderation auseinander. Modibo Keita, der im Regierungssitz der Föderation, Dakar, selbst an militärischen und polizeilichen Gewaltmaßnahmen arbeitete und dazu bezeichnenderweise wie seine Kontrahenten beim französischen Kommandanten vor Ort vorsprach, wurde am 22. August 1960 mit seinen engsten Vertrauten verhaftet und kurzerhand im versiegelten Zug nach Bamako verfrachtet.

Mali und »Nation-Building«

Damit begann die eigentliche Geschichte Malis als Staat. Das Land verfügte nun über keine Verbindung zum Atlantik und war von einem Gürtel neuer, teils relativ wirtschaftskräftiger »Nationalstaaten« umgeben, die augenscheinlich kein Interesse an übergreifenden Staats- oder Föderationsmodellen besaßen. Am 22. September 1960 wurde Mali offiziell gegründet.

Der erste Präsident Malis, Modibo Keita, und die neue, nunmehr ausschließlich malische Regierung sahen sich vergleichsweise unvermittelt vor die Aufgabe gestellt, eine neue »Nation« mit unterschiedlichen Volks- und Glaubensgruppen zusammenzuführen und mit Leben zu füllen. Ein einheitliches Staatsbewusstsein existierte nicht, da Mali bis zu diesem Zeitpunkt Teil einer übergeordneten Kolonialverwaltung gewesen war, die ganz andere Ziele verfolgt hatte und auch an einer entsprechen-

Mali und die Entkolonialisierung

Sozialist, Staatschef, Despot. Modibo Keita, Malis erster Präsident

Schon 1961, wenige Monate nachdem er am 22. September 1960 die Republik Mali proklamiert hatte, zierte Modibo Keita eine 300 Franc-Briefmarke des Landes, als sei seine Regierungsgewalt für die Ewigkeit bestimmt. Tatsächlich endete die sozialistische Diktatur des Modibo Keita, Malis erstem Präsidenten, dessen Machtanspruch sich auf die Einheitspartei »Union Soudanais« stützte, am 19. November 1968. Einheimische Militärs unter Oberst Moussa Traoré putschten und hielten den entmachteten Keita im nordmalischen Kidal gefangen, wo er am 16. Mai 1977 unter ungeklärten Umständen starb.

Seinem höchsten malischen Staatsamt ging ein bewegtes Leben voraus. Am 4. Juni 1915 in Bamako geboren, unterrichtete der einstige Musterschüler ab 1936 in Bamako, Sikasso und Timbuktu als Lehrer. In dieser Zeit forcierte Keita seine Kritik an der französischen Kolonialmacht, gründete 1937 eine Lehrergewerkschaft, 1943 eine Oppositionszeitschrift und agitierte in einer kommunistischen Splittergruppe, worauf ihn Frankreich 1946 kurzzeitig in Paris inhaftierte.

Unbeeindruckt setzte Keita sein politisches Engagement fort. 1948 wurde er in der panafrikanischen Partei »Rassemblement Démocratique Africain« (RDA) Generalsekretär. Weitere Stationen folgten: 1956 wurde er als erster Afrikaner Vizepräsident der französischen Nationalversammlung und 1958 Präsident der verfassungsgebenden Mali-Föderation. Nachdem aber die kurzfristige Föderation mit Senegal, die sogenannte Mali-Föderation, gescheitert war, erklärte Keita am 22. September 1960 die Unabhängigkeit seines Landes.

Als erster Präsident Malis betrieb Keita eine sozialistisch orientierte Politik. Die Landwirtschaft wurde kollektiviert und die Gründung von industriellen Staatsbetrieben gefördert. 1962 führte Keita als nationale Währung den »Franc Malien« ein. Da seine sozialistische Wirtschaftspolitik scheiterte, musste die Währung mehrfach stark abgewertet werden.

Parallel zu den in die ökonomische Sackgasse führenden Reformen, kühlten die Beziehungen zu Frankreich ab, was den wirtschaftlichen Abstieg Malis beschleunigte. Um seine despotische Herrschaft zu festigen, stützte Keita seine Macht auf Volksmilizen ab, die bis zu seiner Entmachtung 1968 mit polizeistaatlicher Gewalt Oppositionelle rigoros verfolgten und einsperrten.

VS

I. Historische Entwicklungen

den Bewusstseinsbildung der afrikanischen Bevölkerung keineswegs interessiert gewesen war.

In ihrer Not griffen die malischen Führer auf alte, längst vergangene Reiche zurück, hier vor allem das Reich Mali, das seine Blütezeit im 13./14. Jahrhundert erlebt, im Wesentlichen das Staatsgebiet von Mali abgedeckt und auch als Namensgeber der jungen Republik gedient hatte (siehe Beitrag Hofbauer). Modibo Keita betonte, dass er selbst von der bedeutendsten Dynastie dieses alten Reiches, den Keita, hier insbesondere vom legendären Führer Sundjata Keita abstamme. Daneben nahm man auch Rücksicht und machte Rückbezüge auf andere Traditionen, wie etwa das Songhay-Reich, das seine Blütezeit vor allem im 15. und 16. Jahrhundert hatte (siehe Beitrag Hofbauer).

Die Legitimität des neuen Staates stand indes auf wackeligen Beinen, da die wirtschaftliche Basis schmal war und durch Zwangsmaßnahmen gesichert wurde. Keita orientierte sich an der marxistischen Ideologie und richtete sich später stark nach China aus. Dies führte zur Etablierung eines zentralistischen, von politischen Vorgaben geprägten Regimes, das auf einem Einparteiensystem und einer privilegierten Gruppe von Funktionsträgern (»Staatsklasse«) basierte. Man versuchte mit direkter Lenkung Industrien aufzubauen, benötigte dazu aber Ressourcen, über die man nicht verfügte. Daher baute man auf die Arbeitskraft der Bewohner, die teilweise zum Arbeitseinsatz verpflichtet wurden. Wie in anderen postkolonialen Staaten auch, kam dies einer Fortsetzung kolonialer Zwangsarbeit gleich.

Ein Gefühl nationaler Zusammengehörigkeit konnte sich so nicht wirklich entwickeln. Die Integration der unterschiedlichen Volks- und Religionsgruppen als belastungsfähige Basis für den praktischen Aufbau (Nation-Building) gelang bestenfalls ansatzweise. Insbesondere diejenigen, die von Anfang an nicht in den malischen Staat integriert werden wollten und auch den hierfür notwendigen sesshaften Lebensstil nicht pflegten, gerieten in den Fokus der Regierung. Hauptobjekt der Abneigung wurde im Laufe der Zeit vor allem eine Volksgruppe: die Tuareg (Kel Tamasheq).

Der Aufstand der Tuareg 1963/64

Die Tuareg, im Wesentlichen Nomaden in der Sahara und der Sahelzone, waren und sind mit europäischen Begriffen von Staat und Volk kaum zu erfassen. Ihre Kultur, die sich am ehesten vielleicht mit den Beduinen der Arabischen Halbinsel vergleichen lässt, kennt keine Lebensweise im westlichen Sinne, wie sie zumindest in Europa und in den USA verstanden wird (z.B. dauerhafter Wohnsitz, Einhaltung von modernen Arbeitsrhythmen und nationalstaatlichen Grenzen). Natürlich war und ist das Leben der Tuareg nicht vollkommen regel- und konventionsfrei. Doch ihre Vorstellung etwa vom sozialen Zusammenleben unterschied sich erheblich von den rational geprägten Mechanismen der westlichen Welt. »Nation-Building« unter westlichen Vorzeichen ließ sich hier nur unter großen Schwierigkeiten bewerkstelligen.

Eine wesentliche Ursache hierfür bildete die Erwerbsgrundlage der Tuareg, die teils auf Raub und Sklavenhandel basierte. Diese richtete sich auf bzw. gegen schwarzafrikanische Menschen, die den Tuareg als minderwertig galten und auch als Sklaven geeignet schienen. Die Franzosen hatten zwar versucht, die Tuareg in das eigene Kolonialreich einzugliedern und ihnen westliche Lebensstile aufzuzwingen. Diese Bestrebungen blieben jedoch weitgehend erfolglos und hatten zu andauernden und teils heftigen Kriegen geführt. Teilweise fand indes in der französischen und europäischen Welt eine romantische Verklärung der Tuareg als Wüstenkrieger statt, die sich auch aus ihrem etwas hellhäutigeren Aussehen speiste.

Im Zusammenhang mit der Dekolonisierung wurden die Tuareg für die malische Regierung zu einem Problem- und Bedrohungsfaktor, an dem wiederum die Franzosen einen bedeutenden Anteil hatten. Während der Planungen für regionale Bündnisse und Föderationen hatte man in Frankreich Pläne für einen saharischen Territorialverband entwickelt, der mehrere Kolonialgebiete umfassen sollte. Dahinter stand auch ein handfestes Interesse nach Ausbeutung neuentdeckter Rohstoffquellen. Die Pläne für diese »Organisation Commune des Régions Sahariennes« (OCRS) berührten auch Gebiete des späteren Mali, und zwar insbesondere im Nordostteil, dem Gebiet, in dem vor-

I. Historische Entwicklungen

nehmlich die Tuareg lebten. Entsprechende Befürchtungen der malischen Unabhängigkeitsbewegung erhielten erhebliche Nahrung, als ein hochrangiger Sympathisant der Franzosen, Mohamed Mahmoud Ould Cheikh, der »Qadi von Timbuktu«, für die Sache der Franzosen Stimmung machte und dabei Unterstützung von zahlreichen Stammesführern und anderen angesehenen Personen erhielt. Zumindest ein Teil der Tuareg stand den Plänen zumindest positiv gegenüber, da sie von einem solchen Regionalverband erheblich mehr Freiräume erwarten durften als von einer zwangsweisen Eingliederung in den malischen Staat. Ferner wurde die Region in den Konflikt zwischen Mauretanien und Marokko um rohstoffreiche Gebiete in den Grenzregionen hineingezogen. Für das junge Mali bedeuteten derlei Konflikte und Entwicklungen eine ernste Bedrohung. Es stand zu befürchten, dass das vorgesehene Staatsgebiet zerstückelt und teils ausgegliedert würde.

Algerien spielte bei der Verschärfung der Probleme eine gewichtige Rolle. Feinde der Franzosen, vor allem der spätere, dann fünfte algerische Präsident Abd al-Aziz Bouteflika und der prominente Widerstandstheoretiker Frantz Fanon, entwickelten Pläne, um eine Front gegen Frankreich von der malischen Grenze her zu errichten – dies mit Billigung und Unterstützung der malischen Regierung.

Modibo Keita und seine Regierung, die den Tuareg ablehnend gegenüberstanden, gleichzeitig aber kaum über Kräfte und Mittel für einen großangelegten Staatsaufbau und nur über

Der Präsident von Mali Modibo Keita und seine Ehefrau am 6. Juni 1961 während eines Besuchs in London.

schwache Gewaltorgane verfügten, begannen zunehmend mit Abneigung und Hass gegen die Tuareg zu handeln. Diese Praxis setzte sich übrigens bei anderen Volksgruppen und Religionsgemeinschaften fort, so teils bei Christen oder Animisten oder bei der zahlenmäßig zwar geringen, aber für Frankreich nicht zu vernachlässigenden Gemeinde französischer Staatsbürger.

Erste Zusammenstöße zwischen der malischen Regierung und den Tuareg gab es bald nach der Gründung des Staates. Die Situation eskalierte 1963/64. Hierbei wirkten politische bzw. ethnische Konflikte mit persönlichen Motiven und kulturellen Eigenheiten im jeweiligen Selbstverständnis zusammen – dies mit Folgen, die für den Konflikt von heute noch von zentraler Bedeutung sind. Der Auslöser war nach Aussage der Tuareg die Nachricht vom Mord an einem der prominentesten Tuareg-Rebellen früherer Zeiten, Alla ag Albachir, durch Angehörige der kamelberittenen Wüstenpolizei (»goum«), der offenbar im Jahre 1954 begangen worden war. Albachir hatte bereits vor 1945 durch spektakuläre Raids (Kriegszüge) unter den Tuareg Anerkennung gefunden. Offenbar durch Zufall erfuhr dessen Sohn, Elledi ag Alla, erst nach etlichen Jahren direkt aus dem Mund eines der Mörder von dieser Tat und beschloss danach, Rache zu nehmen.

Der Aufstand (Alfellaga) erreichte 1963 seinen Höhepunkt. Das Terrain im Hauptaufstandsgebiet in der Provinz Kidal (Adrar des Iforas) bestand im Wesentlichen aus steiniger Wüste, die auch für gepanzerte Fahrzeuge nur schwer, teilweise gar nicht zu befahren war. Die Rebellen benutzten meist Kamele und waren daher beweglicher als die eingesetzten Regierungsverbände.

Allerdings blieb die Anzahl der Rebellen, die nicht alle Tuareg-Clans umfassten, durchgängig begrenzt und unter tausend Mann. Die Führer der Aufständischen waren sich bewusst, dass sie mit ihren begrenzten Mitteln keinen entscheidenden Erfolg erzielen und schon gar nicht dauerhaft in den südwestlichen Teil Malis vordringen konnten. Sie hofften auf externe Hilfe, etwa durch Algerier oder Franzosen, mit denen sie teils schon in der Vergangenheit zusammengearbeitet hatten. Die beiden ehemaligen Kontrahenten im Maghreb gaben auch vielversprechende Zeichen, denn sie ließen die Tuareg in ihr jeweils kontrolliertes

I. Historische Entwicklungen

Territorium in Algerien. Teilweise konnten einzelne Rebellen sogar eine Anstellung in den französischen Nuklearbasen in Algerien finden, die auch nach dem Rückzug der Franzosen nach dem Ende des algerischen Aufstandes 1962 aufgrund zwischenstaatlicher Vereinbarungen unter französischer Kontrolle standen.

Die malische Armee, die im Vergleich zum Konflikt von 2012 erheblich besser ausgerüstet war als die Rebellen, wandte die »klassischen« Mittel zur Aufstandsbekämpfung an. Da umfassende militärische Erfolge in dem großen Gebiet nicht zu erzielen waren, verlegte sie sich auf Überwachungsaufgaben und strebte danach, mit vereinzelten, gezielten Schlägen gegen die Rebellen vorzugehen. Da dies nicht den Durchbruch brachte, versuchte sie daraufhin systematisch, die Lebensgrundlagen der Rebellen zu zerstören. Die Maßnahmen umfassten die Einrichtung von Verbotszonen (Zones Interdites), in denen jeder angetroffene Tuareg bekämpft wurde, ebenso wie die Vernichtung von Herden und das Vergiften von Brunnen. Auch wurden Frauen vergewaltigt und gefangen genommene Rebellen hingerichtet. Hier kam der »Ofen« des Obersten Diby Sillas Diarra zu grausam-makabrer Berühmtheit. Leichen exekutierter Rebellen wurden öffentlich wie tote Tiere gegrillt.

Alle diese zumindest militärtaktisch wenig effizienten Maßnahmen hätten wohl auch weiterhin wenig gefruchtet, wenn nicht die algerische Regierung, die in der Vergangenheit durchaus Umgang mit prominenten Führern der Tuareg, wie z.B. Zeyd ag Attaher, gepflegt hatte, nun der malischen Regierung Unterstützung gewährt hätte. Der erste algerische Präsident Ahmed Ben Bella (Amtszeit 1963–1965) ließ führende Tuareg-Rebellen verhaften. So wurde Zeyd in Colomb-Béchar verhaftet und noch am 1. November 1963 nach Kidal gebracht. Er und andere wurden in für Tuareg demütigender Weise ihrer Turbane beraubt und vergleichsweise entblößt öffentlich durch die Straßen geführt. Der Aufstand brach danach zusammen. Im internationalen Vergleich gesehen, blieben das Ausmaß der Kämpfe wie auch die Zahl der Betroffenen aufgrund der geringen Bevölkerungsdichte im Aufstandsgebiet überschaubar. Nichtsdestoweniger waren die Auswirkungen für die Betroffenen gravierend, sodass die Kämpfe für die Tuareg eine große Symbolwirkung für den Versuch brutaler Unterdrückung gewannen.

Bei den Tuareg fand sogar eine regelrechte Mythenbildung des Aufstandes statt, die in Verbindung mit den weiter fortbestehenden Interessenkonflikten erstens eine dauerhafte Entfremdung vom malischen Staat und zweitens zur fortgesetzten Verbindung mit außermalischen Kräften in Algerien und Libyen führte. Die Aufstände in den 1990er Jahren und auch die Rebellion von 2012 wurden teils mit der »Alfellaga« von 1963/64 gerechtfertigt. Indes ist nicht gesichert, wie weit und tief die Mythenbildung bei den Tuareg reichte. Denn es gab auch Tuareg, die mit dem malischen Staat bzw. der malischen Armee zusammenarbeiteten.

Das Ende der Herrschaft von Modibo Keita

Der malische Staat entstand mit erheblichen Hypotheken. Ein einheitliches Staatsbewusstsein blieb auch in den folgenden Jahren schwach ausgeprägt. Das Gemeinwesen war im Grunde fragil und von fragmentierten Gesellschaftsstrukturen geprägt.

Modibo Keita ereilte ein Schicksal, das so manchem Staatsführer dieser Zeit ähnelte. Er versuchte einen sozialistischen Zentralstaat mit einer Einheitspartei zu verwirklichen und nahm dabei auch Anleihen bei den Chinesen, die er 1964 besuchte. Sein Regierungsstil glitt zunehmend ins Autoritäre ab, ohne wirkliche wirtschaftliche oder politische Erfolge zu erzielen. So verfügte die malische Regierung u.a. über zu wenig ausgebildete Fachkräfte. Die Unzufriedenheit der Bevölkerung stieg und Keita blieb immer stärker auf seine politischen Kader und die Armee angewiesen. Als er dann im Zuge der eigenen Machtsicherung die Position der Armee bedrohte, putschte diese gegen ihn. Am 19. November 1968 wurde er ohne Widerstand entmachtet.

Bernd Lemke

Nachdem die Politik von Modibo Keita gescheitert war, kam es 1968 zu einem Staatsstreich des Militärs unter der Führung von General Moussa Traoré. Er richtete ein Militärregime ein und baute die staatliche Wirtschaft weiter aus. Aufgrund innenpolitischer Probleme suchte er u.a. eine verstärkte Anlehnung an die ehemalige Kolonialmacht Frankreich und die Europäische Wirtschaftsgemeinschaft (EWG).

So besuchte er 1978 die Bundesrepublik Deutschland. Das Bild entstand am 31. Oktober 1978 und zeigt neben Bundeskanzler Helmut Schmidt (Mitte) Moussa Traoré, den Staatspräsidenten von Mali (links), und Léopold Sédar Senghor, den Staatspräsidenten des Senegal (rechts). In dem Gespräch ging es um eine Beteiligung der Bundesrepublik Deutschland an einem Bewässerungsprojekt im Senegalbecken.

Nach Massenkundgebungen und blutigen Unruhen, die vor allem in der Hauptstadt Bamako zahlreiche Opfer forderten, wurde Traoré 1991 durch reformwillige Soldaten unter Führung von Oberstleutnant Amadou Toumani Touré gestürzt.

Mali unter dem Militärregime Traorés

Die Konflikte um die politische Kontrolle Nordmalis durchziehen die postkoloniale Geschichte des Landes wie ein roter Faden. Nicht nur in den Zeiten der französischen Kolonialherrschaft, sondern auch im unabhängigen Staat Mali blieb das Verhältnis zwischen der lokalen politischen Macht im Norden des Landes und der Zentralregierung bestenfalls gespannt. Schon in den frühen 1960er Jahren kam es zu offener Gewalt und einer nicht leicht zu beendenden Rebellion. Das Verhältnis blieb auch in den folgenden beiden Jahrzehnten von einer prekären Balance geprägt, bevor es zu Beginn der 1990er Jahre erneut in einen offenen Krieg eskalierte.

Um die Dynamik des Konflikts zu verstehen, ist jedoch nicht allein das Verhältnis zwischen dem nachkolonialen Staat Mali und der Bevölkerung in den nördlichen Landesteilen in Betracht zu ziehen. Von ebenso großer Bedeutung sind die Verbindungen mit den nördlich liegenden Staaten Algerien und Libyen, die für die traditionell mobilen Tuareg und andere Nomaden immer gleichermaßen wichtig waren.

Letztlich überlagern sich im Konflikt in Nordmali seit dem Ende der Kolonialzeit mehrere Problemlagen. Zum einen stehen die Herrschaftsansprüche eines Zentralstaats dem Selbständigkeitsstreben einer vernachlässigten und politisch nicht durchdrungenen Region gegenüber. Zum anderen ist die traditionelle Wirtschafts- und Sozialordnung nach mehreren Dürren, den wirtschaftlichen Krisen in der Sahelregion und den schweren Konflikten um sie herum nicht mehr funktionsfähig. So führten die alten Gegensätze zwischen der traditionell feudal strukturierten Tuareg-Gesellschaft und der sesshaften bäuerlichen Bevölkerung im Süden zu einer ethnisch aufgeladenen Stereotypisierung, mit durchaus rassistischen Untertönen auf beiden Seiten. Der Konflikt in Nordmali ist deshalb kein kultureller Konflikt, sondern Ausdruck einer tieferen sozialen Krise, die in ähnlicher Form alle Sahelstaaten durchzieht.

In diesem Beitrag soll diese Zwischenphase des Konflikts, zwischen dem Ende der ersten formal sozialistischen Regierung Malis unter Modibo Keita 1968 und dem erneuten Aufflammen des Konflikts 1990 beleuchtet werden. Im Mittelpunkt stehen dabei die Gestalt politischer Herrschaft in Mali in dieser Zeit und die erneute Kristallisation des Konflikts zwischen Teilen der Tuareg-Bevölkerung und der Zentralregierung.

Politische Herrschaft in Nordmali 1968–1990

Der erste Präsident des seit 1960 unabhängigen Mali, Modibo Keita (Amtszeit 1960–1968), hatte nach dem Zerfall der nur ein paar Monate haltenden Föderation mit dem Nachbarstaat Senegal rasch einen sozialistischen Kurs eingeschlagen und sich für eine radikale Abkehr von der Kolonialmacht Frankreich eingesetzt. Mit zunehmenden wirtschaftlichen Schwierigkeiten und schweren innenpolitischen Konflikten endete diese Epoche 1968 mit einem Militärputsch. Sie ist für den heutigen Konflikt insbesondere deshalb von Belang, weil sich in den 1960er Jahren eine starke Antihaltung der Zentralregierung gegenüber den als »feudal« geltenden Tuareg herausbildete. Das Streben der Tuareg nach Eigenständigkeit mündete 1963/64 in einen gewaltsamen Konflikt, der die Fronten über Jahrzehnte zusätzlich verhärtete (siehe Beitrag Lemke).

Der sozialistische Kurs Keitas führte im Agrarstaat Mali nicht zu wirtschaftlichem Aufschwung, sondern zu nur geringen Zuwächsen der landwirtschaftlichen Produktion, die zudem stark von schwankenden Weltmarktpreisen bestimmt war. Zwangskollektivierungen und festgesetzte Abnahmepreise entfremdeten das Regime von der überwiegend bäuerlichen Bevölkerung im ganzen Land.

Die Auslandsverschuldung Malis wuchs schon in den 1960er Jahren rasch, das Regime wurde autoritärer. Für das Militär gerieten schließlich die Privatmilizen der regierenden Partei zur Herausforderung, auf die es 1968 mit einem Putsch reagierte. Moussa Traoré setzte sich an die Spitze des neuen Regimes, versprach Neuwahlen und einen Abbau der Verschuldung, was sich indes beides nicht verwirklichen ließ. Auch das Militärregime erwies sich als nicht fähig, die wirtschaftlichen Schwierigkeiten zu überwinden, zumal zwei Dürrekrisen 1968/69 und 1973/74 das Land schwer trafen.

Mali unter dem Militärregime Traorés

General Moussa Traoré
General Moussa Traoré wurde am 25. September 1936 in Kayes, Französisch-Sudan, geboren und in den 1950er Jahren an der französischen Militärschule Fréjus zum Offizier ausgebildet. Er war der rigide regierende Nachfolger von Modibo Keita, Malis erstem Präsidenten. Keita hatte seit 1960 die von der französischen Kolonialmacht losgelöste Republik durch seine Wirtschafts- und Währungspolitik in den Bankrott getrieben und ein sozialistisches Regime etabliert, das Kritiker rigoros verfolgte. Wegen der sich in den 1960er Jahren vertiefenden Schulden- und Wirtschaftskrise bildete sich unter Führung von Oberst Traoré eine Militäropposition namens »Comité Militaire de Libération Nationale«.

Am 19. November 1968 rief Traoré zum Umsturz auf, setzte Keita ab, löste die Einheitspartei »Union Soudanaise« auf und verbot deren Volksmilizen. Als zweitem Präsidenten Malis missglückte Traoré die ökonomische Stabilisierung trotz teilweiser Abkehr vom sozialistischen Wirtschaftskurs, da im Staatsapparat Korruption und Unterschlagung weit verbreitet waren. Außenpolitisch versuchte Traoré, sich stärker dem Westen anzunähern, 1988 mit seinem Staatsbesuch in den USA als Höhepunkt. Zu den beim Putsch versprochenen freien demokratischen Wahlen kam es jedoch nie. Zur Stützung seiner Militärjunta, die 1974 mit einer neuen Verfassung die »Zweite Republik« proklamierte, gründete Traoré 1979 die Einheitspartei »Union Démocratique du Peuple Malien«. Für deren neue Massenorganisationen wurden vorzugsweise Frauen wie Jugendliche zwangsverpflichtet.

Die im selben Jahr inszenierten Neuwahlen bestätigten Traoré im Amt und stabilisierten sein Regime, das Oppositionelle mit Folter und Mord verfolgte. Diktator Traoré, der mehrere Umsturzversuche abwehrte, wurde 1991 ebenfalls durch einen Militärputsch gestürzt, mit dem Mali erstmals demokratische Freiheiten erlangte. 1992 wegen Gewaltverbrechen und 1999 wegen Unterschlagung jeweils zum Tode verurteilt, wurde Traoré jedoch 2002 durch Malis demokratisch gewählten dritten Präsidenten, Alpha Oumar Konaré, einem Gegner der Todesstrafe, begnadigt.

VS

I. Historische Entwicklungen

Weitere Anbauflächen und auch Weidegründe wurden durch die Dürre zur Wüste und erhöhten die Konkurrenz um nutzbares Land in den nördlichen Landesteilen. Die internationale Hilfe, die zur Bekämpfung der Dürreschäden eintraf, versickerte ohne bei den Betroffenen anzukommen.

Die wirtschaftspolitischen Maßnahmen des Regimes erwiesen sich als ungeeignet, die Verschlechterung der Lebensbedingungen in ganz Mali umzukehren. Eine Rückkehr zur kolonialen Agrarpolitik, die sich auf die drei »Schlüsselprodukte« Baumwolle, Reis und Erdnüsse konzentrierte, führte unter Traoré zu weiteren Ungleichgewichten.

In den 1980er Jahren wurde Mali bei steigenden Zinsen wegen seiner hohen Schulden faktisch zahlungsunfähig. Traorés Regierungen konnten keinen einzigen ausgeglichenen Haushalt vorlegen. Das Budget reichte nur noch für die Bedienung der Schulden und Gehälter von Staatsbediensteten, die indes ab 1987 nur noch nach mehrmonatigen Verspätungen ausgezahlt wurden. An öffentliche Investitionen, etwa in den strukturschwachen Gebieten des Nordens, war nicht mehr zu denken.

Ohne Zuweisungen von außen wäre der malische Staat bankrott gewesen. Die Welt-

Das Bild zeigt ein malisches Mädchen, das Erdnüsse verkauft. Neben Baumwolle und Reis gehörten Erdnüsse lange Zeit zu den »Schlüsselprodukten« der malischen Landwirtschaft. In jüngerer Vergangenheit wurden die beiden Letztgenannten von der Baumwolle hinsichtlich ihrer wirtschaftlichen Bedeutung verdrängt.

Mali unter dem Militärregime Traorés

bank und der Internationale Währungsfonds (IWF) führten in Mali wie in vielen anderen afrikanischen Staaten in den 1980er Jahre »Strukturanpassungsprogramme« durch, mit denen der Staatsapparat deutlich reduziert, die öffentlichen Unternehmen privatisiert und die Gehälter stark gesenkt werden sollten. Alle diese Maßnahmen höhlten die Legitimität des Regimes weiter aus. Denn die wirtschaftliche Liberalisierung, die der malische Staat auf Geheiß der internationalen Finanzorganisationen betrieb, bedeutete, dass sich der Staat aus wirtschaftlichen Aktivitäten weitgehend zurückziehen musste. Das galt auch für die Vermarktung der Agrargüter. Zwar bedeutete dies eine Freigabe der Preise, aber auch ein Ende der garantierten Abnahme. In der Bevölkerung wurde dies in erster Linie als Versagen des Staates wahrgenommen, als die Aufkündigung eines Vertrages, demzufolge die Agrarproduzenten mit festen Preisen und Abnahmen durch staatliche Vermarktungsstellen rechnen konnten.

Die schlechte wirtschaftliche Lage führte schon in den 1980er Jahren zu wiederholten städtischen Protesten, die vor allem von Studenten getragen wurden. Politische Betätigung war jedoch außerhalb der von Traoré organisierten Einheitspartei verboten, und entsprechend repressiv reagierte das Regime auf solche Demonstrationen. Mit dem Beginn des Tuareg-Rebellion im Juni 1990 wuchs jedoch auch im Militär der Widerstand gegen das Regime, und nachdem es im März 1991 zu mehreren Todesopfern unter den Protestierenden gekommen war, wurde die Regierung Traorés wenige Tage später durch einen Militärputsch abgesetzt. Traoré floh ins Ausland. Das geschätzte Vermögen seins Clans entsprach weitgehend der Auslandsverschuldung Malis in Höhe von rund einer Milliarde US-Dollar.

Die Geschichte des Traoré-Regimes zeigt zugleich Besonderheiten Malis, aber auch Züge, die sich ebenso in anderen afrikanischen Staaten in den 1970er und 1980er Jahren finden lassen. Für fast alle afrikanischen Staaten wirkten Veränderungen von Weltmarktpreisen und die Entwicklungen auf den Weltfinanzmärkten verheerend. Auch die Politik von Weltbank und IWF erschwerte es den Regierungen, Unterstützung in der Bevölkerung aufzubauen oder zu erhalten. Denn besonders die Staatsbediensteten und die städtische Bevölkerung hatten unter diesen Einschnitten zu leiden.

I. Historische Entwicklungen

Auf dem flachen Land war der nachkoloniale malische Staat ohnehin nur durch Schulen und eine lose politische Organisation präsent, nachdem in den späten 1970er Jahren der Rückzug des Staates aus der Wirtschaft begonnen hatte. Die Entfremdung zwischen der Zentralregierung und den nördlichen, überwiegend von Tuareg besiedelten Landesteilen war also nur ein extremer Fall einer ansonsten gleichgerichteten Entwicklung im ganzen Land.

Die Besonderheiten in der Ausbildung dieses Verhältnisses lagen neben der bis hierher geschilderten internen Entwicklung vor allem in der Rolle der Nachbarstaaten begründet. Denn trotz des Kolonialismus und der Grenzziehung der unabhängigen Staaten war und ist die Sahara ein nur wenig kontrollierter Interaktions- und Wanderungsraum, sodass die Entwicklungen in Nordmali zu einem großen Teil von denen in Algerien und Libyen mitbestimmt wurden. Auch in dieser Hinsicht stehen die heutigen Verhältnisse in einer langen Kontinuität.

Der Präsident von Mali, Moussa Traoré. Das Bild wurde am 12. Juni 1990 bei einem Besuch in Tokio, Japan, aufgenommen, rund ein halbes Jahr, bevor Traoré gestürzt wurde.

Temust – die Geburt der Nation im Exil

Schon seit der französischen Kolonialzeit hatte sich im Gebiet des heutigen Mali eine starke Arbeitsmigration, vor allem nach Süden, ausgebildet. Aus den nördlichen Gebieten wanderten hingegen Tuareg und Angehörige anderer Bevölkerungsgruppen traditionell eher weiter nach Norden. So führte die prekäre Wirtschaftslage in Mali, verschärft durch wiederholte Dürren, auch im nachkolonialen Staat zu solchen Migrationen nach Algerien und Libyen sowie selbst nach Frankreich. Gerade in den 1970er Jahren zwangen ungewöhnlich lange Dürreperioden die Bevölkerung in allen Sahelstaaten, im Ausland ein Auskommen zu suchen.

Im Exil wurden »die Tuareg« erst zur Nation. Wie in vielen anderen Fällen entstand in der Fremde die Diskussion über die eigene Zugehörigkeit. »Temust« (Einheit) wurde zum Begriff dieser neu entstehenden nationalen Identität und war zugleich der Name einer in Frankreich produzierten Zeitschrift, mit der die Exilierten ihrem Bedürfnis nach Einheit Ausdruck verliehen.

Hintergrund waren zwei Erlebnisse im Exils: der nationalistische, antikoloniale Diskurs in Algerien und Libyen sowie die Erfahrungen von Lohnarbeit und sozialer Randständigkeit in den Gastländern. Wie die Entwicklung in Libyen 2011 noch einmal zeigte, wurden die Arbeitsmigranten aus den südlichen Nachbarländern dort aber nur geduldet. Einen rechtlich sicheren Status besaßen sie nie. Wie in vielen anderen Staaten wurden zahlreiche Arbeitsmigranten in Phasen wirtschaftlicher Krisen einfach ausgewiesen.

Eine Sonderstellung in diesem Prozess hatten schließlich jene malischen Tuareg, die in der »Islamischen Legion« des libyschen Staatschefs Muammar al-Gaddafi militärische Erfahrung sammelten. Auch ein Teil der Anführer der Rebellion von 1990 hatte in Gaddafis Auftrag an bewaffneten Kämpfen teilgenommen. Hinzu kam, dass die Ansprüche der Zentralregierung in Mali, vor allem die Steuererhebung, wegen der wirtschaftlich durchweg schwierigen Lage im Norden des Landes schon immer auf Widerstand gestoßen waren. Die Zentralregierung in Bamako wurde von den lokalen Gruppen nicht als weniger »kolonialistisch« wahrgenommen als der französische Kolonialstaat zuvor. Deshalb richteten sich der Protest und die Unzufriedenheit der Tuareg seit der Unabhängigkeit gegen die neuen Regierungen in Bamako.

Die Besteuerung der lokalen Bevölkerung blieb in deren Augen ohne Gegenleistung und führte nur zur Bereicherung der Beamten. Sie wurde als »Ausbeutung« empfunden. Eine neue administrative Gliederung stieß ebenso auf Ablehnung. Das Ausbleiben öffentlicher Investitionen führte letztlich zu einem

I. Historische Entwicklungen

Steuerboykott der Region, sodass über viele Jahre nur etwa 30 Prozent des erwarteten Steueraufkommens wirklich erhoben werden konnten. Die Zentralregierung war im nachkolonialen Staat wohl zu keinem Zeitpunkt in der Lage, ihren Ansprüchen wirklich Geltung zu verschaffen. Zeitweise zog sie sich sogar so weit zurück, dass sie den lokalen traditionalen Autoritäten Gewehre aushändigte, damit diese lokal nach eigener Maßgabe den Staat repräsentierten. Die staatliche Herrschaft beschränkte sich darauf, Kapitalverbrechen und »staatsfeindliche Akte« zu verfolgen. Die Region blieb zudem nach den Aufständen von 1963/64 bis 1986 für auswärtige Besucher gesperrt.

Mit der mangelhaften staatlichen Kontrolle und dem hohen Grad an Selbstregierung verfestigte sich das Bewusstsein regionaler Besonderheit und Eigenständigkeit. In die nationalen politischen Zusammenhänge Malis waren die Tuareg nur über eine lose klientelistische Politik eingebunden. Demnach waren es vor allem ältere Tuareg-Führer, die mit der Machtzentrale in Bamako verbunden waren und über die – wenn auch spärlich – Ressourcen in die Region flossen. Angesichts der großen Distanzen, der schlechten Infrastruktur und der wirtschaftlich stärkeren Nachbarn Algerien und Libyen blieben diese beiden Länder damit für die Tuareg und andere Bevölkerungsgruppen im Norden attraktiver und für das eigene Überleben bedeutsamer.

Die Konflikte zwischen der Bevölkerung Nordmalis und der Zentralregierung waren aber auch immer beeinflusst und eingebettet in größere regionale Dynamiken, vor allem mit den nördlichen Nachbarländern Algerien und Libyen. So war der Auslöser für die Tuareg-Revolte 1990 die Rückführung tausender Dürreflüchtlinge seit 1989 aus Algerien und Libyen. Im Norden Malis und Nigers warteten sie in von der Armee bewachten Lagern vergeblich auf die von ihren Regierungen und den Hilfsorganisationen angekündigten Lieferungen und Hilfen zur Wiedereingliederung. Die »ishomar« – in deren Name das französische Wort »chomeur« (Arbeitsloser) wiederklingt – wurden damit zur handlungsfähigen Gruppe mit einer eigenen Agenda. Als auch die Warnungen der traditionellen Autoritäten in Bamako klanglos verhallten, kam es im Juni 1990 zu ersten Übergriffen, zunächst spontan und regellos. Die Armee Malis reagierte mit

Massakern, denen mehrere hundert Menschen zum Opfer gefallen sein sollen.

Während der Rückgriff auf gewaltsame Mittel unter den Tuareg jedoch lange umstritten blieb – und es sicher heute noch ist – formierten sich aus den Rückkehrern schnell mehrere bewaffnete Gruppen. Nicht nur Tuareg, sondern etwa auch arabischsprachige Kounta schlossen sich diesen Gruppen an. In der Struktur dieser Gruppen setzte sich die fragmentierte Ordnung, die die Tuareg schon immer ausgezeichnet hatte, indes erneut fort. Deshalb führte über die nächsten vier Jahre jeder Friedensschluss immer zur Fortsetzung des Krieges durch eine neue Splittergruppe. Die Schwierigkeiten, die schon die französische Kolonialmacht bei der Kontrolle des Raumes hatte, sollten sich schließlich bis in die Gegenwart fortsetzen.

Klaus Schlichte

Seit seiner Unabhängigkeit 1960 wurde Mali über 30 Jahre lang vor allem autoritär regiert, zuletzt vom Regime unter General Moussa Traoré. Ab 1990 mehrten sich in der malischen Bevölkerung die Forderungen nach einem Mehrparteiensystem. Nach Massenkundgebungen und blutigen Unruhen, die vor allem in der Hauptstadt Bamako zahlreiche Opfer forderten, stürzten reformwillige Soldaten unter Führung von Oberstleutnant Amadou Toumani Touré den autoritären Herrscher Traoré.

In den folgenden beiden Jahrzehnten entwickelte sich Mali zu einem politisch weitgehend stabilen Land. Dafür sprach, dass 1992 die erste freie und demokratische Präsidentschaftswahl stattfand, bei der Alpha Oumar Konaré gewählt wurde. Zehn Jahre später, 2002, erfolgte der erste demokratische Führungswechsel mit der Wahl von Amadou Toumani Touré zum Präsidenten. Er wurde 2007 wiedergewählt und blieb bis zum Putsch 2012 im Amt.

Nach einer kurzen Transitionsphase (2012/13) wählte die Bevölkerung den ehemaligen Premierminister Ibrahim Boubacar Keita zum Präsidenten (im Bild). Er ist Teil des alten politischen Establishments und steht vor großen Herausforderungen. So liegt es an ihm, den Friedensvertrag von 2015 umzusetzen und die Demokratisierung voranzutreiben.

Mali seit 1992: Erfolge und Schwächen einer jungen Demokratie

Im Vergleich zu anderen afrikanischen Ländern blickt Mali auf Ansätze einer demokratischen Kultur zurück. Bereits vor der Kolonialisierung im 19. Jh. basierte lokale Politik auf friedlichen Aushandlungen. Nach dem Ende des Kalten Krieges zählte das Land zur dritten Welle der Demokratisierung, in der 16 afrikanische Staaten ihre undemokratischen Regierungen abstreiften. Trotz dieser positiven Geschichte bleibt die Verwurzelung demokratischer Institutionen nach dem Sturz der malischen Regierung durch die Armee Anfang 2012 eine der größten Herausforderungen des Landes.

Nach der Unabhängigkeit 1960 regierten in Mali vor allem autoritäre Regime, zuletzt unter Moussa Traoré (Amtszeit 1968–1991). Ab 1990 mehrten sich die Forderungen nach einem Mehrparteiensystem. Diese mündeten Anfang 1991 in großen Protestmärschen in der Hauptstadt Bamako, unter anderem angeführt von der Einheitsgewerkschaft UNTM (Union Nationale des Travailleurs du Mali). Als die malische Luftwaffe am 24. März 1991 den Befehl zur Bombardierung der UNTM-Zentrale verweigerte, begann das Ende des Traoré-Regimes. Zwei Tage später ließ Oberstleutnant Amadou Toumani Touré den Diktator Traoré und seine Familie verhaften. Im darauffolgenden Jahr saß Touré dem Übergangskomitee vor und versprach die Einführung der Demokratie.

Die Übergangsphase zu einer demokratischen Ordnung war mit einem Jahr sehr kurz – vergleichbar mit der Rückkehr zur Demokratie in 2012/13. Ein wichtiges Element dieser ersten Übergangsphase war die Nationalkonferenz, deren 1500 Angehörige aus Zivilgesellschaft, Wirtschaft und Politik im August 1991 in 15 Tagen eine neue Verfassung erarbeiteten. In diesem 1992 durch ein Volksreferendum angenommenen Dokument sind der Schutz von Menschenrechten und politischen Rechten, freie Wahlen sowie die Gewaltenteilung festgeschrieben. Die noch heute gültige Verfassung gilt als eine der demokratischsten Afrikas. Im April 1992 wählte die Bevölkerung den ersten demokratischen Präsidenten, den Historiker und Journalisten Alpha

I. Historische Entwicklungen

Alpha Oumar Konaré war von 1992 bis 2002 während zweier Amtsperioden Staatspräsident von Mali. Ein Jahr später, 2003 wurde er Vorsitzender der Kommission der Afrikanischen Union. Das Bild zeigt ihn am 9. Juli 2006 während einer Pressekonferenz im Olympiastadion von Berlin anlässlich der Fußballweltmeisterschaft in Deutschland.

Oumar Konaré. Das Militär zog sich unterdessen aus der Politik zurück. In den folgenden Jahren entwickelte sich Mali äußerlich zu einer Vorzeigedemokratie, die trotz großer Armut stabil blieb. Deswegen erfuhr Mali große internationale Unterstützung, die auch heute noch zur hohen Außenabhängigkeit beiträgt. Beispielsweise wurden ca. 80 Prozent der Regierungsausgaben von 2006 bis 2010 durch Entwicklungsgelder finanziert. Die internationalen Einflussmöglichkeiten sind im malischen Kontext daher relativ hoch (siehe Beitrag Münch).

Die Vorzeigedemokratie nahm mit dem Putsch am 21./22. März 2012 ein jähes Ende. Er war die Folge schlechter Regierungsführung und nicht die der Sicherheitssituation im Norden, wie häufig angenommen wird. Wie in der europäischen Geschichte zeigt sich auch in Mali, dass Demokratie nicht ein Endpunkt, sondern ein ständiger Prozess ist, in dem um den Bestand und die Verfestigung demokratischer Werte gerungen werden muss. Damit Demokratisierung in Mali gelingen kann, muss die Politik sowohl an die Stärken der Demokratie anknüpfen als auch ihren Schwächen begegnen (vgl. Überblick auf S. 78). Demokratisierung wird dann gelingen, wenn die Funktionsfähigkeit demokratischer Institutionen wie des Parlaments steigt und wenn für die Bevölkerung ein Mehrwert wie die Verbesserung des Gesundheitssystems aus der Demokratie ersichtlich wird.

Institutionelle Grundlagen der Demokratie

Der malische Staat hat die demokratischen Institutionen, die in der Verfassung von 1992 vorgesehen sind, auch in der Realität vollständig eingerichtet. Malische Regierungen und Legislative wurden seit 1992 regelmäßig vom Volk gewählt. Diese Wahlen wurden von internationalen Beobachtern weitgehend als frei und fair bewertet, obgleich 1997 Schwierigkeiten bei der Wahlorganisation zur Annullierung der Parlamentswahlen durch das Verfassungsgericht führten. Dies zeigte, dass die zuständige demokratische Beschwerdeinstanz funktionierte. Anders als andere afrikanische Machthaber respektierte Präsident Konaré die verfassungsmäßige Beschränkung seiner Amtszeit und trat im Jahr 2002 bei den Präsidentschaftswahlen nicht mehr an.

Die Kontrolle der Exekutive obliegt dem Parlament und dem Verfassungsgericht. Ergänzt wird dies durch, erstens, den »Vérificateur Général« (Oberster Rechnungsprüfer), der Korruptionsfällen in der Regierung und öffentlichen Verwaltung nachgeht und diese jährlich publik macht; und zweitens durch den »Espace d'Interpellation Démocratique au Mali«, in dem der Präsident den Forderungen der Bevölkerung in einer landesweit übertragenen Fernsehsendung Rede und Antwort stehen muss. Trotz dieser Errungenschaften zeigten die Institutionen in der Praxis auch Schwächen.

Institutionen I: Demokratische Wahlen

Obwohl Wahlen regelmäßig stattfanden, entfachte sich an ihrer Organisation wiederholt Streit. Dies betraf seit den ersten demokratischen Wahlen 1992 die Zuverlässigkeit des Wählerregisters sowie die Kompetenzen und die Zusammensetzung der Wahlkommission. Die Bereitstellung eines vollständigen Wahlregisters, das weder Wahlberechtigte auslässt noch Personen mehrfach führt, stellt aufgrund fehlender Einwohnermeldesysteme sowie der begrenzten Anzahl unterschiedlicher Nachnamen eine große Herausforderung dar und bietet zugleich eine Angriffsfläche für Wahlfälschungen. Auch die seit 2008 laufende Arbeit an einem zuverlässigeren biometrischen Register kam aufgrund technischer Probleme nur schleppend voran. Eine unabhängige Wahlkommission soll seit 1997 die organisatorischen Herausforderungen, die vom Verteilen der Wahlmaterialien bis zu Auszählung der Ergebnisse reicht, überwachen. Andauernde Kontroversen bestehen über die Zusammensetzung der Wahlkommission.

I. Historische Entwicklungen

Soldat und Demokrat.
Amadou Toumani Touré, Malis vierter Präsident

Trotz einiger Defizite fallen wichtige Schritte auf dem Weg Malis zur Demokratie in die Amtszeit von Amadou Toumani Touré. Als »Soldat de la Démocratie« erlangte er in Mali große Popularität. Vom Mai 2002 bis zum März 2012 war der parteilose, vierter Präsident des westafrikanischen Landes.

Am 4. November 1948 wurde Amadou Toumani Touré in Mopti, einer Stadt in Zentralmali, zu diesem Zeitpunkt noch Französisch-Sudan, geboren. Zunächst studierte er für das Lehramt, bevor er sich 1969 entschied, in die malische Armee einzutreten. Bis 1972 zum Fallschirmjäger ausgebildet, besuchte Touré Mitte der 1970er Jahre Militärlehrgänge in der Sowjetunion, die 1978 und um 1990 durch Militärkurse in Frankreichs Streitkräften ergänzt wurden. Parallel gelang Touré eine rasche Militärkarriere: 1981 wurde er Kommandeur der Präsidentengarde und 1984 der Fallschirmjägertruppe.

Im März 1991 führte Touré den Militärputsch gegen Malis despotischen Präsidenten Moussa Traoré an und avancierte zum Vorsitzenden der Übergangsregierung, dem »Comité de Transition pour le Salut de Peuple«. In Personalunion als Staatsoberhaupt fungierend, berief Touré eine Verfassungskonferenz ein und organisierte die Urnengänge, die in Mali zur Wahl des ersten demokratisch legitimierten zivilen Präsidenten, Alpha Oumar Konaré, führten.

Noch bevor Touré 2001 als Brigadegeneral aus Malis Armee ausschied, widmete er sich karitativen Zwecken. So gründete er die Kinderstiftung »Fondation pour l'Enfance« oder war für die Weltgesundheitsorganisation und als Afrika-Sondergesandter der Vereinten Nationen tätig. Zweimal, 2002 und 2007, kandidierte Touré für Malis Präsidentenamt und gewann. Am 21./22. März 2012 wurde Präsident Touré von meuternden Militärs gestürzt. Wegen des sich verschärfenden Konflikts mit islamistischen und separatistischen Kräften in Nordmali warfen ihm die Putschisten Unfähigkeit bei der Kontrolle des Nordens vor. Daraufhin erklärte Touré am 9. April 2012 seinen Rücktritt und lebt seitdem im Exil im benachbarten Senegal. In Mali könnte ihm aufgrund seines Verhaltens, das zur Krise von 2012 führte, eine Anklage wegen »Hochverrats am Vaterland« drohen.

VS

Dabei wird über das Verhältnis der Vertreter politischer Parteien und der Zivilgesellschaft sowie die Repräsentation der verschiedenen politischen Lager gestritten.

Institutionen II: Parlament und politische Parteien

Das malische Parlament verfügt laut Verfassung über eingeschränkte Kompetenzen, so kann es nur begrenzt auf die Gesetzgebung einwirken und keinen Einfluss auf die Regierungsbildung ausüben. In der Praxis hat sich zudem als problematisch erwiesen, dass inhaltliche Kontroversen kaum zugelassen wurden und sich das politische Geschehen auf einzelne Personen fokussierte. Insbesondere mit der Machtübernahme des Präsidenten Amadou Toumani Touré, in der Bevölkerung »ATT« genannt, veränderte sich ab 2002 der Politikstil. Aufgrund seiner zentralen Rolle beim Sturz des Regimes von Moussa Traoré 1991 verfügte der charismatische Touré zu Beginn über eine hohe Legitimität in der Bevölkerung und der politischen Elite. Dies und seine persönlichen Netzwerke ermöglichten seine Wahl zum Präsidenten, obwohl er keiner Partei angehörte. Um seine Amtsgeschäfte trotz seiner Unabhängigkeit führen zu können, beteiligte ATT viele Parteien an seiner Regierung. Damit reduzierte er die parlamentarische Opposition auf ein Minimum. Zwar brachten die Parlamentswahlen von 2007 zunächst eine etwas breitere Opposition hervor – immerhin 19 von 147 Parlamentariern zählten sich nicht zu den Unterstützern ATTs. Im Laufe der Legislaturperiode schrumpfte die Opposition jedoch auf drei Abgeordnete des »Parti Solidarité Africaine pour la Démocratie et l'Indépendance« (SADI). Eine solch kleine, faktisch bedeutungslose Opposition konnte die Regierung kaum kontrollieren. So reichte die Minderheit auch nicht aus, um das Verfassungsgericht zur Kontrolle von Gesetzentwürfen anzurufen; hierfür wäre ein Zehntel der Sitze notwendig. Die Einbindung vieler Parteien in die Regierungsverantwortung erschwerte es den Parteien, ein eigenes Profil auszubauen. Zudem schwächte ATT Parteien und Parlament durch seine Zusammenarbeit mit losen

I. Historische Entwicklungen

Unterstützernetzwerken aus Politik, Wirtschaft und Zivilgesellschaft. So wurden politische Kontroversen und Entscheidungen noch weiter aus dem parteipolitischen und parlamentarischen Raum ausgelagert.

Leistungen der Demokratie I: Frieden

Die malische Demokratie hat zunächst wichtige Leistungen für die Bevölkerung im Bereich Frieden und wirtschaftliche Entwicklung erbracht. Teilweise waren diese aber nicht nachhaltig. Die Bevölkerung und die politische Klasse schrieben der Demokratie

Stärken und Schwächen der malischen Demokratie (1992 – 2016)

Stärken	Schwächen
Wahlen als Legitimierungsgrundlage für demokratisches Regime	Mangelhafte Wahlorganisation
Hohes Vertrauensniveau in der Gesellschaft, auch zwischen unterschiedlichen Ethnien	Mangelnde wirtschaftliche und soziale Integration der Nordregionen
Konsensorientierung der politischen Elite	Institutionelle Schwächen, z.B. in der Justiz
Mobilisierungspotenzial gesellschaftlicher Gruppen in den Städten	Schwache politische Parteien
Friedensdividende in den 1990er Jahren	Eingeschränkte Problemlösungskompetenz der Nationalregierung
Demokratische Orientierung des Militärs Anfang der 1990er Jahre	Schlechte zivil-militärische Beziehungen wegen Unterausstattung des Militärs
Breit gestreute Netzwerke in der Gesellschaft	Korruption auf allen Staatsebenen, inklusive Verstrickung des Staatsapparats mit Sahara-Schmuggel
Gute Beziehungen zwischen Staat und Religionen	Eingeschränkte Gewaltenteilung zugunsten der Exekutive

©ZMSBw 06944-05

geraume Zeit das zu, was das autoritäre Regime unter Moussa Traoré nicht vermocht hatte: Frieden durch Verhandlungen erzielen zu können. Jedoch hielt die Friedensdividende der 1990er Jahre nur rund eine Dekade. Im Jahr 2006 brachen im Norden des Landes erneut Kämpfe aus und führten zu einer drastischen Verschlechterung der Sicherheitslage. Die Bevölkerung nahm die Gewalteskalation im Norden als Versagen der Demokratie wahr. Der Frieden scheiterte, weil die Unzufriedenheit der in den Nordregionen lebenden Bevölkerung mit der sozio-ökonomischen und politischen Integrationsfähigkeit des demokratischen Regimes anhielt. Im Mittelpunkt stand dabei, dass die 1991, 1992 und 2006 geschlossenen Friedensverträge nicht eingehalten wurden. Umfassende Vereinbarungen zur sozioökonomischen Entwicklung des Nordens durch Schaffung von Arbeitsplätzen oder durch Ausbau der Infrastruktur blieben ohne Folgen. Dies lag auch daran, dass die politische Klasse und die Gesellschaft im Süden nur ein eingeschränktes Verständnis für die andauernden sozioökonomischen Forderungen der Bevölkerung im Norden aufbrachten. Die Bevölkerung der Nordregionen kämpft zwar mit schwierigsten klimatischen Bedingungen und ist regelmäßigen Dürren ausgesetzt, doch lebt hier aufgrund der dünnen Besiedlung nur ein kleiner Teil der absolut Armen des Landes. Daher sind wenige im Süden dazu bereit, überproportional staatliche Mittel für die Entwicklung des Nordens einzusetzen.

Die politische Integration der Bevölkerung des Nordens misslang nicht zuletzt aufgrund einer selektiven Einbindung der Tuareg, die nur 4 bis 5 Prozent der malischen Gesamtbevölkerung ausmachen und selbst in den Nordregionen eine Minderheit darstellen. So besetzte die Konaré-Regierung gehobene Stellen im Staatsapparat mit bestimmten Tuareg-Clans wie den Ifoghas, und die Region Kidal bekam trotz ihrer geringen Einwohnerzahl (ca. 100 000) vier Sitze anstatt des einen Sitzes im Parlament, der ihr aufgrund ihres Bevölkerungsanteils zugestanden hätte. Diese Bevorzugungspolitik hinterließ in der übrigen Bevölkerung das Bild einer zu Unrecht privilegierten Minderheit im Norden. Zum anderen gefährdeten schwache staatliche Institutionen den Frieden. Insbesondere die mangelnde materielle Ausstattung und ungenügende Ausbildung der Sicherheitskräfte ermöglichten das Wiedererstarken von Tuareg-Rebellen und die Ausbreitung krimi-

I. Historische Entwicklungen

Islam und Demokratie in Mali

Der Islam in Mali ist moderat, tolerant und einem friedlichen Miteinander verpflichtet. Rund 95 Prozent der Bevölkerung bekennen sich zum Islam. Religiöse Praktiken, insbesondere regelmäßiges Beten und der freitägliche Besuch der Moschee sind im Alltagsleben sichtbar integriert und vom Staat respektiert. Dies zeigt sich auch an der friedensstiftenden Rolle von Geistlichen in nationalen und lokalen Konflikten. Religion und Staat sind laut der Verfassung von 1992 formal strikt voneinander getrennt. Demgemäß hat die Religion ihren Platz im Privatleben der Menschen und wird aus dem öffentlichen Raum verdrängt (Laizismus). Jedoch verschmelzen auch in Mali Politik und Religion, wie in anderen Staaten dieser Welt. Beispielsweise hat der Staat 2002 den Hohen Islamischen Rat (Haut Conseil Islamique, HCI) eingerichtet. Hier vertreten verschiedene islamische Gruppen, insbesondere Repräsentanten des Sufismus und der relativ kleinen, wahabitischen Strömung, religiöse Interessen gegenüber der Politik. Dies ist eine Folge aus dem Verbot religiös motivierter Parteien. Während z.B. in Deutschland die Christlich Demokratische Union (CDU) religiöse Werte im Bundestag vertritt und in das politische Tagesgeschäft einfließen lässt, hatten islamische Verbände in Mali vor 2002 hierzu offiziell keine Gelegenheit. Mittlerweile hat sich der HCI zu einer relevanten Vertretung bestimmter muslimischer Interessen entwickelt und bringt sich erfolgreich in öffentliche und politische Debatten ein. In der Staatskrise nach 2012 wurden die Mitglieder des HCI polarisiert, weil sein Präsident Mahmoud Dicko, Imam der großen wahabitischen Moschee in Bamako, eine umstrittene Rolle in den Friedensverhandlungen mit bewaffneten Gruppen im Norden im Namen der »muslimischen Gemeinschaft Malis« einnahm. Ihm wird nachgesagt, Kontakte zu islamistischen Gruppen wie »al-Qaida im islamischen Maghreb« (AQIM) zu unterhalten.

In der Bevölkerung haben dschihadistische Gruppen einen geringen Rückhalt. Zum einen wird die Anwendung von Gewalt nicht als legitimes Mittel zur Lösung gesellschaftlicher Probleme akzeptiert. Zum anderen kommen diese Gruppen oft nicht aus Mali und werden als externe Bedrohung wahrgenommen, obwohl sie auch Anhänger in Mali rekrutieren. Schließlich darf nicht verkannt werden, dass sich hinter ihren offiziellen Zielen häufig kriminelle Motive wie Schmuggelaktivitäten verbergen.

> Die in Mali sehr bekannte und populärmuslimische Bewegung »Ansar Dine« des liberalen und für Menschenrechte eintretenden Chérif Ousmane Madani Haidara ist dabei nicht mit der gleichnamigen dschihadistischen Gruppe im Norden des Landes zu verwechseln. *CH/JL*

neller und islamistischer Gruppen im Norden. Für diese Entwicklung wird vor allem die Regierung ATTs verantwortlich gemacht. Dieser wandte sich von der selektiven Bevorzugungspolitik seines Vorgängers ab und unterstützte die arabische Bevölkerung, die Songhay sowie die nichtadlige Tuareg-Gruppe der Imghad in den Nordgebieten. Damit brachte er jedoch die alteingesessenen Tuareg-Clans gegen sich auf. Zugleich baute er seit 2006 auf den politischen Dialog mit allen Gruppen – darunter auch Kriminelle und Terroristen. Bis auf einzelne gezielte Angriffe gegen bewaffnete Tuareg 2008/09 sah der Präsident von einem militärischen Vorgehen ab. Dies stieß im malischen Militär, im Großteil der Bevölkerung und in den Nachbarstaaten Mauretanien und Algerien auf vehemente Kritik. Die Ausbreitung lokaler und ausländischer militanter Gruppen auf malischem Territorium konnte nach Ansicht weiter Teile der Bevölkerung nicht durch Gespräche gelöst werden. Touré hielt jedoch am Dialog fest, was für die malische Öffentlichkeit den Schluss nahelegte, er und seine Gefolgsleute seien selbst am lukrativen Drogen-, Menschen- und Waffenschmuggel in der Sahara beteiligt. Zudem soll er mit »al-Qaida im islamischen Maghreb« (AQIM) eine Vereinbarung ausgehandelt haben, wonach die Gruppe keine Entführungen auf malischem Territorium mehr durchführen werde und sich im Gegenzug frei in der Sahara bewegen könne.

Leistungen der Demokratie II: Sozioökonomische Entwicklung

Demokratie soll eine gerechte Verteilung vorhandener Güter und die Armutsreduzierung begünstigen. So konnten in Mali seit der Demokratisierung einige sozioökonomische Fortschritte erzielt werden (siehe Beitrag Kollmer). Der Anteil der Bevölkerung, der von weniger als 1,25 US-Dollar am Tag leben muss(te), betrug 1994 noch 86 Prozent. Bis zum Jahr 2010 reduzierte sich dieser Anteil inflationsbereinigt auf ca. 50 Prozent der Bevölkerung. Dennoch stellt das Leben in Armut weiterhin die Norm statt die Ausnahme dar und die Analphabetenrate unter Erwachsenen beträgt ca. 67 Prozent. Überleben können die Malier häufig nur aufgrund des hohen sozialen Zusammenhalts in familiären Versorgungsnetzwerken, der selbst im afrikanischen Vergleich herausragend ist.

Ein strukturelles Hindernis für mehr und gerechtere wirtschaftliche Entwicklung ist die Korruption, die auf allen gesellschaftlichen Ebenen praktiziert wird. Bestechungsgelder werden sowohl bei der Vergabe öffentlicher Aufträge als auch bei kleinen Amtshandlungen verlangt. Des Weiteren sind in den letzten Jahren mehrere Veruntreuungen von Entwicklungsgeldern bekannt geworden. Im Norden Malis ist zudem ein Netzwerk von Schmugglern und Staatsbeamten entstanden, sodass letztere ebenfalls vom Schmuggel mit Drogen, Menschen und Waffen profitierten.

Ausblick

Die genannten Schwachstellen der malischen Demokratie führten dazu, dass die Putschisten im März 2012 keinen starken Gegenwind in Bamako erfuhren. Auf internationalen Druck wurde die Verfassung zwar bereits im April 2012 formal wieder eingesetzt; ATT kehrte aber nicht in sein Amt zurück. Die Militärjunta wurde von einer Übergangsregierung unter der Führung von Dioncounda Traoré abgelöst. Fortan befand sich Mali in einem Dilemma: Traoré verfügte über ein geringes Vertrauen in der malischen Bevölkerung und seine Regierungsgeschäfte wurden vom Putschistenführer Amadou Haya Sanogo hintertrieben, was die Lösung der Krise blockierte. Zugleich wünschten sich viele Malier laut Umfragen, dass Wahlen erst nach einer Rückeroberung des Nordens stattfinden sollten. So ging die internationale Gemeinschaft ein Wagnis ein, als sie einen engen Zeitplan für Wahlen durchsetzte. Die Präsidentschaftswahlen im Juli und August 2013 verliefen jedoch friedlich und mit einer für malische Verhältnisse hohen Wahlbeteiligung (46 Prozent). Der neue Präsident Ibrahim Boubacar Keita (genannt »IBK«) steht seit seinem Amtsantritt im September 2013 vor gewaltigen Herausforderungen: die Schaffung von Sicherheit, die Gestaltung des Friedensprozesses, die Bekämpfung der Korruption, die Stärkung der Demokratie und die Bekämpfung der Armut.

Erste Schritte zur Vertiefung der Demokratie sind bereits unternommen worden, indem zum Beispiel der Status der Opposition im Parlament gestärkt wurde. Die geplanten Regional- und Kommunalwahlen wurden jedoch mehrfach aufgrund von Sicherheitsbedenken verschoben. Zudem sind die gegenwärtigen politischen Führer alle im alten System unter Konaré und ATT groß geworden und ein drastischer Wechsel des Politikstils kann nicht beobachtet werden. So stand IBK schon mehrfach im Zusammenhang mit der Anschaffung eines Präsidentenflugzeugs, von Militäruniformen und Traktoren unter Korruptionsverdacht.

Im Friedensprozess sind erste Erfolge durch die Unterzeichnung des Vertrags von Bamako im Juni 2015 erreicht worden. Die Umsetzung des Friedensvertrags erweist sich politisch allerdings als mühsam. Die Vertragspartner müssen nicht nur ihre Vereinbarungen einhalten, sondern auch die Bevölkerung stärker einbinden und zugleich den Prozess vor islamistischen Anschlägen schützen. Wie nach den Friedensschlüssen in den 1990er Jahren erweist sich hier als problematisch, dass Staatsbeamte in der Region ihre Arbeit auch nach dem Putsch fortsetzen und damit möglicherweise existierende Konfliktlinien zementieren.

Den Maliern in ländlichen Gebieten ist es in erster Linie wichtig, dass der Staat physisch durch Leistungen wie Schulen und Gesundheitszentren vor Ort präsent ist. So lange die Regierung allerdings mit akutem Krisenmanagement beschäftigt ist, den Friedensvertrag nicht nachhaltig umsetzt und die Bürokratie sich weiter in Korruption verstrickt, ist dieser Wunsch schwer zu erfüllen. Bleibt er langfristig offen, ist es wahrscheinlich, dass auch die Demokratie selbst wieder in Gefahr gerät.

Charlotte Heyl und Julia Leininger

Die früher einmal überwiegend als Nomaden lebenden Tuareg widersetzten sich der Kolonialisierung durch Frankreich lange erfolgreich. Schließlich unterwarfen und verwalteten die Franzosen die Tuareg dennoch über Mittler und lokale Häuptlinge, was die Tuareg jedoch bis zum Ende der Kolonialzeit nicht von Aufständen abhielt.

Die aus dem Süden des Landes stammenden Machthaber des unabhängigen Mali versuchten, die Tuareg zwangsweise zu modernisieren. Hiergegen rebellierten diese bereits 1963/64, jedoch erfolglos. Unter den aus dem Land vertriebenen Führern und Intellektuellen der Tuareg formierte sich, mit libyscher Unterstützung, die Keimzelle weiteren Widerstands. Anfang der 1990er Jahre gab es erneut Aufstände im Norden Malis, in deren Folge sich die Tuareg auch untereinander bekämpften. Mit – später nicht erfüllten – Zusagen über die Gewährung von Autonomie seitens der malischen Regierung ließ sich der Krieg beenden. Dennoch begann bereits im nächsten Jahrzehnt eine neue, nur kurzfristig militärisch unterdrückte Rebellion. Im 2012 begonnenen Krieg schafften es rebellierende Tuareg schließlich für kurze Zeit, die Macht im Norden zu übernehmen und den ideologisch mittlerweile tief verankerten eigenen Staat »Azawad« zu proklamieren. Das Foto zeigt Mitglieder der Bewegung »Mouvement National de Libération de l'Azawad« (MNLA), die Anfang 2012 die Flagge des von ihnen am 6. April 2012 ausgerufenen Staates Azawad schwenken.

Separatistische Bestrebungen der Tuareg in Mali

Grenzziehung und Staatenbildung der Kolonialmächte führten dazu, dass sich das Siedlungsgebiet der Tuareg seit der Unabhängigkeit auf fünf souveräne Länder verteilt: Algerien, Burkina Faso, Libyen, Mali und Niger. Die »Herren der Wüste« widersetzten sich zunächst der Eingliederung und Herrschaft durch die Kolonialmächte Frankreich und Italien (Libyen) und dann ihrer Einbindung in die postkolonialen Staaten. Drei Besonderheiten kennzeichnen den Wunsch der Tuareg nach einem eigenen Staat: erstens, dass ihr Siedlungsgebiet zwischen fünf postkolonialen Staaten aufgeteilt worden ist. Zweitens sind irredentistische Forderungen nach einer Vereinigung aller Tuareg in einem Flächenstaat nie offiziell laut geworden, geschweige denn unterstützt worden – selbst wenn es schon immer sezessionistische Bestrebungen bei den Tuareg in Mali und Niger gab, die sogar zu bewaffneten Aufständen in den beiden Ländern führten. Drittens haben Tuareg-Vertreter bis zur im Oktober 2011 erfolgten Gründung der Separationsbewegung »Mouvement National de Libération de l'Azawad« (MNLA) in Mali den Wunsch nach nationaler Unabhängigkeit in offiziellen Verhandlungen mit den Staaten, gegen die sie kämpften, nie angesprochen.

Das politische System der Tuareg und der aufgezwungene Kolonialstaat

Seit Langem leben die Tuareg in den Gebirgszügen der Zentralsahara – Ajjer, Hoggar (Ahaggar), Aïr und Adagh n'Ifoghas (Adrar des Iforas) –, in den benachbarten Ebenen der Sahel-Sahara am südlichen Rand der Wüste und im inneren Nigerbogen. Sie sind ausnahmslos Muslime, aber nicht für alle Tuareg hat der Islam dieselbe identitätsstiftende Bedeutung. Bis zur zweiten Hälfte des 20. Jahrhunderts lebten viele Tuareg als Nomaden, betrieben Viehzucht und Karawanenhandel. Die Dürren der 1970er und 1980er Jahre führten dazu, dass viele Tuareg ihre wirtschaft-

I. Historische Entwicklungen

lichen Aktivitäten und ihre Lebensweise ändern mussten; neben der Viehzucht betrieben sie nun vermehrt Ackerbau oder lebten als abhängig Beschäftigte in Dörfern und Städten der benachbarten Länder.

Seit jeher waren die Tuareg in mehreren ähnlich strukturierten Stammesverbänden politisch organisiert; diese herrschten über bestimmte Teile der Tuareg-Welt und vor der kolonialen Eroberung auch über benachbarte Völker. Die Stammesverbände stritten um wirtschaftliche und politische Ressourcen, sodass sich eine interne politische Hierarchie von Stämmen herausbildete. Dieser politische Raum gehörte zu den letzten Teilen Afrikas, die kolonisiert wurden. Gegen die kolonialen Eroberer leisteten die meisten Tuareg-Gruppierungen starken Widerstand, und es gelang ihnen mehrmals, französische Expeditionen zu besiegen. Wenngleich sich alle Stammesverbände am Anfang des 20. Jahrhunderts geschlagen gaben, brachen während des Ersten Weltkrieges zahlreiche Revolten aus. Der andauernde Widerstand kleinerer Gruppen führte dazu, dass die »Pax Gallica« erst 1934 erreicht wurde.

Nach der Eroberung und »Befriedung« nahmen die Tuareg zwar einen privilegierten Platz in der kolonialen Vorstellung der Franzosen ein. Das »koloniale Privileg« hatte jedoch zweifelhafte Auswirkungen. Während die Tuareg zwar weder Zwangsarbeit noch Militärdienst leisten mussten, waren sie gleichzeitig aber auch bis Mitte der 1940er Jahre von westlicher Bildung ausgeschlossen. Die Sicht der Tuareg auf diese Zeit ist heute äußerst ambivalent. Zwar hegen viele gegenüber ihren früheren Kolonialherren, insbesondere den Franzosen, wohlwollende Gefühle,

Eine auf 1931 datierte Aufnahme von Tuareg-Reitern und Fußsoldaten in Timbuktu.

Separatistische Bestrebungen der Tuareg in Mali

aber die Erinnerung an den Widerstand gegen die westlichen »Ungläubigen« ist bis heute lebendig geblieben.

Die Rebellionen der 1990er Jahre in Mali

1990 erhoben sich die Tuareg im Norden gegen den malischen Staat. Der Aufstand war ein Konflikt geringer Intensität. Bereits in den späten 1980er Jahren hatten sie mit logistischen Vorbereitungen begonnen, indem sie Waffendepots einrichteten. Ende Juni 1990 griff eine Gruppe spärlich bewaffneter Rebellen die Stadt Ménaka in Nordmali an und eröffnete damit die Kampfhandlungen. Die Rebellen organisierten sich als die »Mouvement Populaire pour la Libération de l'Azawad« (MPLA). In dieser Phase errang die MPLA einige Siege über die malische Armee. Ungefähr 200 erfahrene Guerillas setzten eine hochbewegliche motorisierte Guerillataktik ein. Die malischen Streitkräfte waren gezwungen, zwei Drittel ihrer Verteidigungsstärke einzusetzen:

Die Kampfweise der Tuareg

Die Aufstände von Tuareg-Gruppen seit den 1990er Jahren zeigen, dass diese sich darauf verstehen, Elemente ihrer traditionellen Kampfweise mit modernen Mitteln zu verbinden. Dies wird deutlich entlang der Forschungsergebnisse des Ethnologen Georg Klute, der sich seit über 20 Jahren auch vor Ort mit den Kriegen der Tuareg wissenschaftlich befasst.

Ursprünglich zumeist als Nomaden lebend, führten die Tuareg auch ihre Kämpfe in der für Nomaden typischen Form. Das heißt, sie griffen ihre Gegner meist überraschend an, indem sie die Geschwindigkeit von Pferden oder Kamelen nutzten und

Typischer Toyota-Pick-up-Truck wie ihn die Tuareg-Rebellen als Gefechtsfahrzeug nutzen, aufgenommen am 14. Februar 2012.

I. Historische Entwicklungen

sich in den Nahkampf stürzten. Mit dem Einsatz präziser Feuerwaffen und schließlich sogar gepanzerter Gefechtsfahrzeuge durch die Kolonialmächte gingen diese Vorteile verloren.

Erst mit der Möglichkeit, geländegängige Fahrzeuge zu erwerben, konnten die Tuareg wieder Elemente der traditionellen nomadischen Kampfweise anwenden. Ähnlich wie andere Rebellengruppen der außerwestlichen Welt, verwenden sie seit dem Aufstand der 1990er Jahre typischerweise Toyota-Pick-up-Trucks, mit denen sie überraschend angreifen. Voraussetzung hierfür war ein längerer Prozess, in dessen Verlauf sich die Tuareg bereits für den Grenzschmuggel die Technik dieser Fahrzeuge aneigneten und sie an ihre Lebensräume anpassten. Hierzu statten sie die Geländewagen mit selbstgefertigten Extratanks und zusätzlichen Stoßdämpfern sowie improvisierten Staubfiltern aus. Um möglichst lange unentdeckt zu bleiben, tarnen sie die Fahrzeuge mit Wüstenfarben und nutzen während der Fahrt die Konturen des Geländes aus. Als Bewaffnung montieren sie schließlich Maschinengewehre mit Dreibein auf die Ladefläche.

Üblicherweise befinden sich bis zu zwölf Mann auf einem Fahrzeug, von denen drei einschließlich Kommandant im Fahrerhaus sitzen. Die übrigen Kämpfer befinden sich auf der Ladefläche. Von diesen bedient einer das Maschinengewehr, ein weiterer ist mit Panzerfaust und die restlichen zehn sind mit Sturmgewehren bewaffnet. Nur im Notfall – etwa beim überraschenden Treffen auf den Gegner – kämpfen die Tuareg unmittelbar vom fahrenden Fahrzeug herab. In der Regel sitzen sie ab und kämpfen zu Fuß. Gerade wenn sie überraschenderweise auf einen überlegenen Gegner treffen, reißen die Fahrer meist das Steuer herum und ziehen Kurven, um eine Staubwand zu erzeugen. Hinter dieser weichen sie entweder aus oder lassen die Kämpfer absitzen und in Stellung gehen. Da die Pick-up-Trucks über eine große Reichweite verfügen sowie finanziell günstiger und leichter in Stand zu halten sind als gepanzerte Fahrzeuge, hat auch die reguläre malische Armee diese vermehrt in ihr Arsenal aufgenommen.

Zumindest aus den 1990er Jahren sind mehrere Fälle überliefert, in denen Tuareg-Kämpfer selbst zahlenmäßig deutlich überlegene Gegner im Nahkampf angriffen. Georg Klute führt dies auf ihre traditionellen Ehrvorstellungen zurück, welche die Anwendung von Distanzwaffen als feige verachten. PM

Separatistische Bestrebungen der Tuareg in Mali

ungefähr 4000 Soldaten. Die meisten Opfer bei den Vergeltungsmaßnahmen der malischen Armee waren Zivilpersonen, weshalb die Zivilbevölkerung mit den Rebellen sympathisierte und sich viele junge Männer der MPLA anschlossen.

Außer dem Tuareg-Aufstand bedrängte eine demokratische Oppositionsbewegung in Bamako das malische Regime unter Moussa Traoré. Die Oppositionellen zeigten sich zunehmend mutiger, da die Elitetruppen aus der Hauptstadt in den Norden verlegt wurden. Um einen der Konflikte zu lösen, unterzeichnete Traoré im Januar 1991 eine Waffenstillstandsvereinbarung mit der MPLA, die unter der Vermittlung von Algerien zustande kam. In den Verträgen vereinbarten die Unterzeichner einen Sonderstatus für den Norden von Mali, was praktisch einer Autonomie für die Tuareg gleichkam. Dies rettete das Regime aber nicht. Traoré wurde am 26. März 1991 in einem Staatsstreich gestürzt, dem tagelange Demonstrationen und Gewalttakte in Bamako vorausgegangen waren.

Die erfolgreiche Rebellion setzte in der Tuareg-Gesellschaft eine soziale und politische Dynamik frei. Ab Januar 1991 zersplitterte die Rebellenbewegung angesichts gewalttätiger interner Konflikte, die bis Oktober 1994 andauern sollten. Die Aufspaltungen der MPLA in verschiedene Bewegungen traten entlang von Stammeslinien auf und spiegeln eine in der Tuareg-Gesellschaft vorhandene Machtdynamik wider, deren Ursprung in den Allianzen und Feindseligkeiten während der kolonialen Durchdringung lag. Sie verdeutlichten aber auch die internen politischen Konflikte, die hinsichtlich der zukünftigen Organisation der Tuareg-Gesellschaft und der Zielsetzungen des Aufstands bestanden.

Die Abweichler organisierten sich in der Bewegung »Front Populaire pour la Libération de l'Azawad« (FPLA). Einige Monate später wurde unter anderem durch Angehörige der Imghad-Tuareg die »Armée Révolutionaire pour la Libération de l'Azawad« (ARLA) gegründet. Die arabischen Nomadengruppen in Mali bildeten Ende 1990 die Rebellenfraktion »Front Islamique Arabe de l'Azawad« (FIAA). Die mehrheitlich der Ifoghas entstammenden Anführer der MPLA änderten schließlich unter Iyad ag Ghali den Namen ihrer stark verkleinerten Bewegung in »Mouvement Populaire de l'Azawad« (MPA).

I. Historische Entwicklungen

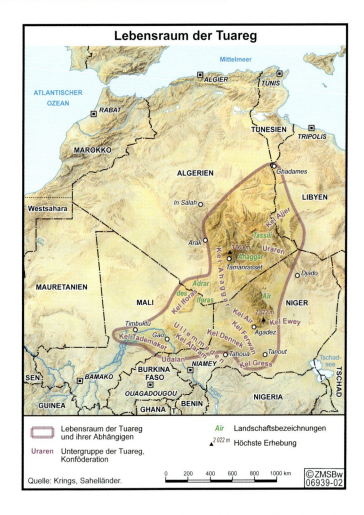

Auf den Sturz des Diktators Traoré folgte eine demokratische Regierung unter Präsident Alpha Oumar Konaré. Dieser hatte im April 1992 unter der Vermittlung Frankreichs und Mauretaniens ein neues Friedensabkommen, den Nationalen Pakt, unterzeichnet. Der Nationale Pakt sah ein wirtschaftliches Sonder-

Separatistische Bestrebungen der Tuareg in Mali

programm für den Norden vor und legte fest, dass ehemalige Aufständische in die malischen Streitkräfte einzubinden seien. Dieses Programm wurde nie umgesetzt und die Integration der Ex-Rebellen in die malischen Streitkräfte erwies sich als schwierig. Folglich »desertierten« viele ehemalige Aufständische und schlossen sich bestehenden Bewegungen an, die sich dem Nationalen Pakt widersetzten, oder gründeten neue Bewegungen mit kaum definierten Zielsetzungen.

Somit gingen auch die Kämpfe weiter, obwohl der Nationale Pakt den Aufstand offiziell beendet hatte. Von Januar 1993 bis Oktober 1994 bekämpften sich die Aufstandsbewegungen der Tuareg untereinander, wobei die Zahl der Splittergruppen stetig zunahm. Der Hauptkonflikt bestand zwischen der MPA auf der einen und ARLA und FPLA auf der anderen Seite. Mit logistischer Unterstützung der malischen Armee besiegte die MPA die ARLA Ende 1994 und übernahm damit die regionale Macht. Es gelang der MPA schließlich, die Kontrolle über die meisten der Aufstandsbewegungen zu gewinnen.

Mittlerweile operierten bewaffnete Banden ehemaliger Aufständischer außerhalb der Kontrolle ihrer Gruppierungen und raubten Reisende und gewerbliche Transporte aus. Im April 1994 reagierten Kaufleute und Militärs der Songhay-Bevölkerung auf die ungestörten Überfalle der Tuareg auf Siedlungen am Fluss Niger und stellten mit Unterstützung von Teilen der Armee und möglicherweise mit der Zustimmung der Regierung eine Miliz auf. Die neue Bewegung, genannt »Ganda Koy« – Herrscher über das Land in der Sprache der Songhay –, beging Übergriffe gegen Tuareg-Zivilisten und arabische Bewohner in den größeren Städten im Norden Malis (siehe Beitrag Schreiber). Aus diesem Grund flohen ungefähr 100 000 Tuareg und Araber in die Nachbarländer.

Zu diesem Zeitpunkt war die Zivilbevölkerung im nördlichen Mali der Situation so überdrüssig geworden, dass traditionelle Führungspersönlichkeiten Treffen zur Versöhnung aller ethnischen Gruppen in Nordmali veranlassten. Hieraus ging der Bourem-Pakt hervor: eine ausschließlich lokale Initiative, jenseits von staatlichen Strukturen oder Aufstandsbewegungen. Der Bourem-Pakt wurde das Vorbild für ähnliche Initiativen, die internationale Nichtregierungsorganisationen, vor allem die norwegische Kirche, unterstützten. Am 26. März 1996 fanden die lokalen Initiativen mit einer feierlichen Zeremonie – der »La Flamme de la Paix« – in Timbuktu ihren Höhepunkt. Hierbei wurde ein Friede geschlossen, der zwar zerbrechlich, aber dennoch von beinahe zehnjähriger Dauer war.

Späte 1990er bis Mitte der 2000er Jahre

Dezentralisierung der Verwaltung und Demokratisierung in Mali bedeuteten für die Tuareg, dass sie ihr politisches Leben freier gestalten konnten. Einige Tuareg stiegen zu Ministern auf. Dennoch blieb Gewalt Teil des politischen Prozesses. Der Besitz von Schusswaffen hatte sich bei den Tuareg allmählich zur Alltäglichkeit entwickelt. Alte und neue Konflikte über Weideland und die Stammeshierarchie wurden nun im Rahmen von Dezentralisierung und Demokratisierung sowie in bewaffneten Zusammenstößen und Überfällen zwischen den Stämmen ausgetragen. Im Norden Malis wurde die Verbindung von Gewalt und Demokratie spöttisch als »demokalashi« bezeichnet.

Am Anfang des 21. Jahrhunderts stieg die geostrategische und wirtschaftliche Bedeutung der Sahara stark an. Touristen und Migranten, die sich auf dem Weg nach Europa befanden, schufen neue Einkommensquellen. Außerdem rückte die Sahara in den Fokus von Ölgesellschaften, die auf der Suche nach Bodenschätzen an der erneuten »Aufteilung« Afrikas beteiligt waren. Entwicklungsgelder erlaubten, eine bescheidene Infrastruktur zu errichten. Brücken, Teerstraßen und eine elektronische Kommunikationsinfrastruktur wurden geschaffen. Das internationale Verkehrswesen und der internationale Handel, angefangen von algerischen Lebensmitteln bis zu kolumbianischem Kokain, belebten den alten Handel durch die Sahara.

Von größter Bedeutung ist die geopolitische Dimension. Als Teil des Kampfes gegen den Terrorismus – »War on Terror« – nach den Anschlägen vom 11. September 2001 wandten die USA ihre Aufmerksamkeit der äußeren Peripherie der muslimischen Welt zu, darunter auch der Sahelzone und der Sahara (siehe Beitrag Münch). Diesen Schwerpunkt hatten sie mit ihren Gegnern, den Verbreitern des weltweiten Dschihad gemeinsam. Um das

Jahr 2000 herum hatte sich die »Groupe Salafiste pour la Prédication et le Combat« (GSPC) in der algerischen Sahara festgesetzt und breitete sich von dort nach Nordmali und Niger aus. 2007 nannte sich die GSPC in al-Qaida in den Ländern des Islamischen Westens (al-Qaida im Islamischen Maghreb, AQIM) um (siehe Beitrag Schreiber).

Die Konflikte Mitte der 2000er Jahre

Im Jahr 2006, zehn Jahre nach Ende der Aufstände in den 1990er Jahren, flammten in Mali und Niger erneut Konflikte auf. Interne Machtkämpfe in den Tuareg-Gemeinden von Nordmali, die mit den vorstehend beschriebenen Konflikten zwischen MPA und ARLA zusammenhingen, führten im Mai 2006 zur Gründung einer neuen Rebellenbewegung, der »Alliance Démocratique du 23 Mai pour le Changement« (ADC). An der Spitze der Bewegung standen mehrere ehemalige Führer der MPA, die in höhere Dienstgrade der malischen Armee aufgestiegen waren. Die mehrheitlich aus Ifoghas bestehende Bewegung um Ibrahim ag Bahanga, den desertierten Oberstleutnant Hassan ag Fagaga sowie später auch Iyad ag Ghali, erhob keine klar formulierten Forderungen, kritisierte aber heftig die ungleiche Entwicklung in Nord- und Südmali wie auch die nicht erfolgte Umsetzung des Nationalen Paktes von 1992. Die ADC schlug Verhandlungen unter der Vermittlung von Algerien vor, denen die Regierung von Mali zustimmte. Ein Teil der Malier lehnte jedoch die in Algier im Juni 2006 unterzeichnete Vereinbarung ab, weil der Präsident ihrer Meinung nach den Forderungen der Rebellen nachgegeben hatte.

Auf ihrer Website behauptete die ADC in keinerlei Verbindung mit muslimischen Terroristen zu stehen. Um diese Aussage zu beweisen, griff die ADC Camps der GSPC (später AQIM) in Nordmali an. Die malische Nationalversammlung billigte die Vereinbarung von Algier Anfang 2007, was zur Auflösung der ADC im März desselben Jahres führte. Einige Tuareg-Abtrünnige um Ibrahim ag Bahanga lehnten die getroffene Vereinbarung jedoch ab und gründeten im September 2007 die »Alliance Touarègue du Nord Mali pour le Changement« (ATNMC). Es waren insbesondere zwei ihrer Taktiken, die die ATNMC so unpopulär machten: der noch nie dagewesene Einsatz von Landminen und die Festnahme von Kriegsgefangenen, von denen einige selbst Tuareg waren.

Weder die ADC noch die ATNMC fanden allgemeinen Zuspruch unter den Tuareg. Beide galten als Ergebnisse lokaler Machtpolitik. Diese Sicht wurde durch die Tatsache untermauert, dass der Armeetruppenteil, der die neuen Bewegungen bekämpfte, unter der Führung des ehemaligen, nun in die malische Armee integrierten Tuareg-Rebellen El Hajj ag Gamou stand. Diesem gestattete die malische Regierung, eine besondere Einheit aufzustellen, die ausschließlich aus Tuareg-Soldaten seiner eigenen Imghad-Gruppe bestand. Im Februar 2009 gewann diese Einheit die militärische Auseinandersetzung gegen die ATNMC durch die Flucht Ibrahim ag Bahangas nach Libyen und beendete den militärischen Konflikt vorläufig.

Azawad, islamischer Anspruch und die Internationalisierung des Konflikts

Im Oktober 2010 gründeten Tuareg in Nordmali das »Mouvement National de l'Azawad« (MNA): eine zivile Bewegung, die durch politische Aktivitäten Autonomie in Mali erreichen wollte. Die Regierung ignorierte die Forderungen der Bewegung und nahm zwei ihrer Führer fest. Der Arabische Frühling und vor allem die Revolution in Libyen hatten weitere Auswirkungen. Anfang 2011 rekrutierte Muammar al-Gaddafi Tuareg und andere Sahelbewohner im Kampf gegen libysche Revolutionäre. Nach dem Sturz Gaddafis im August 2011 kehrten viele der Tuareg mit schweren Waffen nach Mali zurück.

Während die Mehrheit der Rückkehrer, die in der libyschen Armee gedient hatte, die Aufnahme in die malische Armee forderte und teilweise erhielt, schlossen sich andere der MNA an und gründeten das »Mouvement National pour la Libération de l'Azawad« (MNLA). Die neue nationalistische Bewegung der Tuareg verfügte somit über einen gut ausgestatteten militärischen und einen medien- also auch interneterfahrenen politischen Flügel. Letzterer formulierte die Forderungen der Bewegung nach Selbstbestimmung, Menschenrechten sowie Rechten für indigene, also einheimische Völker und veröffentlichte sie auf Englisch, Französisch und Arabisch.

Im November 2011 organisierte die MNLA einige Demonstrationen in Nordmali, bei denen sie die Selbstbestimmung oder die Unabhängigkeit für »Azawad« forderte. Die MNLA war die erste Separatistenbewegung der Tuareg, die sich offen dazu bekannte, für einen unabhängigen Staat Azawad zu kämpfen, wobei sie sich mit eindeutig nationalistischen Symbolen schmückte.

Die entwendeten Waffen aus den libyschen Arsenalen machten auch der internationalen Gemeinschaft Sorgen. Es bestand die Befürchtung, dass die Waffen in die Hände von AQIM fallen könnten. Auf Druck der USA und Frankreichs verstärkte die malische Regierung im Dezember 2011 ihre militärische Präsenz im Norden. Dies und die Tatsache, dass Tuareg, die libysche Soldaten gewesen waren, nur verzögert in die malische Armee aufgenommen wurden, boten den Anlass für den erneuten Ausbruch von Feindseligkeiten. Am 17. Januar 2012 begann die MNLA ihre Angriffe in Nordmali. Innerhalb von zweieinhalb Monaten gelang es ihr, alle Städte und Dörfer im Norden zu erobern und die malische Armee dort vollständig zu besiegen. Am 6. April verkündete die Bewegung die Unabhängigkeit von Nordmali und die Gründung ihres eigenen Staates »Azawad«.

Zwei Faktoren begünstigten den Erfolg der Aufständischen: Am 21./22. März putschte eine Gruppe von rangniedrigen Offizieren und setzte Präsident Amadou Toumani Touré ab. Die Putschisten kritisierten die Unterausstattung der Armee und Tourés Umgang mit dem Tuareg-Aufstand als ambivalent, zu nachgiebig und unprofessionell, was zu den wiederholten Niederlagen der malischen Armee geführt habe. Der Staatsstreich verbesserte die militärische Lage indes nicht, sondern ließ die Befehlsketten zusammenbrechen. In der Folge erreichte der Nachschub die im Norden kämpfenden Truppenteile nicht mehr. Einige Verbände, die sich selbst überlassen waren, zogen sich angesichts der sich auf dem Vormarsch befindenden Rebellen einfach zurück.

Der zweite Faktor, der den Erfolg der Rebellen erklärt, ist die Allianz der MNLA mit Gruppierungen islamistischer Ausrichtung, insbesondere mit der »Dschamat Ansar Dine« (Gamâ'at

I. Historische Entwicklungen

Junge Malier protestieren am 6. April 2012 in Bamako gegen die Besetzung des Nordens durch die MNLA und die Teilung Malis.

Ansâr ud-Dîn) um Iyad ag Ghali. Diese ist nicht mit der populären Bewegung »Ansar Dine« des Predigers Chérif Ousmane Madani Haidara in Südmali zu verwechseln, obwohl der arabische Name bei beiden darauf verweist, dass sie – im Gegensatz zur französisch betitelten Nationalbewegung MNLA – religiöse Legitimität erlangen wollen. Die islamistische Bewegung Ansar Dine beteiligte sich daran, die Regionalhauptstadt Kidal und die Stadt Tessalit zu erobern. Letztere liegt an der algerisch-malischen Grenze und beherbergt eine wichtige malische Garnison sowie einen Militärflugplatz, den auch die US-Luftwaffe nutzte. Die Aufständischen eroberten Tessalit, obwohl die malische Armee mit Kampfhubschraubern, Kampfjets und gepanzerten Fahrzeugen für Verstärkung sorgte und sie von US-Kräften unterstützt wurde. Auf der Regierungsseite führten Tuareg-Einheiten der malischen Armee unter anderem mit Colonel Major El Hajj ag Gamou die Operationen gegen die Rebellen an, unter ihnen Rückkehrer aus Libyen. Tuareg kämpften also auf beiden Seiten.

MNLA und islamistisch ausgerichtete Gruppierungen schlossen aus rein pragmatischen Gründen Allianzen, denn beide Seiten verfolgen unterschiedliche Ziele. Die Forderung der MNLA, einen Staat Azawad zu gründen, stand in scharfem Kontrast zur islamistischen Ideologie der anderen Gruppierungen. Am Tag der Unabhängigkeitserklärung durch die MNLA sagte ein Sprecher von Ansar Dine, dass die Bewegung gegen die Neugründung eines Staates sei und für die Verbreitung des Islam in ganz Mali kämpfen werde.

Die unterschiedlichen Ziele führten einige Zeit später zur Teilung des eroberten Raumes. Jede Gruppierung schnitt sich ihren Teil von Azawad heraus, insgesamt waren es 800 000 km² oder zwei Drittel des malischen Staatsgebietes. Die Koexistenz der bewaffneten Gruppen war jedoch von kurzer Dauer. Bereits Ende Juni 2012 wurde die MNLA nach blutigen Kämpfen vom »Mouvement pour l'Unicité et le Jihad en Afrique de l'Ouest« (MUJAO), einer Ende 2011 gegründeten und anscheinend von Islamisten mauretanischer Herkunft dominierten Splittergruppe der AQIM, aus Gao vertrieben. Zu MUJAO gehören auch Malier unterschiedlicher ethnischer Zugehörigkeit und andere Sahelbewohner, wenn überhaupt aber nur wenige Tuareg (siehe Beitrag Schreiber). Mit Gao verlor die MNLA den größten eroberten Ort im Norden Malis und somit die von ihnen proklamierte Hauptstadt des Staates Azawad. Die MNLA hatte die Unterstützung der Einwohner verloren, da ihre Kämpfer sich undiszipliniert verhielten: Sie stahlen, plünderten und vergewaltigten Frauen in den von ihnen besetzten Gebieten. Die MNLA verfügte nicht über die Fähigkeit, Verwaltungsstrukturen aufzubauen, die öffentliche Ordnung sicherzustellen, ein Rechtssystem einzuführen und – was am wichtigsten war – den Schutz der Bevölkerung zu gewährleisten. Knapp ein halbes Jahr nachdem er proklamiert worden war, schienen der Staat Azawad und der Traum von der Unabhängigkeit ihr Ende gefunden zu haben. Im November 2012 vertrieb die MUJAO die MNLA aus Ménaka. Zudem verließ die MNLA Léré, auf Grund der Drohung durch die Ansar Dine, ihre Stellungen in dieser Stadt anzugreifen.

Der Sezessionsbestrebungen der MNLA und die Durchsetzung einer islamischen Gesellschaftsordnung, die von vielen Beobachtern als unzeitgemäß und willkürlich betrachtet wurde, erregte internationale Aufmerksamkeit in Afrika und weltweit. Schließlich verhandelten die einzelnen Akteure: MNLA und Ansar Dine auf der Seite der Tuareg, die afrikanischen und »westlichen« Staaten, Afrikanische und Europäische Union (AU und EU), die Westafrikanische Wirtschaftsgemeinschaft (ECOWAS), Organisationen der Vereinten Nationen (VN) und der VN-Sicherheitsrat sowie Diplomaten oder (selbsternannte) Vermittler jedweder Provenienz in verschiedenen Konstellationen auf der anderen Seite. Dabei wurden viele Punkte und Probleme behandelt. Der wichtigste in diesem Zusammenhang zu erwähnende Punkt war die im Herbst 2012 gefallene Entscheidung der malischen Regierung und der ECOWAS militärisch in Mali einzugreifen, um den Norden zurückzuerobern. Im Dezember verabschiedete der VN-Sicherheitsrat eine von der französischen Regierung eingebrachte Resolution, auf deren Grundlage französische und afrikanische Truppen Anfang 2013 nach dem Vormarsch der Islamisten in Zentralmali und der Bitte um Hilfe durch die malische Übergangsregierung intervenierten.

Ausblick

Nach dem überraschenden Vorstoß von Ansar Dine in Zentralmali Anfang Januar 2013 und nach der prompten Reaktion der französischen Streitkräfte war der Konflikt in Mali endgültig international geworden. Durch den zusätzlichen Einsatz von Truppen aus verschiedenen afrikanischen Ländern und der logistischen und finanziellen Unterstützung seitens der EU und der USA, konnte das vorrangige Ziel der Intervention, die Wiederherstellung der territorialen Integrität Malis, durch die Rückeroberung aller großen Städte des Nordens bereits im Frühjahr 2013 erreicht werden. Auch wenn die von der MNLA geführten Rebellenkoalition von der Forderung nach vollständiger Unabhängigkeit in den anschließenden Friedensgesprächen abweichen musste, stellt sich die Frage, ob damit tatsächlich alle sezessionistischen Projekte der malischen Tuareg auf absehbare Zeit eingestellt worden sind.

Obwohl die Tuareg ihre Vorstellungen von nationaler Unabhängigkeit früh in internen Diskussionen formuliert haben, forderte erst die MNLA diese auch offiziell. Dabei ist bemerkenswert, dass es nie ein übergreifendes sezessionistisches Projekt aller in den fünf postkolonialen Staaten lebenden Tuareg-Gruppierungen gegeben hat. Das könnte einerseits ein Hinweis auf die Beständigkeit der Stammesföderationen, aus denen das politische System der Tuareg besteht, bzw. allgemein auf die traditionellen politischen Ordnungen in Afrika sein. Anderer-

Der Friedensvertrag von Algier
Der »Vertrag für Frieden und Versöhnung in Mali« ist das zentrale Abkommen zur politischen Lösung der jüngsten multidimensionalen Krise und zur Wahrung der territorialen Integrität Malis. Vertragsparteien sind die malische Regierung und die in den zwei Allianzen »Coordination des Mouvements de l'Azawad« (CMA) und »Plateforme des Mouvements du 14 juin 2014 d'Alger« (Plateforme) organisierten Gruppen (siehe Beitrag Konopka). Die nach vorherigen Sondierungsgesprächen endgültig im September 2014 in Algier aufgenommenen Verhandlungen standen unter dem Vorsitz von Algerien. Zur Gruppe der internationalen Mediatoren gehörten ferner die ECOWAS, die Afrikanische und die Europäische Union, die Vereinten Nationen, die Organisation für Islamische Zusammenarbeit, die Staaten Burkina Faso, Mauretanien, Niger, Nigeria und Tschad.

Der Verhandlungsprozess wurde unter internationalem Druck verhältnismäßig zügig geführt. Die Unterzeichnung des Vertrages durch die Regierung und die Plateforme fand am 15. Mai 2015 in Bamako statt. Unter Verweis auf weitere Beratungen mit ihrer Basis verweigerte die CMA jedoch zunächst ihre Unterschrift, die bei einer zweiten Zeremonie am 20. Juni 2015 in Bamako nachgeholt werden musste.

Inhaltlich bekannten sich alle Verhandlungspartner zur nationalen Einheit sowie zur republikanischen und laizistischen Staatsform und zur kulturellen und ethnischen Diversität Malis. Außerdem verpflichteten sie sich zu einer besseren Regierungsführung, zur Rechtsstaatlichkeit sowie zum Kampf gegen Korruption, Terrorismus und organisierte Kriminalität.

Das Abkommen sieht eine umfassende Reorganisation und Reform des malischen Staates vor. Als Verwaltungseinheiten neu geschaffene »Regionen« sollen zukünftig über weitreichende Hoheiten in wirtschaftlichen, sozialen und kulturellen Belangen einschließlich einer eigenen Polizei verfügen. Von der Bevölkerung zu wählende Regionalparlamente bestimmen jeweils einen Präsidenten. Letzterer steht der Regionalverwaltung vor. Auf der Ebene des Zentralstaates sollen die Regionen zukünftig im Rahmen einer neuen zweiten Parlamentskammer, dem Senat, eingebunden werden. Darüber hinaus sollen Malier aus den nördlichen Regionen umfangreicher in nationalen Institutionen repräsentiert sein.

I. Historische Entwicklungen

Neben der Regionalisierung sind ferner die Demobilisierung, Entwaffnung und Reintegration (DDR) sowie die Integration eines Teils der Kombattanten in die malischen Streitkräfte, eine Reform des Sicherheitssektors sowie ein umfangreiches Maßnahmenpaket für eine nachhaltige sozioökonomischen Entwicklung der nördlichen Regionen vorgesehen. Ziel ist eine Angleichung des Entwicklungsstandes des Nordens in den kommenden zehn bis 15 Jahren an den Rest des Landes. Hierfür sind u.a. ein Entwicklungsfonds, die Gründung regionaler Entwicklungsagenturen und umfangreiche Infrastrukturprojekte geplant. Darüber hinaus sieht der Friedensvertrag einen nationalen Versöhnungsprozess u.a. mit einer Wahrheits- und Versöhnungskommission, eine Konferenz zur nationalen Verständigung und die Aufarbeitung der Konfliktursachen vor. Ferner bekennen sich die Vertragsparteien zu einer umfassenden Reform des Justizsystems sowie zum Kampf gegen Straflosigkeit insbesondere mit Blick auf Menschenrechtsverletzungen und Kriegsverbrechen.

Die Umsetzung des Abkommens wird von einem Kontrollausschuss (Comité de Suivi) überwacht, dem alle Vertragsparteien sowie die Mediatoren angehören. Für die Umsetzung der vorgesehenen Maßnahmen ist auf Seiten der malischen Regierung ein nationaler Koordinationsausschuss verantwortlich, der derzeit unter dem Vorsitz des Premierministers steht.

Trotz anfänglicher Euphorie setzen die Vertragsparteien das Friedensabkommen nur schleppend um. Regierung und bewaffnete Gruppen scheinen nur begrenzt an einer zügigen Umsetzung des Abkommens interessiert zu sein. Ohnehin fehlen der staatlichen Verwaltung hierfür Kapazitäten. Die Vertreter im Kontrollausschuss legen das Abkommen außerdem unterschiedlich aus und setzen bei dessen Umsetzung unterschiedliche Prioritäten. Innerhalb der CMA und der Plateforme bestehen zudem sehr unterschiedliche Interessen. Gleichwohl macht der Friedensvertrag deutlich, dass die Verantwortung für Frieden und Entwicklung nunmehr unmittelbar in malischen Händen liegt.
JHF

seits könnte dies auch auf die Auswirkungen verweisen, die die (post-kolonialen) nationalen Identitäten auf das politische Empfinden der verschiedenen Tuareg-Gruppierungen in den jeweiligen post-kolonialen Staaten hatten.

Nachdem die islamistischen Gruppierungen die MNLA militärisch besiegt und die internationale Koalition nach ihrer Intervention sowie der Vertreibung der Dschihadisten aus den Städten im Norden in einem »Terror-« und »Anti-Terror-Krieg«, ähnlich demjenigen in Zentralasien, versunken ist, scheint für die Utopie eines unabhängigen Tuareg-Staates kein Raum mehr vorhanden zu sein. Das wäre aber ein vorschnelles Urteil. Im Norden Malis gibt es seit der Unabhängigkeit des Landes die Forderung nach Unabhängigkeit oder Autonomie. Diese besteht neben oder zeitweilig auch in Opposition zu einem »islamischen Anspruch«, der die Stärkung des Islam und die Einführung einer islamischen Gesellschaftsordnung als Ziele verfolgt. Es ist bemerkenswert, dass eine Bewegung entstand, die den sezessionistischen Nationalismus der Tuareg mit der islamischen Ideologie zu verbinden schien: Ansar Dine. Während Ansar Dine eindeutig die Einführung einer islamischen Ordnung fordert, rief die MNLA Azawad als säkularen Staat aus, was große Teile der vorwiegend muslimischen Bevölkerung abstieß. Bereits im Juli 2012 beschränkte der Sprecher von Ansar Dine, Ahmada ag Bibi, in einem Interview mit einer algerischen Zeitschrift die Forderung auf Anwendung der Scharia ausschließlich auf die Region Kidal; diese Aussage ist seitdem mehrfach wiederholt worden. Regionale Autonomie zugleich mit einem »islamischen« Anspruch zu formulieren war ein Hinweis auf die interne Spaltung der Bewegung, die dann am 24. Januar 2013, nach Beginn der Intervention der internationalen Koalition, mit der Gründung der »Mouvement Islamique de l'Azawad« (MIA, im Mai 2013 aufgegangen im »Haut Conseil de l'Unité de l'Azawad«, HCUA) auch tatsächlich erfolgte.

Georg Klute und Baz Lecocq

(Der Beitrag ist eine gekürzte und aktualisierte Fassung aus: Georg Klute and Baz Lecocq, Tuareg Separatism in Mali and Niger. In: Wolfgang Zeller and Jordi Tomás (Eds.), Secessionism in Africa, London (in Vorb.).

Anfang 2013 eroberten französische, malische und weitere afrikanische Streitkräfte die großen Städte Nordmalis zurück, die ein Jahr zuvor an die Islamisten gefallen waren. Nach der Befreiung entwickelte sich jedoch zwischen der Regierung in Bamako und den seit Anfang 2012 rebellierenden, überwiegend aus Tuareg bestehenden und nach Unabhängigkeit strebenden säkularen bewaffneten Gruppen ein zähes Ringen um eine politische Lösung des Konfliktes. Gestört wurde und wird die Umsetzung eines im Sommer 2015 vereinbarten Friedensvertrages durch Spannungen innerhalb der verschiedenen Bevölkerungsgruppen im Norden des Landes sowie gegensätzliche Macht- und Wirtschaftsinteressen der Eliten im Norden wie im Süden. Hinzu treten ansteigende Kriminalität und die daraus resultierende Unsicherheit für die nördliche Bevölkerung sowie wiederholte Angriffe dschihadistischer Gruppen, die ihre eigenen Wirtschafts- und Machtinteressen unter dem Vorwand religiöser Ideologie zu verteidigen suchen.

Zwischen innerstaatlicher Gewalt und Dschihadismus. Mali von 2013 bis in die Gegenwart

Als Anfang 2012 der Konflikt in Nordmali ausbrach, handelte es sich um die Rebellion einer lokalen Minderheit aus der Region Kidal, die als »Mouvement National de Libération de l'Azawad« (MNLA) nach Unabhängigkeit strebte. Diese Konfliktlinie änderte sich im Sommer 2012, nachdem die staatlichen Strukturen im Norden in Folge eines Militärputsches zusammengebrochen waren und Dschihadisten die säkularen Rebellen aus den eroberten Gebieten verdrängten (siehe Beitrag Klute/Lecocq). Anfang 2013 vertrieben französische, malische und andere afrikanische Truppen wiederum die Dschihadisten und rieben sie zu einem Großteil auf. Die nach Unabhängigkeit strebenden Kräfte erhielten somit erneut Auftrieb.

Mit internationaler Unterstützung für die in der zweiten Jahreshälfte 2013 neu gewählte malische Regierung begannen im Juli 2014 unter Führung Algeriens langwierige Verhandlungen mit den Rebellen in der algerischen Hauptstadt Algier. Währenddessen fanden allerdings weiterhin Gefechte zwischen Rebellen und Pro-Regierungsmilizen statt. Zudem verzögerten Spannungen zwischen den nördlichen Bevölkerungsgruppen den Friedensprozess. Erst am 20. Juni 2015 unterzeichneten die Rebellen einen bereits zuvor von der Regierung und Pro-Regierungsmilizen akzeptierten Friedensvertrag. Dieser erkennt die nationale Einheit, die territoriale Integrität und den säkularen Charakter des malischen Staates an und sieht die Errichtung einer Entwicklungszone für den Norden, stärkere dezentrale Administration sowie ein Programm zur Entwaffnung, Demobilisierung und Reintegration (DDR) bzw. die Integration von Ex-Kombattanten in die malischen Sicherheitskräfte vor. Gestört wird die Umsetzung jedoch durch anhaltendes Misstrauen der Konfliktparteien sowie den zunehmenden Aktionsradius dschihadistischer Gruppen, die nicht am Friedensprozess beteiligt sind.

I. Historische Entwicklungen

Entwaffnung, Demobilisierung und Reintegration

Programme zur Entwaffnung, Demobilisierung und Reintegration (engl. DDR) von Ex-Kombattanten in die Zivilgesellschaft sind seit Anfang der 1990er Jahre fester Bestandteil der internationalen Konfliktlösung. Oft werden sie von den Vereinten Nationen (VN) begleitet. Während Ex-Kombattanten in der Phase der Entwaffnung (disarmament) meist monetäre Anreize erhalten, um ihre Waffen abzugeben, soll die Phase der Demobilisierung die formellen Strukturen der ehemaligen bewaffneten Gruppen auflösen. Die langfristige Reintegration in die Gesellschaft entscheidet jedoch über Erfolg oder Misserfolg des ganzen Programms. Nur wenn Ex-Kombattanten fest im Zivilleben verankert sind und ihren Lebensunterhalt legal erwirtschaften können, ist ein Wiederaufflammen von Gewalt unwahrscheinlich.

Problematisch bei jedem DDR-Programm ist, dass Ex-Kombattanten, die zuvor häufig Gewalt gegen Zivilisten angewendet haben, für ihre Teilnahme finanzielle und materielle Zuwendungen erhalten. Die Zivilbevölkerung, die in der Regel am meisten unter den Konflikten zu leiden hatte, geht jedoch oft leer aus. Exponentielle Zuwächse von Rebellengruppen kurz vor der Entwaffnung oder die Neugründung kleinerer Gruppierungen mit dem Ziel der Partizipation am Programm sind daher die Regel. Die besten Waffen werden derweil oft als Rückversicherung versteckt und dem Programm vorenthalten. Wenn keine Sanktionsmöglichkeiten vorhanden sind, stehen die Programme zudem vor dem Problem, dass sie Kombattanten Leistungen bieten müssen, die höher sind, als deren Waffen kosten, oder als die damit erwirtschafteten Profite. Wenn dies aber der Fall ist, spricht wenig dagegen, sich mit den Leistungen neue Waffen zu kaufen.

Während die VN unter Reintegration ausdrücklich die Rückkehr der Kombattanten ins Zivilleben verstehen, sehen viele Friedensverträge auch die Übernahme einiger Ex-Kombattanten in die staatlichen Sicherheitskräfte vor. Diese militärische Integration setzt idealerweise nach der Demobilisierung an. Während einige Staaten nur diejenigen integrieren, die ausreichend Bildung sowie militärische Erfahrung besitzen und keine Menschenrechtsvergehen begangen haben, werden in anderen Ländern möglichst viele Kombattanten in die Streitkräfte integriert, um potenzielle Störer des Friedensprozesses beschäftigt zu halten. Kommandeure und Führer von bewaffneten Gruppierungen erhalten häufig lukrative Posten in anderen Landesteilen, um sie von ihren Truppen zu trennen. Dies birgt nicht nur die Gefahr, dass unqualifizierte Ex-Rebellen gut ausgebildete Soldaten führen sollen und Gewalt aus Sicht der loyalen Regierungstruppen zum legitimen Mittel des Aufstiegs wird. Größere Streitkräfte verursachen auch höhere Personalkosten, wodurch weitere Reformen nicht verwirklicht werden können. Wenn nach einer Integration mehr Offiziere in einer Armee dienen als Mannschaftssoldaten, führt dieses Missverhältnis im Personalwesen zusätzlich zum Verlust an Effektivität. *TK*

Nationale Konfliktlinie: Rückkehr zur Normalität?

Nach der internationalen Intervention Anfang 2013 machte die malische Regierung zumindest formell große Schritte zurück zur verfassungsrechtlichen Ordnung. Mit den von der internationalen Staatengemeinschaft als frei und fair bewerteten Präsidentschafts- und Parlamentswahlen im Juli/August bzw. November/Dezember 2013 besitzt Mali nach dem Putsch wieder einen international legitimierten Ansprechpartner. Ob aber mit der Wahl von Ibrahim Boubacar Keita (aufgrund des häufig vorkommenden Nachnamens im Volksmund nur »IBK« genannt) zum neuen Präsidenten ein vollständiger Bruch mit der korrupten Vergangenheit gelegt wurde, ist aufgrund seiner bisherigen Ämter als Premierminister und Präsident der Nationalversammlung fraglich. Positive Schlagzeilen machte die Verhaftung des Putschistenführers General Amadou Sanogo. Dieser wurde Ende November 2013 im Zuge der Ermittlungen um die Niederschlagung des Gegenputsches vom April 2012 festgenommen, bei dem über 20 Soldaten ermordet worden sein sollen.

Innenpolitisch waren die ersten Jahre von IBKs Amtszeit aber von wiederholten Regierungswechseln geprägt, die ein kontinuierliches Arbeiten erschwerten. Mit Modibo Keita versuchte sich seit Januar 2015 bereits der dritte Premierminister innerhalb von weniger als zwei Jahren. Derweil schmälerten Veruntreuungsvorwürfe gegen den Präsidenten sowie die Wahlen seines

I. Historische Entwicklungen

Der im Sommer 2013 gewählte Präsident Ibrahim Boubacar Keita bei der 54. Jahresfeier der Gründung der malischen Armee in Kati.

Sohnes Karim zum Vorsitzenden des Verteidigungsausschusses und dessen Schwiegervaters Issaka Sidibé zum Parlamentspräsidenten die Hoffnungen auf eine Abkehr der Vetternwirtschaft. Ähnliches gilt für das Rekrutierungssystem der Armee, das laut Opposition noch immer von Nepotismus bestimmt würde. Im Zentrum der Politik standen derweil die Friedensverhandlungen. Diese zogen sich auch deswegen hin, weil die malische Regierung der nach mehr Autonomie strebenden Rebellenkoalition »Coordination des Mouvements de l'Azawad« (CMA), bestehend aus der MNLA, dem »Haut Conseil pour l'Unité de l'Azawad« (HCUA) und einer Fraktion der Bewegung »Mouvement Arabe de l'Azawad« (MAA-Coordination), kaum Zugeständnisse machen wollte. Im Gegensatz zu den internationalen Akteuren sieht die Regierung in der CMA eine größere Gefahr als in den Islamisten. Die mehrheitlich im Süden lebende Bevölkerung sollte die Vereinbahrungen nicht als Bevorzugung des Nordens und als eigene Marginalisierung wahrnehmen.

Gleichzeitig blieben das malische Staatswesen im Norden rudimentär und viele Bewohner von staatlichen Dienstleistungen abgeschnitten. Neben den bereits vor dem Konflikt nur spärlich vorhandenen Ressourcen lag dies zum einen an der langsamen Rückkehr der 2012 geflohenen Staatsbeamten. Zum anderen sind die malischen Sicherheitskräfte trotz internationaler Unterstützung vollkommen überlastet und alleine nicht in der Lage, für Sicherheit zu sorgen. Anstatt die von der EU-Trainingsmission

(EUTM Mali) vermittelten Ausbildungsinhalte verinnerlichen zu können, wurden viele Einheiten vom Exerzierplatz direkt in den Norden verlegt. Zwar sollen sich die Reaktionsfähigkeiten der malischen Soldaten bei Angriffen verbessert haben. Vor allem sind die logistischen Kapazitäten und die Ausrüstung der malischen Armee sowie ihre Fähigkeiten zur Terrorismusbekämpfung aber weiter begrenzt. Die eigenen Verluste sind dementsprechend hoch. Allein im Jahr 2015 fielen offiziell 82 Soldaten.

Am augenscheinlichsten traten die Defizite der malischen Armee bei ihrer Niederlage in der Stadt Kidal im Mai 2014 hervor. Als der damalige Premierminister Moussa Mara die Stadt und die wenigen seit Abschluss der Ouagadougou-Vereinbarungen vom Sommer 2013 in Kidal stationierten Truppen trotz heftiger Proteste der dortigen Bevölkerung besuchte, brachen aus ungeklärten Umständen Kämpfe zwischen malischen Truppen und Kämpfern der MNLA sowie HCUA aus. Hierbei wurden das Gouverneursgebäude durch die Rebellen gestürmt und acht Zivilisten getötet. Beim erfolglosen Versuch, die Stadt von den Aufständischen zurückzuerobern, starben laut Angaben der VN 33 malische Soldaten. Die malische Armee zog sich daraufhin faktisch bis auf die Städte Gao und Timbuktu aus fast allen Teilen des Nordens zurück. Dieses Machtvakuum wurde nicht nur von den Rebellen und Islamisten genutzt, sondern führte auch mit der vermeintlichen Unterstützung des höchsten Targi (Einzahl männlich von Tuareg) der Armee, dem Imghad El Hajj ag Gamou, zur Gründung der Pro-Regierungsmiliz »Groupe Autodéfense Touareg Imghad et Alliés« (GATIA).

Konfliktlinien zwischen nicht-staatlichen Gruppen: CMA vs. Plateforme

Seit Beginn der Friedensgespräche mit der malischen Regierung im Juli 2014 wurde der Konflikt im Norden durch die noch immer bewaffneten Dachorganisationen CMA und »Plateforme« (Plateforme d'Alger de 14 juin 2014) geprägt. Innerhalb der CMA vereinigten sich Gruppen, die ursprünglich die Unabhängigkeit Nordmalis anstrebten, nun aber für größere Autonomie plädierten. Dagegen gründete sich die Plateforme aus Pro-Regierungsmilizen, die vorgeblich ihre Gemeinden und die Einheit Malis verteidigten, aber für stärkere Dezentralisierung einstanden (siehe Beitrag Schreiber). Während sowohl der Kern der CMA als auch jener der Plateforme um die GATIA-Miliz, obwohl kein Gründungsmitglied, nun aber ihre stärkste Gruppe, konstant blieben, wiesen Abspaltungen und Koalitionswechsel kleinerer Gruppen auf das opportunistische Verhalten der meisten Akteure bei der Konfliktlösung hin. Für Außenstehende glich die Situation seit 2013 derjenigen zwischen 1992 und 1996, als sich immer mehr bewaffnete Gruppen aufgrund zunehmender Kriminalität und der Verfolgung von Eigeninteressen entlang ethnischer Linien gründeten. Auch im jüngsten Konflikt versuchte jede der teils ethnisch organisierten Parteien möglichst großen politischen und wirtschaftlichen Einfluss zu erzielen und die eigene Position am Verhandlungstisch bezüglich der Neugestaltung des Nordens und der Entwaffnung ihrer Kämpfer zu optimieren. Zudem galt es Handelsrouten und Grenzübergänge abzusichern, um über Wegzölle am Transsaharahandel zu partizipieren. Vor allem zum Ende der Friedensgespräche stiegen die Konfrontationen zwischen der Plateforme und der CMA daher deutlich an. Dies belegen die Kämpfe um die bedeutenden Handelsknotenpunkte Ménaka im April und Anéfis im August 2015.

Wie die Konflikte der 1990er und 2000er Jahre wird der jüngste Konflikt von Spannungen innerhalb der Tuareg-Gesellschaft überlagert. Während sich die MNLA und HCUA überwiegend aus »noblen« Tuareg-Clans rekrutieren, vertritt die GATIA die Tuareg der Imghad-Vasallen. Bei ihren Zusammenstößen geht es daher auch um Fragen von Identität und Stellung in der Tuareg-Hierarchie. Neben der Unterzeichnung des Friedensvertrages im Sommer 2015 schlossen Tuareg- und arabische Vertreter daher auch im Herbst 2015 in Anéfis einen »pacte d'honneur« zur Aussöhnung verschiedener Clans. Zur Beilegung von Disputen über den Zugang zu Land und anderen Ressourcen müssen jedoch alle im Norden ansässigen Gruppen am Aussöhnungsprozess beteiligt werden und nicht nur ihre Eliten. Beispielsweise sehen viele Songhay und Peul (auch Fulbe/Fulani genannt) nach wie vor nicht die Islamisten, sondern die MNLA und deren loyale Tuareg-Clans aufgrund begangenen Unrechts während der Rebellion 2012 sowie aus Furcht vor Marginalisierung als ihren Hauptgegner.

Transnationaler Dschihadismus

Nach ihrem raschen Gebietsverlust mit vermutlich mehreren hundert Toten im Frühjahr 2013 organisierten sich die islamistischen Gruppen neu. Dabei profitierten sie von der langsamen Rückkehr der malischen Beamten und der schleppenden Aufstellung der VN-Mission MINUSMA. Seitdem bekämpfen sie die malischen und internationalen Truppen mit Selbstmordattentaten, Anschlägen mit Sprengfallen (IED) oder Raketen- und Mörserangriffen. Dschihadistische Gruppen töten zudem gemäßigte Religionsführer sowie angebliche Kollaborateure mit malischen oder internationalen Kräften. Vor allem im Laufe des Jahres 2015 weitete sich ihr Aktionsradius auch auf Südmali aus. Betroffen war vor allem die Region Mopti durch das Auftreten der Bewegung »Front de libération du Macina« (FLM, Ansardin Katiba du Macina).

Der medienwirksamste Anschlag fand am 20. November 2015 gegen das Luxushotel Radisson Blu in der Hauptstadt Bamako statt. Bei der Tat, die laut Ermittlern wohl von der Terrorgruppe »al-Mourabitoun« begangen wurde, starben 20 Menschen. Ähnliche Anschläge folgten Anfang 2016 in Burkina Faso und in der Elfenbeinküste (Côte d'Ivoire). Zu ihnen bekannten sich die dschihadistischen Gruppen al-Mourabitoun bzw. »al-Qaida im islamischen Maghreb« (AQIM), die im Dezember 2015 ihre Fusion verkündet hatten. Diese Angriffe zielten alle auf häufig von Ausländern besuchte Lokalitäten und richteten sich laut AQIM gegen die in der Region aktiven ausländischen Mächte, allen voran Frankreich. Burkina Faso als größter MINUSMA-Truppensteller und Stützpunkt französischer wie auch US-amerikanischer Spezialeinheiten wurde daher gezielt ausgesucht. Ähnliches gilt für die Côte d'Ivoire, in der Frankreich starke Interessen vertritt. Der Aufwand für diese (medien)wirksamen Angriffe ist gering. Immer sind es nur eine Handvoll Terroristen, die mit Kleinwaffen Hotels oder Bars stürmen. Da die Täter offensichtlich aus der Region stammten, lässt sich hinterfragen, ob die in Westafrika stationierten internationalen Truppen das Terrorrisiko nicht vergrößert und die dortigen Rekrutierungsmöglichkeiten für die einst auf Algerien fokussierte Gruppe AQIM vereinfacht haben.

Zum Repertoire der Islamisten gehören auch koordinierte Angriffe mit bis zu zwei Dutzend Kämpfern. So starben am 5. Januar 2015 elf malische Soldaten bei einem AQIM-Angriff in Nampala, Region Ségou, der den Auftakt für weitere Angriffe im Zentrum des Landes markierte. Im Sommer 2015 verübte ein Ableger von Ansar Dine sogar Anschläge in der südöstlichen Region Sikasso. Allgemein versuchen die Dschihadisten die Stationierung der malischen und ausländischen Truppen möglichst »teuer« zu gestalten, um ihre lokale Herrschaft, ihr Entführungsgeschäft sowie ihre Beteiligung am Transsaharahandel aufrechterhalten zu können. Hinterhalte und Anschläge mit Sprengfallen auf den wenigen im Norden existierenden Verbindungsstraßen gehören dabei zu ihren wirksamsten Methoden und kosteten bis Sommer 2016 über 60 Peacekeepern das Leben. Auch wenn die Islamisten derzeit nicht in der Lage sind, Gebiete zu halten, besitzen sie nach wie vor genügend Zerstörungspotential und Anziehungskraft auf Teile der unzufriedenen Bevölkerung, um den Friedensprozess nachhaltig zu stören.

Internationale Ebene

Mali ist nicht losgelöst vom westafrikanischen Kontext zu betrachten. Der damalige Präsident Burkina Fasos, Blaise Compaoré, versuchte sich 2012 international als unersetzlicher Partner zu präsentieren, indem er sich in seiner Funktion als ECOWAS-Vorsitzender als Vermittler in Mali engagierte. Dies half ihm jedoch innenpolitisch nicht dabei, seine Amtszeit zu verlängern, sodass im Juli 2014 erneut Algerien die Hauptrolle als Vermittler übernahm. Primär versuchte die algerische Regierung einen unabhängigen Tuareg-Staat zu verhindern, um ihrer eigenen marginalisierten Berber-Minderheit keinen Präzedenzfall zur Abspaltung zu schaffen. Zudem galt es, die eigene Stellung als Regionalmacht und bedeutender internationaler Partner unter Beweis zu stellen. Vorangetrieben wurde der Friedensprozess dabei von der internationalen, vor allem von der europäischen Gemeinschaft, die sich mit der raschen Unterzeichnung eines Vertrages voll auf die Bekämpfung der Dschihadisten konzentrieren wollte.

Die wichtigsten militärischen Akteure im Norden sind derweil die französische »Anti-Terrormission« »Barkhane« und die VN-Mission MINUSMA. Auch wenn MINUSMA mit ihren bis zu 11 240 Soldaten ein robustes Mandat zum Schutz der Zivilbevölkerung besitzt, geht nur Barkhane aktiv gegen Dschihadisten vor. Das Auftreten von MINUSMA gestaltet sich daher problematisch. Durch wiederholte Attacken islamistischer Kräfte zu größter Eigensicherung verdammt und somit in ihrem Handlungsrahmen stark limitiert, erntete das Verhalten der MINUSMA-Soldaten in vielen Bevölkerungsteilen Kritik. Beispielsweise warf ein Teil der nördlichen Bevölkerung den VN-Soldaten Inaktivität vor und forderte stärkere Präsenz zu ihrer Sicherheit. In Bamako kam es im Mai 2014 zu Anti-MINUSMA-Protesten, weil die Peacekeeper den malischen Streitkräften nicht bei der Kidal-Offensive zur Seite standen. Die Bevölkerung in Kidal protestierte im Januar 2015 wiederum gewaltsam gegen die Mission, nachdem niederländische Truppen MNLA-Stellungen beschossen und dabei mehrere Kämpfer getötet hatten. Das Dilemma der VN-Truppen ist, dass sie durch Präsenz in der Fläche die Zivilbevölkerung schützen und die Umsetzung des Friedensvertrages vorantreiben sollen. Gleichzeitig besitzen sie aber weder ausreichend Material noch ausgebildete Kräfte, um in diesem Konflikt wirksam zu agieren.

Auf regionaler Ebene forderten die Mitglieder des seit März 2013 von der Afrikanischen Union gestützten »Nouakchott-Prozesses«, bestehend aus Algerien, Burkina Faso, Côte d'Ivoire, Guinea, Libyen, Mali, Mauretanien, Niger, Nigeria, Senegal und Tschad, ein noch robusteres VN-Mandat und wie in der DR Kongo eine »Interventionsbrigade«, zum aktiven Kampf gegen »Terroristen«. Die sich im Februar 2014 zur stärkeren Kooperation zusammengeschlossenen »G5 du Sahel«-Staaten, bestehend aus Burkina Faso, Mali, Mauretanien, Niger und Tschad, berieten dagegen Anfang 2016 über die Aufstellung einer Spezialeinheit, um die Sicherheitsprobleme der Region anzugehen. Ob dieser Ankündigung auch Taten folgen, ist angesichts der knap-

I. Historische Entwicklungen

European Union Training Mission Mali

Seit April 2013 bilden europäische Soldaten im Rahmen der »European Union Training Mission Mali« (EUTM Mali) malische Streitkräfte aus. Grundlage der im Januar 2013 gefällten Entscheidung des Europäischen Rates zur Aufstellung dieser zunächst fest in Bamako und Koulikoro stationierten Mission waren nicht nur Resolutionen des VN-Sicherheitsrats aus dem Jahre 2012, sondern auch eine Anfrage des malischen Übergangspräsidenten. Um die territoriale Integrität Malis zu sichern, wurden bis Mai 2016 rund 8000 malische Soldaten in den verschiedensten militärischen Bereichen aus- und weitergebildet. Zum Kernauftrag der ersten beiden EUTM Mali-Mandate gehörte das Grundlagentraining von acht Gefechtsverbänden (Groupement tactique interarmes, GTIA), mit jeweils rund 650 Soldaten. Die Begleitung der ausgebildeten Einheiten in den Norden war bis Mai 2016 allein schon durch die nördliche Begrenzung des EU-Mandatsgebietes auf die Militärregion Mopti nicht vorgesehen. Das am 17. März 2016 vom Europäischen Rat beschlossene dritte Mandat bezieht dagegen die Gemeinden Gao und Timbuktu ein. Mit Ausnahme der Militärregion Kidal soll dies eine dezentralere Ausbildung und Beratung in den Garnisonen ermöglichen. Die Beteiligung an Kampfhandlungen, »Tactical Mentoring« genannt, ist jedoch, wie die Bundesregierung betonte, auch weiterhin ausgeschlossen.

2015 wurden zudem erstmals Mitglieder der malischen Gendarmerie militärisch geschult. Dies spiegelte nicht nur die Überdehnung der malischen Armee wider, sondern sollte auch den engen Kontakt zur zivilen Schwestermission EUCAP Sahel Mali unterstreichen. Eine rund 20-köpfige Beratergruppe, die unter anderem bei der Ausgestaltung und Umsetzung des ersten malischen Gesetzes zur Streitkräfteplanung (Loi d'orientation et de programmation militaire, LOPM) mitwirkte, unterstützt die malische Armee derweil bei der Reform ihres Verteidigungssektors. Übernahm Frankreich zu Beginn der Mission mit den ersten drei Kommandeuren noch die unumstrittene Führungsposition, stellten im weiteren Verlauf auch Spanien, Deutschland und auch Belgien seit Juli 2016 den Kommandeur. Die im Januar 2016 eingesetzten rund 578 Soldaten stammten aus 27 Nationen, was den Anspruch der EU, eine gemeinsame außenpolitische Linie in Mali zu verfolgen, untermauern sollte. Dies wurde in den

Debatten des Deutschen Bundestages stets als wichtiges Merkmal einer gemeinsamen europäischen Sicherheits- und Verteidigungspolitik hervorgehoben, auch wenn sich einige Staaten nur mit einer Handvoll Soldaten beteiligten. Gleichzeitig bleiben die unterschiedlichen Sprachen und (Militär-)Kulturen sowie die stetige Personalrotation eine Herausforderung für die effektive Arbeitsweise der Mission.

Da Mali zu einem der ärmsten Länder der Welt zählt (siehe Beitrag Kollmer), ist es verständlich, dass viele Gegebenheiten nicht mit europäischen Standards vergleichbar sind. Die Ausbildung der malischen Streitkräfte muss flexibel, teilweise mit fehlender Ausrüstung und mit verspätetem Eintreffen der Lehrgangsteilnehmer gestaltet werden. Das Personal- und Logistikmanagement zählen neben einer latenten Führungsschwäche höherer Offiziere zu einem der größten Defizite der malischen Armee. Diese Mängel legitimieren das Bestehen der EUTM Mali aber erst. Da die meisten malischen Einheiten nach ihrer Ausbildung sofort in den Norden verlegt wurden und der Ausbildungsstand vieler Soldaten zu Beginn relativ gering war, reichte das auf zwölf Wochen ausgelegte GTIA-Training aber gerade, um die nötigsten militärischen Grundlagen zu vermitteln. Die dezentralere Ausbildung in den Garnisonen des seit Mai 2016 laufenden dritten Mandates soll hieran anknüpfen und vor allem durch die Schulung und Beratung von Ausbildern eine neue Trainingsmentalität schaffen. *TK*

pen Ressourcen fraglich. Generell ist die grenzüberschreitende Kriminalität ohne Kooperation mit den untereinander zerstrittenen Regierungen Algeriens und Marokkos sowie ohne Libyen, in dessen Süden sich laut Beobachtern ein Teil der Dschihadisten zurückgezogen haben soll, nicht einzudämmen.

Der Friedensvertrag von Algier. Malis Weg zum Frieden?

Aufgrund der internationalen Intervention ist die territoriale Integrität Malis seit Frühjahr 2013 nicht mehr gefährdet. Neben der politischen Beilegung des Konfliktes sind es aber vor allem wirt-

I. Historische Entwicklungen

Ein luxemburgischer Soldat der europäischen Ausbildungsmission EUTM Mali bei der Schulung malischer Kameraden in Koulikoro.

schaftliche und soziale Aspekte, die einer langfristigen Stabilisierung zu Grunde liegen. Der Friedensvertrag ist jedoch keine Friedensgarantie. Zu oft unterwanderten die Eliten des Landes den staatlichen Entwicklungsprozess aus wirtschaftlichen Eigeninteressen. Projekte zur Dezentralisierung, zur Entwicklung des Nordens und zur Entwaffnung lassen sich praktisch in jedem der nach 1990 geschlossenen Friedensverträge finden. Erst Ende 2011 scheiterte ein von der EU gefördertes Entwicklungsprogramm für den Norden. Schlüssel zu einer Konfliktlösung ist daher der politische Wille, sowohl der Regierung als auch der Gewaltakteure, die Konflikte zwischen Norden und Süden sowie innerhalb der nördlichen Bevölkerungsgruppen anzugehen, Gelder transparent und zielführend einzusetzen, landesweit ein Mindestmaß an Dienstleistungen in Form von Zugang zu Wasser, Elektrizität, Bildung und Gesundheitsversorgung sowie stabile demokratisch-legitimierte Institutionen zu schaffen. Wirtschaftliche Alternativen sind entscheidend, um den Kombattanten die Rückkehr ins Zivilleben zu ermöglichen. Die eigentlichen Konflikt- und Radikalisierungsgründe wie Armut, hohe (Jugend-)Arbeitslosigkeit sowie fehlende politische und ökonomische Partizipation von Teilen der Gesellschaft lassen sich aber nur langfristig durch einen Mentalitätswechsel von der höchsten bis zur niedrigsten politischen Ebene bewältigen. Kritiker bemängeln daher, dass der von den Vorstellungen der internationalen Vermittler dominierte und von teils selbsternannten politisch-militärischen Eliten unterzeichnete Friedensvertrag vergangene Fehler wiederhole und alte Strukturen stärke.

Der geforderte DDR-Prozess, zu dessen Legitimation Parallelprogramme für die Zivilbevölkerung nötig sind, kann nur erfolgreich sein, wenn er in einem für alle Seiten akzeptablen Maß an Sicherheit stattfindet, mit ausreichend finanziellen Mitteln gedeckt ist und zivile ökonomische Perspektiven bereitstehen. Die militärische Integration hunderter Kämpfer aus dem Norden bereitete allerdings schon in der Vergangenheit Probleme. Generelle Spannungspunkte einer militärischen Integration sind neben unklaren oder mangelhaft kommunizierten Abläufen vor allem die Vergabe von Dienstgraden und Dienstposten sowie die Versetzung in andere Landesteile. Zudem können allein aus finanziellen Gründen nicht alle Ex-Kombattanten übernommen werden. Eine Gratwanderung wird die Reintegration von Ex-Soldaten darstellen, die Anfang 2012 zu den Rebellen überliefen. Ihre Wiederaufnahme wie auch jede Vergabe von Ämtern und Rängen sollte weder von loyalen Kräften noch von der Zivilbevölkerung als Belohnung empfunden werden, da dies Gewalt als Mittel zum Aufstieg legitimieren würde. Bereits die Vorbereitung des Prozesses verzögerte sich aber und zeugte von fehlendem Vertrauen der Konfliktparteien.

Problematisch bei der Suche nach Stabilität ist die Exklusivität des Friedensvertrages. Gewaltakteure wie AQIM sind nicht Teil der Vereinbarungen und haben keinen Anreiz, die Gewalt einzustellen. Langfristig ist anzunehmen, dass sich der Konflikt bei Ausbleiben einer für die gesamte Bevölkerung angemessenen wirtschaftlichen Entwicklung und ohne den Aufbau handlungsfähiger Institutionen verstetigen könnte. Ob die malische Elite, welche die Hauptverantwortung in diesem Prozess trägt, im gesamtgesellschaftlichen Interesse handeln wird oder sich nur auf der Hilfe der internationalen Akteure ausruht, bleibt abzuwarten.

Torsten Konopka

Mali gehört zu den ärmsten Ländern der Erde. Die überwiegende Mehrheit der Bevölkerung lebt unter der absoluten Armutsgrenze. Nach einem Bericht der Vereinten Nationen belegt Mali im Index der menschlichen Entwicklung für das Jahr 2015 lediglich den Platz 179 von 188.

Insbesondere die geografischen Gegebenheiten haben großen Einfluss auf die wirtschaftliche Situation des Landes. Die fehlende Meeresanbindung macht sich negativ auf den Handel bemerkbar. Eklatant ist auch die ungleiche Regenverteilung zwischen Nord und Süd. Die großen Wüstengebiete der Sahara im Norden lassen aufgrund der geringen jährlichen Niederschlagsmenge eine geregelte Landwirtschaft zur Selbstversorgung praktisch nicht zu.

Devisen bringen vor allem der Export von Gold und Baumwolle ein. Mit rund 550 000 t Rohbaumwolle für die Saison 2014/15 gehört Mali mittlerweile zu den wichtigsten Baumwollproduzenten in der Welt. Die hohe Abhängigkeit von den Deviseneinnahmen aus diesen beiden Rohstoffen führte in den vergangenen Jahren jedoch zu erheblichen Schwankungen in der volkswirtschaftlichen Entwicklung. Das Bild zeigt einen Jungen beim Beladen eines Eselkarrens mit Baumwollabfällen in einer Baumwollfabrik in Kita, einer Stadt mit rund 50 000 Einwohnern im Westen des Landes.

Die Volkswirtschaft Malis: Nomadische Viehhaltung und Goldrausch

Eine alte malische Überlieferung erzählt die Geschichte des sagenhaften und goldreichen Herrschers Mansa Musa, der im 14. Jahrhundert das Königreich von Mali regierte und ihm zu sagenhaftem Reichtum verhalf (siehe Beitrag Hofbauer). Auf einer Pilgerfahrt nach Mekka habe der König bei seinem Aufenthalt in Ägypten eine so unvorstellbar große Menge Gold ausgegeben, dass der damals auf eben diesem Edelmetall basierende ägyptische Dinar zusammengebrochen sei. Woher hatte Mansa Musa so viel Gold? Der Verdacht liegt nahe, dass er Tausende von Maliern im Sand der Sahelzone nach dem wertvollen Rohstoff graben ließ – ganz genauso wie auch heute noch in dieser Region nach Gold geschürft wird.

Dieser unglaubliche Reichtum des Königreichs von Mali ist lange Vergangenheit. Heute gilt das Land in der Sahelzone als eines der ärmsten Länder der Erde. Es gibt zwar immer noch bedeutende Goldvorkommen – immerhin ist das Land Afrikas viertgrößter Goldproduzent. Neben dem wertvollen Edelmetall hat Mali als bedeutendes Exportprodukt aber nur noch Baumwolle anzubieten. Diese volkswirtschaftliche Monokultur hat in den vergangenen Jahrzehnten zu einer hohen Abhängigkeit des Landes von den Weltmarktpreisen für Gold und Baumwolle geführt. Damit Mali eine ausgewogene gesamtwirtschaftliche Entwicklung nehmen kann, sind die durch den Export eingenommenen Devisen von zentraler Bedeutung, zumal die ausländischen Direktinvestitionen in das Land – trotz attraktiver Rohstoffreserven – bisher nur rund 2 Mrd. Euro im Jahr betragen.

Dies ist nur eines von vielen Problemen der malischen Volkswirtschaft. Grundsätzlich hat das Land vielfältige strukturelle Probleme, die nur langfristig und mit umfangreicher internationaler Hilfe behoben werden können.

II. Strukturen und Lebenswelten

Länderinformation Mali

Landesname:	Republik Mali / République du Mali
Hauptstadt:	Bamako, ca. 2,4 Mio. Einwohner (2014)
Unabhängigkeit (von Frankreich):	22.9.1960 (Auflösung der bereits im April 1960 unabhängig gewordenen Föderation mit Senegal)
Staats- und Regierungsform:	Laizistische Republik, Präsidialdemokratie nach französischem Vorbild, Wahlen alle fünf Jahre
Amtssprache (Nationalsprache):	Französisch (Bambara u.a.)
Staatspräsident:	Ibrahim Boubacar Keita (seit 4.9.2013)
Regierungspartei:	Rassemblement pour le Mali (RPM)
Größe:	1 240 000 km² (Bundesrepublik Deutschland: 357 000 km²)
Bevölkerung:	17 Mio. Einwohner (2014)
Bevölkerungswachstum:	3 % (2014)
Bevölkerung 0–14 Jahre:	48 % (2014)
Lebenserwartung:	58 Jahre (2014)
Größte Ethnien:	Bambara 34 %, Peul/Fulani 14 %, Sarakole 10 %, Senufo 10 %
Religionen:	ca. 95 % Muslime, ca. 5 % Christen, Animisten
Alphabetisierungsrate ab 15 Jahre und älter:	34 % (2005–2013)
HIV-Prävalenz der 15-49-Jährigen:	1 % (2013)
Bruttoinlandsprodukt pro Kopf in US-Dollar (seit 2005 konstant):	458 (2014)
Wachstum Bruttoinlandsprodukt jährlich:	7 % (2014)
Anteil der Bevölkerung mit weniger als 1,25 US-Dollar Einkommen pro Tag:	51 % (2002–2012)
Angestellte in der Landwirtschaft:	66 % (2012)
Personen in prekärer Beschäftigung:	83 % (2008–2013)
Export von Waren und Dienstleistungen in % des BIP:	26 % (2014)
Exportgüter:	Baumwolle, Gold, Vieh
Exportpartner:	China (18 %), Indien (14 %), Indonesien (11 %) (2014)
Importe von Waren und Dienstleistungen in % des BIP:	30 % (2014)
Importgüter:	Erdöl, Maschinen und Zubehör, Baumaterial, Nahrungsmittel, Textilien
Importpartner:	Frankreich (12 %), Senegal (11 %), Côte d'Ivoire (9 %) (2014)
Mobilfunkverträge pro 100 Personen:	149 (2014)
Index der menschlichen Entwicklung von 188 Staaten (HDI):	179 (2015)
Corruption Perception Index von 168 Staaten:	95 (2015)
Rangliste der Pressefreiheit von 180 Staaten:	118 (2015)
Größe der Streitkräfte:	ca. 6000 + 7800 Paramilitärs (2016)
Verteidigungsbudget in US-Dollar:	469 Mio. (2015)

Quellen: Auswärtiges Amt (2016); CIA-World Factbook (2016); Military Balance (2016); Transparency International (2015); United Nations Development Programme (2015); Weltbank (2016). Die meisten der hier gerundeten Angaben sind Schätzungen und variieren je nach Quelle. Sie sind daher mit Vorsicht zu gebrauchen.

©ZMSBw 07763-08

Strukturelle Verwerfungen der malischen Volkswirtschaft

Mali ist laut internationaler Statistiken eines der ärmsten Länder der Welt. Rund 30 Prozent der Bevölkerung sind ganz ohne Arbeit und auch die Chance, dass sich dies in naher Zukunft grundlegend ändert, ist gering. Sicherlich könnten einige der Probleme mit zielgerichteter, externer Hilfe leicht gelöst werden, andere hingegen werden auch langfristig nur schwer zu beseitigen sein.

Die geografischen Gegebenheiten des Landes wirken sich in hohem Maße auf die volkswirtschaftliche Situation aus. So führt die Binnenlage dazu, dass wichtige Handelsströme an Mali vorbeigehen und ausländische Infrastruktur gegen Devisen genutzt werden muss. Durch die Sahara wird das Land in zwei Teile getrennt, die nur durch wenige Straßen miteinander verbunden sind. Die leistungsfähigeren malischen Flughäfen liegen durchweg im südlichen Bereich. Folglich sind der Warentransport und das Reisen zwischen den verschiedenen Landesteilen beschwerlich und zeitraubend. Wirtschaftlich sind die Menschen in Nordmali aufgrund der geographischen Nähe daher eher mit Südalgerien und dem Niger verbunden, wobei ein reger Austausch von legalen und illegalen Waren aller Art vorherrscht.

Auch meteorologisch gibt es große Unterschiede zwischen dem regenreichen Süden und dem extrem trockenen Norden, in dem eine geregelte Landwirtschaft außerhalb des Nigerbogens kaum möglich ist. In diesem Landesteil lebt traditionell eher die primär nomadisch geprägte Bevölkerung. Durch die unterschiedlichen Voraussetzungen und die ungleiche Verteilung der Nahrungsmittel fühlen sich insbesondere die Tuareg und Mauren von der Regierung häufig benachteiligt. Andererseits tragen diese beiden Ethnien immer wieder historisch bedingte Zwistigkeiten aus, die der Entwicklung effizienter ökonomischer Rahmenbedingungen im Norden Malis abträglich sind.

Ein weiteres grundlegendes Problem der malischen Volkswirtschaft ist der Analphabetismus. Rund zwei Drittel der Malier können weder lesen noch schreiben. Genauso wie die ethnisch, religiös geprägte Rollenverteilung in der malischen Gesellschaft behindert dies den Aufbau effizienter Strukturen.

Die malische Landwirtschaft

Für den malischen Arbeitsmarkt ist die Landwirtschaft von herausragender Bedeutung: Gut 80 Prozent der Erwerbstätigen unter den ca. 17 Millionen Einwohnern beziehen ihren Lebensunterhalt aus diesem Wirtschaftszweig – und das, obwohl von der 1,24 Mio. km² großen Landesfläche nur 48 500 km² als Ackerland genutzt werden können. Im Vergleich dazu sind in der Bundesrepublik Deutschland nur 1,6 Prozent der Bevölkerung auf 118 500 km² Anbaufläche in der Landwirtschaft tätig. Diese Zahlen gewinnen noch mehr an Bedeutung, da rund ein Drittel des malischen Bruttoinlandsproduktes (BIP) aus der auf Subsistenzwirtschaft basierenden Landwirtschaft stammen. In Deutschland sind es hingegen gerade einmal 0,8 Prozent des BIP.

Ackerbau wird primär entlang der Flüsse Niger und Senegal sowie südlich der Landenge bei Mopti betrieben. Zu den Hauptanbauprodukten gehören Baumwolle sowie Erdnüsse, Mais und Hirse. In den vergangenen Jahren hat der Anbau von Gemüse und Obst vor allem im Umland größerer Städte stark zugenommen, um die Nachfrage vor Ort bedienen zu können. Entlang des Niger wird hauptsächlich Reis angebaut. Seit Anfang der 1990er Jahre wurden diese Flächen sukzessive ausgeweitet, sodass es sich mittlerweile um das größte Bewässerungsgebiet Westafrikas handelt, in dem neben Reis zukünftig auch Zuckerrohr, Gemüse, Weizen und Ölfrüchte angebaut werden sollen. Da die Ausweitung der Bewässerung zu den Prioritäten der malischen Agrarpolitik gehört, kommt dem im Jahr 2010 begonnenen, ökologisch aber umstrittenen Taoussa-Staudammprojekt am Niger in der Region Gao ein hoher Stellenwert zu.

Im Gegensatz dazu besteht in den nördlicheren Regionen aufgrund einer Niederschlagsmenge pro qm von deutlich unter 600 mm im Jahr (Deutschland: 830 mm/Jahr) ein beträchtliches Ernterisiko. Aber nicht nur der geringe Niederschlag, der Richtung Norden bis unter 20 mm pro Jahr fällt, sondern auch die immer weiter sinkende Qualität der Böden stellen für die Regierung in Bamako ein massives Problem dar. Erschwerend kommt hinzu, dass durch das anhaltende Bevölkerungswachstum die landwirtschaftlichen Anbauzonen in Richtung Timbuktu und Gao weit über die Trockengrenze hinaus ausgedehnt werden.

Die Volkswirtschaft Malis

In Mali ist die traditionelle landwirtschaftliche Anbauform der sogenannte Wanderhackbau. Dabei wird eine Anbaufläche bis zur Bodenerschöpfung genutzt. Dies dauert zumeist drei bis fünf Jahre. Danach wandert der Bauer mit seinem Anhang weiter zum nächsten, noch fruchtbaren Feld. In der Vergangenheit lag das erschöpfte Land 10 bis 20 Jahre brach, bevor es erneut bewirtschaftet wurde. Aufgrund des Bevölkerungswachstums von rund 2,9 Prozent und der Besitzstruktur ist dieses notwendige Zeitfenster in den vergangenen Jahrzehnten immer kleiner geworden. Die traditionelle Form der Landnutzung ist tief in der Bevölkerung verwurzelt, verbraucht aber viel Kulturland und erhöht die Gefahr einer fortschreitenden Wüstenbildung.

Neben der ackerbaulich nutzbaren Landesfläche stehen ungefähr 346 000 km² – was ungefähr der Größe Deutschlands entspricht – als Weideland zur Verfügung. Insbesondere in Zentralmali dominieren die extensive Viehhaltung (primär Rinder, Schafe und Ziegen) und Hirsearten. In Nordmali ist aufgrund der großen Trockenheit ertragreicher und sicherer Ackerbau nur

In Mali spielt eine halbnomadische Lebensweise mit extensiver Viehhaltung von Rindern, Schafen, Ziegen und Dromedaren immer noch eine wichtige Rolle. Aufgrund der großen Trockenheit in den nördlichen Landesteilen, die sich durch eine zunehmende Wüstenbildung und den Klimawandel noch verschärft, wird das Leben der einheimischen Bevölkerung zusehends schwieriger. Das Bild zeigt einen malischen Rinderhirten in einem Dorf in Zentralmali.

II. Strukturen und Lebenswelten

mit aufwendiger, d.h. teurer Bewässerung möglich, weshalb hier ebenfalls hauptsächlich extensive Viehhaltung (Dromedare, Ziegen und Schafe) betrieben wird. Eine aus der Nutztierhaltung resultierende verstärkte Förderung hat in den letzten Jahren die Milchproduktion und -verarbeitung gesteigert, die auch zur Reduzierung von Milchpulverimporten beitragen soll.

Vornehmlich in Nord- und Zentralmali betreiben Tuareg, Mauren sowie Fulbe traditionelle, subsistenzwirtschaftliche, halbnomadische und nomadische Tierhaltung. Im Gegensatz hierzu steht die Entwicklung einer insbesondere im Umland Bamakos zunehmend intensiv praktizierten Hühnerhaltung in kleinen Einheiten. Fischfang wird ohne Meereszugang nur im Nigerbinnendelta für den nationalen Markt betrieben.

Die traditionellen Produktionsweisen in der malischen Landwirtschaft kommen zumeist ohne moderne Produktionsmittel (z.B. Kunstdünger, Ungeziefervernichtungsmittel, Gentechnik) aus. Ausnahmen stellen der Bewässerungsreisanbau und der exportorientierte Baumwollanbau dar. Letzterer wurde seit den 1990er Jahren massiv ausgeweitet, was aber zunehmend ökologische Schäden nach sich zieht. Mit rund 550 000 t geernteter Rohbaumwolle in der Saison 2014/15 ist Mali mittlerweile einer der zehn wichtigsten Baumwollproduzenten weltweit. Insbesondere amerikanische und chinesische Firmen unterstützen den Ausbau der malischen Baumwollproduktion. Nachdem es dabei im letzten Jahrzehnt verschiedentlich zum Einsatz von gentechnisch verändertem Baumwollsaatgut kam, gewinnt mittlerweile der kontrollierte biologische Baumwollanbau an Bedeutung und wird von rund 8000 Bauern in Südmali praktiziert.

Im Gegensatz dazu werden mit chinesicher Unterstützung seit einiger Zeit Anbauversuche mit Hybridreissorten durchgeführt, um die vielversprechenden Ernteergebnisse entlang der Bewässerungsgebiete des Niger weiter zu steigern und malischen Reis zu einem weiteren wichtigen Exportgut zu machen.

Bevor Mali aber im großen Stil Nahrungsmittel exportieren kann, ist es noch ein weiter Weg. Zu den Hindernissen gehören immer wieder auftretende Ernährungskrisen, deren Ursachen komplex sind. So führten z.B. im Jahr 2004 eine Heuschreckeninvasion und eine ungünstig verlaufene Regenzeit dazu, dass mehr als eine Million Menschen vom Hunger bedroht und zu-

Die Volkswirtschaft Malis

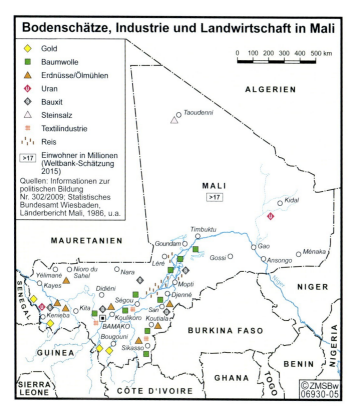

mindest für einige Monate auf Nahrungsmittelhilfe angewiesen waren. 2012 drohte infolge hoher Ernteeinbußen in Teilen West- und Zentralmalis eine erneute Ernährungskrise, von der nach Schätzungen der Welthungerhilfe rund 1,7 Mio. Menschen betroffen waren. Die sich drastisch verschlechternde Sicherheitslage 2012/13 verschärfte diese schwierige Situation zusätzlich. Trotz der landesweit guten Ernte war die Ernährungslage Anfang 2013 in weiten Teilen Nordmalis infolge der militärischen Auseinandersetzungen und der Schließung der algerischen Grenze kritisch. Aufgrund der Intervention der Europäischen Union verbesserte sich die Situation zwar schnell, dennoch ist die Ernährungslage in

Mali aufgrund der großen Flüchtlingsströme im Land auch Anfang 2016 noch immer angespannt. Dessen ungeachtet kann Mali im Gegensatz zu vielen anderen schwarzafrikanischen Ländern seine Bevölkerung bei normalen Ernteerträgen ohne nennenswerte Lebensmittelimporte auf einem gleichwohl niedrigen Niveau ernähren. Dies ist eine grundlegende Voraussetzung für die volkswirtschaftliche Weiterentwicklung des Landes.

Gold, Uran und der Rest: Der Abbau von Rohstoffen und ihr Export

Die volkswirtschaftlich lukrativen Schätze Malis liegen tief unter der Erdoberfläche verborgen und sind möglicherweise so groß wie in wenigen anderen Ländern Afrikas. Das Land liegt im sogenannten Goldgürtel, der sich quer durch Westafrika zieht. Es existieren nachgewiesene Vorkommen von Silber, Halbedelsteinen und Steinsalz, die der Erschließung harren. Zudem gibt es Spekulationen über große Uran-Reserven im Westen und Nordosten sowie Bauxit-Vorkommen im Norden des Landes. Im Süden befinden sich schließlich die Goldminen, die Mali nach Ghana, Südafrika und Tansania zum viertgrößten Förderer des Edelmetalls in Afrika machen. Doch werden dort nicht wie andernorts kiloschwere Klumpen unterirdisch aus dem Gestein gehauen. Vielmehr waschen die »Goldsucher« wie zu Zeiten Mansa Musas überirdisch winzige Körner aus dem Sand.

Immerhin hatte die Regierung unter dem im März 2012 gestürzten Präsidenten Amadou Toumani Touré begonnen, die Explorationsrechte für diverse Bodenschätze im Land zu verteilen. Seitdem suchen internationale, aber auch einige malische Rohstoffunternehmen den Boden systematisch nach den vermuteten Rohstoffen ab. Die Uranfunde im Westen des Landes haben die Fantasie vieler Investoren aber auch der Malier beflügelt. Vor diesem Hintergrund ist die Nachricht zu verstehen, dass Frankreich im Januar 2013 in den Konflikt auch deswegen eingegriffen habe, um seine Atomkraftwerke mit billigem Uran zu versorgen. Die Regierung in Paris wies diese Unterstellung umgehend zu-

Die Volkswirtschaft Malis

Ein Goldwäscher in der Region von Kayes, einer Stadt im Westen Malis, rund 420 km nordwestlich der Hauptstadt Bamako gelegen. Zwischen Kayes und Magdeburg bestand einige Jahre lang eine Städtepartnerschaft.

rück. In der Tat wird es noch Jahre dauern, bis die gefundenen Vorkommen erschlossen werden können.

Gleichwohl hat der Wettlauf um die malischen Rohstoffvorkommen bereits begonnen. China hat sich schon in eine hervorragende Ausgangsposition gebracht. Das Außenhandelsvolumen mit dem rohstoffhungrigen asiatischen Schwellenland beträgt mittlerweile bereits 25 Prozent. Damit ist China mit großem Abstand vor Frankreich der wichtigste Handelspartner des Landes.

Der Goldbergbau erlebt in Mali seit den 1990er Jahren einen erneuten Boom. Im Süden Malis wurden große Goldlagerstätten erschlossen. Umfangreiche Prospektions- und Förderungslizenzen an ausländische Investoren (vor allem aus Südafrika) haben die Fördermenge seitdem um fast das Zwanzigfache gesteigert. Die wichtigsten Goldlagerstätten befinden sich in Kalana und Kadiolo. Eines der modernsten Projekte des Landes ist die Kodieran-Goldmine, die von einer malischen Gesellschaft betrieben wird und im Januar 2012 die Produktion aufnahm. Die Goldproduktion Malis hat 2014 gut 53 Tonnen betragen und damit einen Anteil von gut zwei Prozent an der Weltproduktion. Für die kommenden Jahre rechnen Experten mit einem weiteren Anstieg der malischen Goldförderung.

Eine französische Exploration entdeckte vor einigen Jahren Uran-, Kupfer-, Silber- und Bauxitvorkommen bei Falea am Mandingo-Plateau im Grenzgebiet zum Senegal. Bohrproben einer kanadischen Gesellschaft ergaben unweit der französischen Lagerstätte den recht hohen Urangehalt von über sechs Prozent. Außerdem explorierte eine australisch-britische Unternehmung größere Uranlager bei Kidal sowie Phosphatvorkommen bei Gao. Eine weitere kanadische Bergbaugesellschaft hat erhebliche Phosphatvorkommen im Tal von Tilemsi entdeckt. In den kommenden Jahren ist darüber hinaus der Abbau von Manganerzvorkommen geplant, da Geologen Mali große Lagerstätten dieser Rohstoffe zuschreiben.

Baumwolle wurde so zu Beginn des 21. Jahrhunderts durch Bergbauprodukte als wichtigstes Exportgut abgelöst. Mit einem Anteil von mehr als 72 Prozent an den malischen Exporterlösen dominiert die Ausfuhr der Bodenschätze diese volkswirtschaftlich wichtige Statistik. Rund 75 Prozent dieser Erlöse stammen wiederum aus dem Goldexport (Stand 2015).

Große Hoffnungen für die Zukunft beruhen auf der Exploration und Verwertung der Bodenschätze im Land. Hierzu muss die Regierung in Bamako mit den interessierten internationalen Bergbaugesellschaften jedoch Förderverträge schließen, die das Land nicht übervorteilen.

Industrie, Tourismus und der informelle Sektor

Mali hat nur einen kleinen industriellen Sektor. Unmittelbar nach der Unabhängigkeit wurden einige größere staatliche Unternehmen zur Verarbeitung landwirtschaftlicher Produkte aufgebaut. Heute ist der Industriesektor lediglich von sekundärer Bedeutung und wird von kleinen sowie mittelgroßen Betrieben dominiert. Fast 75 Prozent der 17 000 Arbeitsplätze in der Industrie befinden sich in Bamako und seiner Umgebung. Bedeutendste Industriezweige sind die Nahrungsmittelindustrie und die Baumwollentkörnung sowie eine Textilfabrik. Vor wenigen Jahren wurde in der Nähe Bamakos die erste Düngemittelfabrik des Landes er-

Die Volkswirtschaft Malis

öffnet. Seither konnte die Kunstdüngerversorgung der einheimischen Agrarwirtschaft deutlich verbessert werden. Zudem wird ein Teil der Produktion in die Nachbarstaaten exportiert.

Eines der derzeit größten Industrieprojekte ist der Bau einer Zuckerfabrik mit 14 000 ha bewässerter Zuckerrohranbaufläche unter Beteiligung eines brasilianischen Konzerns im Gebiet des »Office du Niger«. Zudem wurde Ende 2012 eine weitere Zuckerfabrik mit chinesischer Unterstützung eröffnet, sodass Mali in wenigen Jahren zu einem regional bedeutenden Exporteur von Zucker werden könnte.

Gleichwohl ist die Investitionsquote in der Industrie im Gegensatz zu der im Bergbau seit langer Zeit rückläufig. Ohne internationale Geldgeber würde die malische Industrie verfallen. 2014 erzeugte die Industrie Waren im Wert von rund 2,2 Mrd. Euro; das sind weniger als ein Viertel des Bruttoinlandprodukts.

Der ebenfalls noch recht schwach ausgeprägte Handels- und Dienstleistungssektor hat in den letzten Jahren durch den Tourismus einen gewissen Aufschwung erfahren, der jedoch durch Entführungen und den militärischen Konflikt seit 2012 abrupt gestoppt wurde. Auch deshalb wird Mali in den kommenden Jahren nicht wie einige der nordafrikanischen Staaten durch Tourismus bedeutende Mengen an Devisen einnehmen können, zumal der Massentourismus aufgrund der Lage des Landes und der schwach ausgeprägten Infrastruktur noch längere Zeit einen Bogen um das Land schlagen wird.

Die wichtigsten Handelspartner Malis sind die EU-Staaten und China sowie

Subsistenzwirtschaft ist die Lebensgrundlage für viele Malier: Eine Frau trägt Waren im März 2013 in Bamako auf einer Schale auf dem Kopf.

die Nachbarländer Senegal und Elfenbeinküste (Côte d'Ivoire). Der malische Außenhandel ist zurzeit noch defizitär. Wichtigste Einfuhrgüter sind Ausrüstungen, Geräte, Fahrzeuge, Mineralölprodukte sowie Nahrungsmittel. Bei den Exportprodukten steht seit Jahren mit Abstand Gold an der Spitze, gefolgt von Baumwolle, Nutztieren und Früchten. Die malische Volkswirtschaft ist folglich in hohem Maße von der Entwicklung der Weltmarktpreise für Gold und Baumwolle abhängig.

Durch eine verstärkte Diversifizierungsförderung sollen diese Abhängigkeit reduziert und die Exporte insgesamt erhöht werden. Angestrebt wird insbesondere ein verstärkter Export von Mangofrüchten, wobei sich deren Exportvolumen von 2005 bis 2012 fast verzehnfacht hat und sie somit zum viertwichtigsten Exportprodukt geworden sind.

Die immer wiederkehrenden bürgerkriegsartigen Auseinandersetzungen in Westafrika wirken sich seit jeher auch negativ auf die Wirtschaftsentwicklung Malis aus. So werden die Exportmöglichkeiten in diese Länder sowie die Abwicklung des Außenhandels über deren Überseehäfen erheblich beschnitten.

In den rasch wachsenden Städten Malis ist der sogenannte informelle Sektor wichtig für eine Vielzahl wirtschaftlicher Prozesse auf der Mikroebene. Dieser seit einigen Jahren als fünfter Wirtschaftssektor (neben Landwirtschaft, Industrie, Dienstleistung, Information) bezeichnete Teil einer Volkswirtschaft umfasst alle wirtschaftlichen Tätigkeiten, die nicht von offiziellen Statistiken erfasst werden. In Mali fallen hierunter ein beträchtlicher Teil der handwerklichen Tätigkeiten und einfachen Dienstleistungen, aber auch die Herstellung und der Verkauf von Produkten auf lokalen Märkten. Gleichwohl bestehen hier ernsthafte Probleme. So sind die im informellen Sektor erzielten Einkommen häufig so gering, dass der Zugang zu Krediten und Produktionsmitteln stark eingeschränkt ist. Mittlerweile gibt es aber zur Abhilfe eine wachsende Zahl von Mikrofinanzinstitutionen. Entstehende Streitigkeiten u.a. in Bamako zwischen der Stadtverwaltung und Betreibern des informellen Sektors sollen zukünftig sachgerechter gelöst werden. Die politischen Entscheidungsträger haben erkannt, dass dieser Wirtschaftsbereich den Lebensunterhalt eines Großteils der städtischen Bevölkerung sichert. Mittelfristig muss es aber das Ziel der malischen Regierung sein, diesen Sektor überflüssig zu machen und die Menschen in steuer- und sozialabgabenpflichtige Anstellungen zu bringen.

Wie in den meisten afrikanischen Staaten sind für Mali die Rücküberweisungen von im Ausland lebenden Auswanderern von Bedeutung. Nach Schätzungen der Weltbank belief sich die Summe 2014 auf rund 800 Millionen Euro, was in etwa 10 Prozent des Bruttoinlandsprodukts ausmachte. Diese Devisen unterstützen den Import und die Zahlungsfähigkeit des Landes.

Nachteilig auf die Entwicklung Malis wirkt sich auch die verbreitete Korruption aus, die nach einer Weltbank-Studie weltweit zu den größten Investitionshemmnissen zählt. In den vergangenen Jahren konnte Mali aber Fortschritte in der Korruptionsbekämpfung erzielen. Das Land nimmt mittlerweile weltweit einen Mittelfeldplatz in der »Korruptions-Wahrnehmung« ein.

Fazit

Mali ist eines der ärmsten Länder der Welt und hat unter ökonomischen Gesichtspunkten vielfältige strukturelle Probleme aufzuweisen. Dennoch besteht Hoffnung auf Besserung. Diese Hoffnung beruht vor allem auf den Bodenschätzen des Landes und seiner Landwirtschaft. Auf der Basis dieser beiden Bereiche müssen die Regierenden in Bamako darum bemüht sein, die Industrie und den Handel des Staates weiter zu stärken und den informellen Sektor so weit wie möglich zu reduzieren. Langfristig sollte es das Ziel sein, alle Produktionsbereiche dem Weltmarktniveau anzunähern und somit den Export einheimischer Güter zu stärken. Höhere Exportzahlen könnten zu einer Ausweitung des Imports von Produkten führen, was wiederum eine Erhöhung des Lebensstandards im Land zur Folge hätte.

Das Hauptproblem des Landes ist gegenwärtig die unsichere politische Lage. Sie hemmt nicht nur die volkswirtschaftliche Entwicklung, sondern bringt auch eine geringere Investitionsbereitschaft ausländischer Unternehmen mit sich. Eine nachhaltige Lösung der volkswirtschaftlichen Probleme kann sich erst mit der Stabilisierung der politischen Situation ergeben.

Dieter H. Kollmer

Ethnische Identität ist nur eine von vielen in afrikanischen Ländern wie Mali. Vielmehr empfinden die Menschen zahlreiche Zugehörigkeiten wie die zu einer gemeinsamen Religion oder der Herkunft aus einem bestimmten Gebiet. In Mali sind zudem die sogenannten Scherzverwandtschaften verbreitet. Gleichwohl lassen sich oftmals mit der größere Gruppen umfassenden Ethnizität am leichtesten Massen politisch mobilisieren. In Mali ist dies besonders deutlich an den Auseinandersetzungen zwischen den Angehörigen der meist hellhäutigeren Tuareg und den in der Regel dunkelhäutigeren Bewohnern der südlichen Landesteile zu sehen. Dabei sind es neben der gemeinsamen Sprache vor allem die nomadische Lebensweise bzw. deren Ende sowie empfundene Benachteiligungen durch die Zentralregierung, welche die Tuareg als ethnische Gruppe zusammenhalten. Die Bevölkerung des Südens lässt sich zahlreichen Ethnien zuordnen. Hierbei ist erkennbar, dass überwiegend die Angehörigen der Mande-Sprachfamilie die bedeutendsten Positionen bekleiden. Ansonsten spielen ethnische Zugehörigkeiten und Zuschreibungen nur eine untergeordnete Rolle.

Die ethnische Dimension des Konfliktes in Mali

Gesellschaftliche Strukturen sind niemals gleichbleibend, sondern unterliegen einem ständigen Wandel. Traditionen werden erfunden, weiterentwickelt und wieder verworfen. Sie dienen im Rahmen von offenen oder stillschweigend akzeptierten Regeln dazu, Werte und Verhaltensnormen durch Wiederholung einzuschärfen, wodurch eine Kontinuität mit der Vergangenheit hergestellt wird. Auch die Konstruktion von ethnischen Zugehörigkeiten in Mali unterliegt sowohl durch Selbst- wie auch durch Fremdzuschreibungen einer permanenten Reproduktion. Wenn also im folgenden Text Völker und deren Siedlungsgebiete sowie hauptsächliche ökonomische Betätigungen und andere »Charakteristika« beschrieben werden, so sind sie unter den oben genannten Aspekten zu betrachten.

Auf dem afrikanischen Kontinent wurden diese ethnischen Identitäten oft erst durch die Politik der Kolonialmächte geschaffen. Vor der Kolonisierung waren in Afrika wie überall auf der Welt multiple Identitäten üblich, die gleichberechtigt nebeneinander standen. Diese wurden aus Gründen der Machtausübung jedoch häufig einer besonderen Identität untergeordnet. Bis heute sind die Auswirkungen dieser Entwicklung in vielen Konflikten zu spüren, da ethnische und religiöse Identitätsvorstellungen am stärksten zu wirken scheinen. Die Beziehungen der einzelnen Gruppen zueinander sind von mehreren Faktoren, wie historischen, ökonomischen und politischen Verbindungen, abhängig und unterliegen ebenfalls einer permanenten Neuinterpretation.

Ethnizität in Mali

In Mali werden mehr als 50 Sprachen gesprochen, wobei die Anzahl ihrer Sprecher jeweils stark variiert. Sie reicht von nur ein paar hundert Personen (z.B. Jahanka) bis zu mehreren Millionen (Bamanankan). Als ehemalige Kolonialsprache besitzt Französisch ein großes Gewicht. Neben den sprachlichen existieren in

II. Strukturen und Lebenswelten

Mali aber auch ethnische Kategorien. Rund zwei Dutzend Gruppierungen lassen sich unterscheiden, auch wenn rund 50 Prozent zur Sprachgruppe der Mande gehören. Im täglichen Leben spielen besonders im Süden des Landes die sogenannten Scherzbeziehungen eine besondere Rolle. Manche Analysten und Einheimische sehen die »Cousinage à Plaisanterie« (Scherzverwandtschaft; sìnànkùnya in Bambara) sogar als grundlegend für das Zusammenleben in der Gesellschaft an. Im Rahmen dieser Scherzbeziehungen dürfen sich die Mitglieder sowohl innerhalb ethnisch definierter als auch zwischen unterschiedlichen Gruppen nach im Wesentlichen festen Regeln gegenseitig verspotten. Obwohl diese Tradition historisch weit zurückreichen soll, wird sie im Alltag nach wie vor gepflegt. Darstellungen der »Cousi-

---

Ethnie, Stamm und Volk

Für viel Verwirrung sorgen die oftmals austauschbar verwendeten Begriffe Ethnie, Volk und Stamm. Tatsächlich teilen sie eine gemeinsame Herkunft von dem griechischen Wort Ethnos, das etwa Volk, aber auch Stamm bedeuten kann. Mit der europäischen Weltexpansion und später Kolonisation von Gebieten in Afrika, Amerika und Asien verwendeten die Eroberer diese Kategorien, um die unterworfenen Bevölkerungen zu untergliedern. Denn Stände und später Einkommensgruppen wie in Europa waren für sie nicht erkennbar. Im 19. Jahrhundert verfeinerten die wissenschaftlich orientierten Völkerkundler und Ethnologen diese Praxis und erfanden dabei sogar teilweise neue Gruppen. Mittlerweile ist der Stammesbegriff verrufen, da er häufig mit der Eigenschaft »primitiv« verbunden wurde.

Die Europäer orientierten sich bei ihren Einteilungen zwar an den vor Ort vorgefundenen Begriffen von Gruppen, jedoch verstanden sie diese meist im Sinne von kleinen Nationalstaaten als klar voneinander abgegrenzt. Tatsächlich existierten jedoch vielfache Zugehörigkeiten wie die zu handwerklichen Gruppen oder Herkunftsorten, die durchaus ineinander übergingen oder wechselten. Zudem erkannten schließlich auch Soziologen und Ethnologen, dass die vermeintliche gemeinsame Abstammung der Einheimischen oft nur eine gefühlte war, sich jedoch kaum nachweisen ließ und dementsprechend auch neu definiert werden konnte. Die bis heute weitverbreiteten Karten mit klar umrissenen Siedlungsgebieten von Ethnien sind daher nicht nur aufgrund der ihnen zugrundeliegenden Daten sehr fragwürdig.

Gleichwohl schufen die Kolonialherren durch ihre Einteilungen auch tatsächliche Gemeinschaften. Denn da sie nie genügend Soldaten und Verwaltungspersonal aus der Heimat mitbrachten, mussten sie einheimische Gruppen als Mittler in einem System des »Teilens und Herrschens« verwenden. Diese Gruppen machten sie in der Regel mittels der genannten ethnischen und Stammes-Kategorisierungen aus und wiesen deren Angehörigen Vorteile zu. Da sowohl Territorium als auch Kolonialapparat größtenteils gleich blieben, erhielt sich diese ethnische Politik auch nach der Unabhängigkeit vieler ehemaliger Kolonien.

Das verheerendste afrikanische Beispiel aus jüngerer Zeit ist sicherlich der Völkermord in Ruanda von 1994. Eine entscheidende historische Voraussetzung hierfür war, dass zunächst die deutschen und nach dem Ersten Weltkrieg die belgischen Kolonialherren der Gruppe der Tutsi Herrschaftsfunktionen zuwiesen und diese damit erst fest von anderen Gruppen abgrenzten. Vertreter der zahlenmäßig größeren Bevölkerungsgruppe der Hutu erlangten nach mehreren Aufständen schließlich die Herrschaft und ermordeten zahlreiche Tutsi, die sie durch ihre Ausweispapiere identifizieren konnten. Gleichwohl ist die Vorstellung von »ethnischen Kriegen« irreführend, da es sich bei den ethnischen Einteilungen nur um ein, zudem selten konsequent verwendetes Mittel zur Bildung von bewaffneten Gruppen in Konflikten handelt. Diese Gruppenbildungsmechanismen sind jedoch nicht selbst die Ursache der Konflikte. *PM*

nage à Plaisanterie« haben allerdings immer einen romantisierenden Beigeschmack, wenngleich ihre Bedeutung als gesellschaftliche Institution nicht geschmälert werden soll. Dass dieser Form des Miteinanders eine Bedeutung zukommt, wird schon alleine dadurch belegt, dass hierfür unterschiedliche Namen in den afrikanischen Sprachen Malis existieren.

In der Innenpolitik Malis sind ethnische Spannungen kaum vorhanden, von den Rebellionen der Tuareg abgesehen. Obwohl die Geschichte Malis seit der Unabhängigkeit turbulent verlaufen ist, prägte im Wesentlichen doch inter-ethnische sowie interreligiöse Toleranz das Zusammenleben. Heiraten über ethische Grenzen hinweg sind nicht unüblich und die Frage der Identität wird meist nur in Konfliktsituationen thematisiert, in denen auch die Frage der Religion und deren Auslebung eine Rolle spielt. Der Grund für das überwiegend friedliche Beisammensein könnte jedoch weniger in den ethnischen Beziehungen als vielmehr im ökonomischen Bereich liegen.

Die verschiedenen Gruppen, die hauptsächlich von landwirtschaftlicher Betätigung leben, konkurrieren weder um dasselbe Land, noch sind sie in der Lage, soviel Überschuss zu produzieren, dass sie anderen Gruppen ihre Position über den Markt streitig machen. Viehzüchtende Gruppen im Norden waren und sind demgegenüber viel schlechter gestellt, da Dürreperioden ihren Viehbestand immer wieder dezimiert haben. Zudem fühlen sie sich sowohl von der Regierung, als auch von internationalen Hilfsorganisationen vernachlässigt. Preise für Futtermittel steigen, während der Viehpreis fällt. Denn in Zeiten besonders schlechter Bedingungen versuchen viele verzweifelte Tierbesitzer, ihr Vieh zu verkaufen, bevor es verhungert und damit wertlos wird. Großräumige Konflikte, die eine ökonomische Grundlage hatten, wie etwa um Weiderechte oder den Zugang zu Ackerland, waren in der Vergangenheit eher die Ausnahme. Was sich während der letzten Jahre allerdings zuspitzte, sind die Auseinandersetzungen um die Kontrolle des illegalen Handels- sowie Schmuggelrouten.

Besonders vor diesem ökonomischen Hintergrund, aber auch angesichts des Zugangs zu politischer Entscheidungsmacht sind die gewaltsamen Konflikte in Mali zu betrachten. Dass dabei ethnische und/oder religiöse Vorurteile bemüht werden, dient mehr der Mobilisierung bereits aktiver oder möglicher Mitstreiter.

Urbanisierung und Mobilität waren und sind auch in Mali wesentlich dafür verantwortlich, dass die Menschen vermehrt ihre ursprüngliche Heimat verlassen und sich meist aus ökonomischen Gründen in den Städten ansiedeln. Dieser Trend wird sich in den nächsten Jahren fortsetzen und verstärken. Damit geht einher, dass traditionelle Vorstellungen und Bräuche aufgegeben, verändert und neue erfunden werden. Angaben über Siedlungsräume und hauptsächliche wirtschaftliche Betätigung sind daher mit Vorsicht und aus einer historischen Perspektive

Die ethnische Dimension des Konflikts in Mali

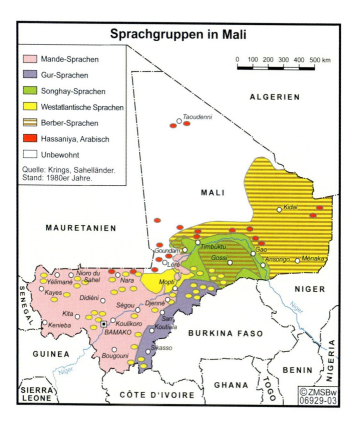

zu betrachten. Im Folgenden werden exemplarisch einige ethnische Gruppen ausgewählt, um die Vielfalt in Mali zu dokumentieren

Die Tuareg: Marginalisierte Nomaden

Die wohl bekannteste ethnisch definierte Gruppe in Mali sind die sogenannten Tuareg (Einzahl maskulin Targi). Sie sind ein halbnomadisches Berbervolk, deren Anzahl je nach Quelle zwischen 1,2 und 1,5 Mio. Menschen schwankt. Sie leben in voneinander unabhängigen Föderationen vorwiegend in Mali und Niger, aber auch zu einem geringeren Anteil in Burkina Faso, im Süden Algeriens sowie im Südwesten Libyens. Sie stellen in keinem der Staaten die Bevölkerungsmehrheit. In Mali wird ihr Anteil an der Bevölkerung auf unter 10 Prozent geschätzt. Zwischen den Tuareg gibt es regionale Unterschiede, über eine gemeinsame Sprache sind sie jedoch miteinander verbunden. Sie selbst bezeichnen sich als Kel Tamasheq (Sprecher des Tamasheq). Zur Herkunft der Bezeichnung Tuareg gibt es mehrere Erklärungen. Sicher ist, dass der Begriff während der Kolonisierung von den Franzosen übernommen und damit in den europäischen Sprachgebrauch eingeführt wurde. Für die betroffenen Menschen ist er negativ besetzt.

Es ist insgesamt sehr schwirig, die Gesellschaft der Tuareg zu beschreiben, da keine einheitliche, für alle Tuareg-Gruppen verbindliche Terminologie existiert, die Größe und Bedeutung der Gruppen variieren und historische und geografische Faktoren ebenfalls eine Rolle spielen. Jedoch gliedert sich die Gesellschaft der Tuareg nicht nur horizontal in politische Einheiten unterschiedlicher Größe, sondern von außen betrachtet auch vertikal in Klassen bzw. Kasten. Zusätzlich zu den Kategorien der adeligen Krieger (imajeghen/imushar) und nichtadeligen Vasallen (imghad) unterteilten sich die Tuareg in religiöse Stämme, Handwerker, Bauern und Sklaven, was in abgeschwächter Form bis heute weiter wirkt. Das Vorgehen von »schwarzen« Gruppen wie der Ganda Koy (Songhay) gegen die als »weiß« bezeichneten freien Tuareg wird heute noch damit begründet, dass die Tuareg historisch die schwarze Bevölkerung versklavten. Umgekehrt haben die Tuareg seit der Unabhängigkeit damit Probleme, sich einer aus ihrer Sicht »schwarzen« Regierung zu unterwerfen.

Die größte politische Einheit der Tuareg bildet die Konföderation (Ettebel), die sich aus mehreren sozialen Einheiten (Clans – Tiwsaten) zusammensetzt. Jeder Clan wiederum besteht aus mehreren Familien. Tiwsaten werden aus Deszendenzgruppen gebildet, die aus Angehörigen einer bestimmten sozialen Klasse bestehen. Die Position der Familie und des Individuums wird aufgrund der verwandtschaftlichen Nähe zur Gründerin der Gruppe bestimmt. Die Erbfolge ist grundsätzlich matrilinear,

Die ethnische Dimension des Konflikts in Mali

Tuareg-Nomaden ziehen im Januar 2012 nahe der Stadt Timbuktu mit Kamelen und Ziegen durch die Wüste.

wenngleich es auch Ausnahmen, zum Beispiel beim Clan der Kel Adagh, gibt.

Auch vor den Tuareg machten gesellschaftliche Veränderungen keinen Halt. Die ehemals völlig undurchlässige soziale Struktur wird zunehmend in Frage gestellt, zwischen reformwilligen und konservativen Kräften herrschen Konflikte um Macht und Einfluss. Die Vormachtstellung des Tuareg-Adels sorgt vor allem im Bereich der Nutzung von Weideflächen für Konfliktpotenzial, da diese über den Zugang zu den wichtigsten Ressourcen wie gute Böden, Wasser und Salzstellen verfügen. Hatte sich mit der Einführung moderner staatlicher Institutionen durch die französische Kolonialherrschaft das Klassensystem der Tuareg noch verfestigt, begannen die Strukturen in der Folge aufzubrechen. So wird z.B. eine Legitimation der Herrschenden durch behauptete Abstammung vom Propheten nicht mehr ohne Weiteres hingenommen. Identität wird zunehmend ethnisiert und die Klassenzugehörigkeit aufgrund ethnischer Gemeinsamkeiten definiert. Diese Entwicklung dürfte durch die jüngsten Ereignisse in Nordmali beschleunigt werden.

II. Strukturen und Lebenswelten

Die ökonomische Betätigung der Tuareg blieb in der Vergangenheit im Wesentlichen auf Viehzucht und andere Tätigkeiten in der landwirtschaftlichen Produktion beschränkt. Ihre Klassengesellschaft war allerdings nicht nur hinsichtlich der politischen Möglichkeiten von Bedeutung, sondern regelte auch die Arbeitsteilung. Vasallen (Imghad) fungierten traditionell als Hirten, Handwerker (Inhaden) verarbeiteten Holz, Leder und Metalle. Sklaven (Iklan, Bellah in Songhay) galten als Eigentum der jeweiligen Familie und hatten diverse Arbeiten zu verrichten. Große Bedeutung kam dem Handel zu, weshalb die Tuareg auch als »Spediteure« durch die Sahara einen wichtigen Beitrag leisteten und leisten. In der jüngeren Vergangenheit nutzten sie ihre Kenntnisse auch für den Schmuggel von Menschen, Waffen, Drogen, Öl und Zigaretten. Mehrere der dabei genutzten Routen führen durch Mali und sichern vielen Menschen ihren Lebensunterhalt.

In den 1930er Jahren begannen sich in der Nähe der französischen Kolonialadministration im Süden Malis politische Eliten herauszubilden. Im Norden fand unter den Tuareg keine ähnliche Entwicklung statt, weshalb sie kaum Einfluss auf die politische Gestaltung seit der Unabhängigkeit nehmen konnten. Formelle Grenzen, die durch die Entkolonialisierung entstanden, bedeuteten zudem nicht nur neue Länder und damit nationale Identitäten, die den Tuareg bis heute oft fremd geblieben sind, sondern auch Einschränkungen in der nomadischen Lebensweise. In Mali brach ihre feudale soziale Organisation während der sozialistischen Phase nach der Unabhängigkeit zusammen und wurde nach dem Aufstand von 1963/64 weitgehend zerschlagen. Daneben trugen ökologische Faktoren zur sozialen und ökonomischen Transformation bei. Dürreperioden ab den 1970er Jahren zwangen viele Tuareg, ihre nomadische Lebensweise aufzugeben und ihre Siedlungsgebiete zu verlassen. Sie fanden entweder in malischen Städten oder in Algerien und vor allem in Libyen Zuflucht, wo sie ab den 1980er Jahren in den Streitkräften Muammar al-Gaddafis kämpften, um das nötige Einkommen zum Überleben zu sichern. Die Rebellionen der 1990er Jahre führten zur weiteren Entfremdung einiger Tuareg von der restlichen malischen Gesellschaft.

Trotz geschlossener Friedensabkommen mit der malischen Regierung in den 1990er und 2000er Jahren, entluden sich Klagen über die Marginalisierung des Nordens immer wieder sporadisch und gewaltsam. Verschiedenen Quellen zufolge könnte es sich jedoch auch um Streitigkeiten über Schmuggelaktivitäten gehandelt haben. Nicht zuletzt führten aber politische und ökonomische Marginalisierung sowie soziale Entwicklungen innerhalb der Tuareg-Gesellschaft zu einer Ethnisierung ihrer Identität, die im Konflikt von 2012 eine wesentliche Rolle spielte.

Mande-Völker als politisch dominanter Faktor

Die Mande-Völker stellen etwa die Hälfte der Bevölkerung Malis dar. Dieser Gruppe gehören sowohl die Bambara als auch die Malinke und Soninke an, wobei die Bambara das zahlenmäßig größte Volk sind. Es ist daher nicht verwunderlich, dass seit der Unabhängigkeit viele wichtige Positionen in Staat und Wirtschaft von Menschen mit Bambara-Identität besetzt waren. Zu einem gewissen Grad gilt das auch für die Malinke. Beide Gruppen haben die Politik seit der Unabhängigkeit maßgeblich mitgeprägt. Der Einfluss dieser Gruppen ist jedoch nicht nur auf ihre zahlenmäßige Größe zurückzuführen. Traditionell leben Bambara und Malinke in Süd- und Zentralmali und hatten damit einen geografischen Vorteil durch die Nähe zum einstigen französischen Machtzentrum in der Hauptstadt Bamako. Hierdurch wurde ihnen während der kolonialen Periode eine »westliche« Ausbildung zuteil. Die Dominanz der Bambara wird auch dadurch sichtbar, dass etwa 80 Prozent der Malier ihre Sprache im täglichen Umgang nutzen.

Die politische und ökonomische Dominanz seit der Unabhängigkeit ist aber nur eine Seite der Medaille. Während der letzten Jahrzehnte sollen sich in der Hauptstadt Bamako Allianzen zwischen politischer Elite und Schmugglern von Waren aller Art gebildet haben, deren Basis weniger ethnisch oder religiös bestimmt wird, sondern eher auf Profitmaximierung ausgerichtet ist. Langfristige politische Lösungen werden dieser Komponente verstärkt Rechnung tragen müssen.

II. Strukturen und Lebenswelten

Die Songhay

Im Südosten Malis leiten die Songhay ihre Nachkommenschaft vom Songhay-Reich ab, das vom 15. Jahrhundert bis zur Zerstörung durch Marokko 1591 mit Gao als Hauptstadt bestand (siehe Beitrag Hofbauer). Die Songhay leben im Wesentlichen als Subsistenzbauern im Tal des Niger zwischen den Orten Djenné und Ansongo. Einige nomadische Gruppen finden sich allerdings in ganz Mali sowie in Niger und Algerien.

Gegenüber dem Ethnonationalismus der Tuareg entwickelte sich zudem eine Art »Gegen-Ethnonationalismus« der Songhay. Durch die schwächer gewordene staatliche Kontrolle und Funktion als Mediator zwischen den Gruppen nahmen die Spannungen zwischen den einzelnen ethnischen Gruppierungen zu. Diese manifestierten sich zunehmend in gewaltsamen Auseinandersetzungen und gegenseitigen Anschuldigungen von Plündereien und Übergriffen. Die Thematik von Gewalt und »Landnahme« durch Nomaden im Norden wird besonders von Songhay-Politikern gefördert. 1994 wurde in Gao die »Ganda Koy«-Bewegung mit dem Ziel gegründet, die Bevölkerung vor den »weißen« Nomaden, Rebellen und Banditen zu schützen. Übergriffe auf die nomadische Bevölkerung nahmen zu. Zudem soll Letztere zur Sesshaftigkeit gezwungen werden. Gleichzeitig sind die Beziehungen historisch belastet, da Songhay in vorkolonialer Zeit teilweise versklavt wurden.

Weitere relevante ethnische Gruppen

Eine der in Europa am bekanntesten ethnischen Gruppen in Mali ist die der Dogon. Sie leben in der Umgebung der Provinzstadt Bandiagara auf dem Mopti-Plateau. Die Siedlungen der Dogon bilden einen der touristischen Anziehungspunkte des Landes und die »Felsen von Bandiagara« genannten Siedlungen gehören zum Weltkulturerbe der UNESCO. Traditionelle Kunstformen sowie die Beibehaltung einer als traditionell empfundenen Lebensweise tragen zum ökonomischen Erfolg bei. Der Tourismus ermöglicht es einigen Dogon, ihr Auskommen als Kunsthandwerker zu finden, während sich die meisten Menschen in der Region nach wie vor landwirtschaftlich betätigen. Auf fehlende ökonomische Perspektiven weist auch die Tatsache hin, dass Dogon auf Arbeitssuche in die Hauptstadt sowie bis in die benachbarte Elfenbeinküste aufgebrochen sind. Ein interessanter Aspekt ihrer Geschichte ist, dass sie in der Vergangenheit Versuchen zur Missionierung bis zu einem gewissen Grad widerstehen konnten und nur etwa 30 Prozent zum Islam konvertierten. Der weitaus größte Teil der Dogon blieb traditionellen Religionsvorstellungen treu.

Ähnlich verhält es sich mit den Senufo (Eigenbezeichnung Siena), die ihre traditionellen Siedlungsgebiete im Südosten des Landes haben. Auch sie üben nach wie vor ihre afrikanische Religion aus. Der Anteil an Migranten unter ihnen scheint jedoch hoch zu sein. Vor allem die städtischen Gebiete in Mali, aber auch die Elfenbeinküste und Frankreich galten in der Vergangenheit als bevorzugte Ziele der Migration.

Die meisten Angehörigen ethnischer Gruppen in Mali leben entweder als Bodenbauern, Nomaden oder Halbnomaden, einige von ihnen führen ihre Wurzeln auf frühere Großreiche zurück. Zu nennen wären in diesem Zusammenhang exemplarisch die Soninke (auch Saracolé), die im Nordwesten entlang des Senegal-Flusses ihr Hauptsiedlungsgebiet haben. Die Gesellschaft ist nach wie vor in einem relativ rigiden Kastensystem organisiert. Sie sollen Nachkommen der Menschen des Reiches Ghana sein (siehe Beitrag Hofbauer), das etwa vom 8. bis zum 11. Jahrhundert in der Grenzregion des heutigen Mali und Mauretanien existierte.

Die Peul (auch Ful, Fulbe bzw. Fulani) leben über das gesamte westliche Afrika verteilt. In Mali siedeln sie im Bereich des Binnendeltas des Niger, wo ihre Sprache Fulfulde als Verkehrssprache genutzt wird. Gruppen finden sich auch noch im Osten des Landes. 2015 ist die »Front de Libération du Macina« (FLM), die sich hauptsächlich aus Peul zusammensetzt, als militante Gruppierung in Erscheinung getreten. Ihr Anführer, Amadou Koufa, soll sich in der Region von Mopti, also dem ethnischen Zentrum der Peul in Mali, befinden. Ziel ist die Kontrolle der Regionen Mopti und Ségou, die im 19. Jahrhundert Teil des Macina-Reiches waren. Obwohl die Aktivitäten bisher auf Mali beschränkt waren, hat der Konflikt das Potenzial, sich grenzüberschreitend

II. Strukturen und Lebenswelten

Eine Fulani-Frau mit traditionellen goldenen Ohrringen im Juni 2006.

auszuweiten: etwa 20 Millionen Peul leben über West- und Zentralafrika verstreut. Basis der Ideologie ist eine religiös aufgeladene Identität, die sich aus einer im Verhältnis zu anderen Gruppen der Region sehr frühen Konversion zum Islam herleitet.

Neben den oben angeführten ökonomischen Betätigungsfeldern siedeln in Mali auch mehrere ethnische Gruppen entlang des Niger, wie Bobo, Diawara und Bozo, deren Angehörige im Wesentlichen von der Fischerei leben.

Nördlich des Niger gibt es neben den Tuareg eine weitere Gruppe, die oft vergessen wird: die sogenannten Mauren, ein Berbervolk, das zwischen Mali und Mauretanien überwiegend nomadisch lebt. Auch ihre Gesellschaft verfügt über ein rigides Kastensystem, in dem die herrschende Kaste nach wie vor über ihre ehemaligen Sklaven oder deren Nachkommen dominiert. Unterschieden werden sie in Adelige (Kounta), emanzipierte Gruppen (Tilemsi) und Berabiche, die vorwiegend in Timbuktu leben. Diese sogenannten Araber sind genauso wie die Tuareg marginalisiert und haben kaum eine gesellschaftliche Teilhabe an den staatlichen Strukturen. Die Tilemsi sollen vor etwa 30 Jahren begonnen haben, den grenzüberschreitenden Handel vor allem Richtung Algerien zu organisieren. Sie nutzten dazu ihre ethnischen Kontakte beiderseits der Grenze.

Die Zukunft ethnischer Beziehungen

Inter-ethnische Konflikte könnten mit Blick auf die Nord-Süd-Trennung in Zukunft eine größere Bedeutung gewinnen. Während die Gefahr gewaltsamer Auseinandersetzungen im Süden nur begrenzt zu existieren scheint, könnten im Norden Racheakte durch Soldaten aus dem Süden durchaus ethnischen Charakter haben, indem Tuareg oder Angehörige anderer im Norden siedelnder Gruppen gezielt dafür ausgesucht werden. Diesbezügliche Anschuldigungen wurden vor allem zu Beginn der französischen Intervention von mehreren Nichtregierungsorganisationen wie »Human Rights Watch« thematisiert. Dies wiederum könnte die Nord-Süd-Trennlinien weiter verstärken. Allerdings scheinen derzeit die Konflikte innerhalb der Ethnien in Nordmali größeres Gewicht zu haben.

Konflikte zwischen Gruppen aus den beiden Landesteilen könnten auch bei der (Wieder-)Eingliederung von Kombattanten aus dem Norden in die Sicherheitskräfte auftauchen. Ethnische oder regionale Einheiten mit Soldaten nur aus einer ethnischen Gruppe oder einer Region erscheinen ebenso wenig zielführend wie die Aufstellung multiethnischer Verbände. In diesen könnten Angehörige von Minderheiten aus dem Norden auf individueller Ebene diskriminiert werden. Für Mali wird es in diesem Dilemma als Staat darauf ankommen, ethnische, religiöse oder regionale Differenzen auszuräumen und eine nationale Identität zu schaffen, die alle Malier umfasst, ohne dabei andere Identitäten zu benachteiligen oder zu zerstören. Dieses Dilemma gilt jedoch auch für die in Mali aktiven internationalen Kräfte. Kurzfristige Lösungen, wie so oft im internationalen Krisen- und Konfliktmanagement, wären daher eher kontraproduktiv. Die internationale Gemeinschaft wird sich auf ein langfristiges Engagement einstellen müssen, um eine gesellschaftliche Transformation zu erreichen

Gerald Hainzl

Nach außen und auf dem Papier verfügte Mali bis 2012 zwar über ein Staatswesen und demokratische Institutionen, sie waren aber nicht annähernd mit denen in Europa oder Nordamerika zu vergleichen. Gleichwohl war der häufig gewählte Begriff des »Staatszerfalls« unzutreffend, da die Zustände und Verhaltensnormen in Mali seit seiner Unabhängigkeit nie anders waren als vor der jüngsten Krise. So beteiligte sich, wie im Übrigen auch 2013 stets nur eine Minderheit der Bevölkerung an den Wahlen. Generell nehmen Politiker ihre Aufgaben eher im Sinne eines an einzelnen Personen ausgerichteten Patron-Klienten-Verhältnisses wahr. Um politische Konflikte zu lösen, banden die bisherigen Regierungen möglichst viele Menschen in den Staatsapparat ein und versorgten sie mit staatlichen Ressourcen. Dies funktionierte allerdings nur solange, wie die Mittel dafür vorhanden waren. Nie kontrollierten die Regierungen zudem das komplette Staatsgebiet. Um die unruhigen Gebiete zu beherrschen, gingen vor allem die Regierung von Amadou Toumani Touré Bündnisse mit einzelnen bewaffneten Gruppen ein, die sie als Stellvertreter nutzte. Das Versagen dieses Systems war einer der Gründe dafür, dass diese Regierung 2012 die Kontrolle über den Norden verlor und von einer Gruppe niederer Offiziere um den Hauptmann Amadou Haya Sanogo im März 2012 gestürzt wurde.

Im Bild: Zivilisten durchstöbern eine malische Polizeiwache in Gao am 11. Februar 2013, einen Tag nach dem Angriff von bewaffneten islamistischen Gruppen.

Der malische Staat. Vom Flaggschiff der Demokratie zum Schiffbruch im Fahrwasser der Anarchie?

Bevor Mali international den zweifelhaften Ruf als das nächste Afghanistan (»Afrikanistan«) erhielt, galt das Land auf dem afrikanischen Kontinent über 20 Jahre lang als Vorzeige-Demokratie. Malis beispielhafter Übergang zur Demokratie Anfang der 1990er Jahre fand breite Anerkennung. Ereignete sich 2002 noch ein friedlicher Machtwechsel, so wurde Präsident Amadou Toumani Touré kurz vor den Wahlen 2012 von jungen Offizieren und Soldaten der Armee gestürzt. Dem vorausgegangen war der anfängliche Zusammenbruch der staatlichen Autorität in den drei im äußersten Norden gelegenen Regionen Malis, als eine undurchschaubare Allianz von lokalen und internationalen Milizen rebellierte und begann, das Gebiet unter ihre Kontrolle zu bringen. Scheinbar über Nacht ist damit ein Flaggschiff der Demokratie ins Fahrwasser der Anarchie geraten und hat Schiffbruch erlitten.

Die staatliche Herrschaft war jedoch schon immer zerbrechlich, wie im ersten Abschnitt dieses Beitrags zu sehen sein wird. Niemals war der malische Staat ein von der Gesellschaft entfernter bürokratischer Apparat. Vielmehr blieb er über informelle politische Netzwerke eng mit ihr verbunden und war in der Ausübung seiner Kontrollfunktionen stets von nichtstaatlichen Akteuren abhängig. Mit dem Aufkommen der verschiedenen grenzüberschreitend agierenden kriminellen und salafistischen Netzwerke im Laufe des letzten Jahrzehnts wurde die staatliche Autorität immer weiter geschwächt, bis sie schließlich vollends zusammenbrach, was im zweiten Teil dargestellt wird.

Die jüngsten tragischen Ereignisse sind daher eher ein Anzeichen dafür, wie sich die ohnehin bereits prekären Formen des Zusammenwirkens von staatlichen und nichtstaatlichen Akteuren weiter verändern. Sie verweisen also nicht darauf, dass eine fest etablierte staatliche Ordnung plötzlich zusammengebrochen ist.

II. Strukturen und Lebenswelten

Unsichere Stützen der staatlichen Autorität

Der malische Staat hat die Gesellschaft niemals »von oben« regiert, gestützt auf formelle und von einer effektiven sowie neutralen staatlichen Bürokratie durchgesetzte Regeln. Viele anthropologische und soziologische Studien weisen überzeugend darauf hin, dass es nicht sinnvoll ist, auf dem afrikanischen Kontinent abstrakt zwischen Staat und Gesellschaft zu unterscheiden. Vielmehr waren beide Seiten durch personalisierte und informelle Beziehungen von jeher in hohem Maße eng miteinander verbunden.

Im Jahre 1946 gründeten Intellektuelle in den Städten Malis die Partei »Rassemblement Démocratique Africain« (Afrikanische Demokratische Sammlungsbewegung, RDA) und bauten anschließend informelle Beziehungen zu Machthabern in den ländlichen Regionen auf, um sich eine breite politische Unterstützung zu sichern. Im Land gibt es keine klaren ethnischen, religiösen oder gesellschaftlichen Trennlinien, die für bestimmte Wählergruppen stehen. Die Bürger Malis haben daher von ihren politischen Vertretern stets erwartet, dass sie ihre Interessen auf lokaler Ebene mit den auf nationaler Ebene vorhandenen staatlichen Ressourcen wahrnehmen.

In einigen afrikanischen Ländern hat eine junge, urbane Bevölkerung, die gut informiert, besser ausgebildet und mit der Außenwelt verbunden ist, die politische Dynamik verändert. Die aufstrebenden, lose organisierten urbanen Jugendbewegungen, die von ihren Regierungen umfassendere sozialökonomische Leistungen einfordern, sowie die Oppositionsparteien machen sich diese wachsende Wählergruppe gerne zu Nutze. Bisher hat jedoch noch keine der Parteien in Mali diese Wählergruppe beachtet und eingebunden. Stattdessen setzen die Parteien auch weiterhin auf ihre informellen Netzwerke mit den Machthabern in den ländlichen Regionen. Bislang war überhaupt nur eine Minderheit der malischen Bevölkerung auf diese Weise am öffentlichen Entscheidungsprozess beteiligt, wie die Wahlbeteiligung in den 1990er Jahren (etwa 20 Prozent) und in den Jahren ab 2000 (etwa 30 Prozent) belegt.

Die informellen Netzwerke beherrschen nicht nur die Beziehungen zwischen Staat und Gesellschaft, sondern ließen auch

Der malische Staat

die formellen Grenzen zwischen den verschiedenen Bereichen staatlicher Macht verschwimmen. So wie fast überall auf dem Kontinent wurden die Malier kurz nach dem Eintritt in die Unabhängigkeit von einem Ein-Parteien-Regime regiert. Anfang der 1990er Jahre erlebten sie dann den Übergang zur Demokratie. Dieser Übergang in Mali galt weithin als beispielhaft; sowohl die bürgerlichen als auch die politischen Freiheiten wurden in den darauf folgenden zwei Jahrzehnten respektiert.

Eine ältere Aufnahme des Regierungspalastes in Bamako, offenbar während des Besuchs des deutschen Bundespräsidenten.

Darüber hinaus öffnete sich der lange von den südlichen Bevölkerungsgruppen dominierte Staat, als zahlreiche Vertreter der nördlichen Bevölkerungsgruppen, vor allem der Tuareg, hochrangige Positionen in der staatlichen Verwaltung einnahmen. Die malische Demokratie blieb dennoch weitgehend eine rein formale und theoretische Angelegenheit, und autoritäre Praktiken aus der Zeit der Ein-Parteien-Regierung wurden beibehalten. Die Exekutive beherrschte weiterhin die anderen

Bereiche staatlicher Machtausübung. Trotz eines ehrgeizigen Dezentralisierungsprogramms verdient das politische System Malis eher die Bezeichnung »superpräsidial« als »halbpräsidial«, wie zuletzt immer wieder behauptet wurde.

Die von der Exekutive gestaltete Politik gedieh nicht zuletzt auch im Kontext der Ein-Parteien-Herrschaft. Die »Alliance pour la Démocratie en Mali-Parti Pan-Africain pour la Liberté, la Solidarité et la Justice« (ADEMA-PASJ) sicherte sich nach den Wahlen von 1992 und 1997 die Mehrheit der Sitze im Parlament. Informelle Parteinetzwerke unterwanderten die staatliche Verwaltung auf allen Ebenen, übernahmen die Kontrolle über die wichtigsten Wirtschaftssektoren und reichten bis in die militärische Hierarchie. Das Regime versuchte, einflussreiche oppositionelle Stimmen in der Gesellschaft für sich zu vereinnahmen. Es überrascht nicht, dass die meisten Bürger in den 1990er Jahren der Ansicht waren, dass das Land immer noch in Alleinherrschaft durch eine Partei regiert werde.

Nach den Wahlen im Jahr 2002 endete diese Ein-Parteien-Herrschaft, doch eine Mehr-Parteien-Demokratie mit einer deutlich vernehmbaren und funktionierenden Opposition entstand nicht. Präsident Touré, der über keine eigene politische Hausmacht verfügte, rief alle im Parlament vertretenen Parteien dazu auf, seine Regierung zu unterstützen und sich daran zu beteiligen. Er stellte diese auf Konsens beruhende Form der Demokratie häufig als Alternative zu der westlichen, auf Konfrontation ausgerichtete Demokratie dar. In der Praxis verfestigte diese Plattform der Einigkeit jedoch nur die Politik der Gleichschaltung und sorgte dafür, dass es kein Gegengewicht in der Gesellschaft und im Parteiensystem mehr gab. Eine noch nie dagewesene Zahl von politischen Eliten mit einer schmalen und örtlich begrenzten Klientel profitierte jetzt von dem bevorzugten Zugang zu staatlichen Ressourcen.

Die Legitimation des Staates wurde jedoch in der zehnjährigen Amtszeit Tourés weiter untergraben. Die Zustimmung zur Demokratie sank seit 2002 stetig, obwohl der malischen Regierung beträchtliche Ressourcen zur Verfügung standen. In den zurückliegenden zehn Jahren erzielte das Land wirtschaftliche Wachstumsraten von etwa 4 Prozent jährlich und internationale Geber stellten der Regierung pro Jahr zwischen 600 Millionen

Der malische Staat

und einer Milliarde Dollar zur Verfügung. Die Lebensbedingungen für den größten Teil der Bevölkerung verbesserten sich aber keineswegs. Zwar gingen die Armutszahlen in den Städten zurück, doch der Anteil der armen Bevölkerung in den ländlichen Gebieten – in denen die meisten Malier leben – ist seit Anfang der 1990er Jahre fast unverändert geblieben.

Indem es die Bedürfnisse der mit dem Machtzentrum verbundenen Eliten-Netzwerke in den Vordergrund stellte, entfremdete sich das Touré-Regime immer stärker von der Mehrheit der Durchschnittsbürger. Dies wird besonders deutlich im landwirtschaftlichen Sektor, in dem es hunderttausende Hektar Land an politisch nahestehende Investoren vergab, während es die Interessen der einfachen Bauern größtenteils ignorierte. Die zahllosen Korruptionsskandale und Fälle von finanzieller Misswirtschaft, die der oberste Finanzprüfer meldete und von denen viele ungeahndet blieben, feuerte die Verärgerung der Bevölkerung über das Regime weiter an. Schließlich erreichte die Enttäuschung über Präsident Touré ein solches Ausmaß, dass die meisten Stadt-

Der Anführer des Militärputsches, Hauptmann Amadou Haya Sanogo (Mitte), nach einem Treffen mit dem malischen Parlamentssprecher Dioncounda Traoré im April 2012.

bewohner in einer Meinungsumfrage kurz nach dem Militärputsch im März 2012 angaben, sie freuten sich über seinen Sturz. Die Krise der staatlichen Autorität und ihrer Legitimation kann jedoch kaum als alleinige Ursache für den völligen Zusammenbruch staatlicher Autorität in den nördlichen Landesteilen innerhalb einer solch kurzen Zeit gelten. Als Erklärung dieses plötzlichen Zusammenbruchs werden im nächsten Abschnitt die gewagten Sicherheitsstrategien der jeweiligen malischen Machthaber bis zum Ende der 1990er Jahre dargestellt.

Sicherheitsstrategien: Indirekte Herrschaft und das Prinzip »Teile und herrsche«

Nie verfügte der malische Staat über das alleinige Gewaltmonopol. Er war auch nicht in der Lage, in seinem gesamten Staatsgebiet hoheitlich tätig zu werden. Die staatliche Ordnung ist vor allem von den Tuareg-Nomaden herausgefordert worden, die immer wieder zu den Waffen griffen, um gegen den ihrer Ansicht nach erzwungenen Anschluss an den malischen Staat zu kämpfen. So sind seit der Staatsgründung 1960 die Beziehungen zwischen den »schwarz-afrikanischen« Volksgruppen und den »weißen« Berber-Gruppen (insbesondere den Tuareg) problembehaftet und durch gegenseitige (ethnisch bedingte) Vorurteile getrübt. Auch wenn diese Sicherheitsprobleme oft mit dem Konflikt zwischen den Tuareg und dem malischen Staat erklärt werden, erscheint die Dynamik vor Ort in Wirklichkeit weit weniger deutlich.

Alle malischen Regime sind mit bestimmten örtlichen (Stammes-)Gruppierungen strategische Bündnisse eingegangen, um ihre Herrschaft zu sichern und Kontrolle auszuüben. Schon in der Kolonialzeit stellten staatliche Organe gemeinsame Truppen mit bestimmten Tuareg-Clans auf, die Revolten anderer Tuareg-Gruppierungen gegen die Kolonialherrschaft niederschlugen. Durch ihre Bündnisse mit den französischen Truppen gelang es örtlichen Gruppierungen, sich (wieder) als stärkster Machtfaktor zwischen der Bevölkerung und der Zentralgewalt zu positionieren. Auch die malische Unabhängigkeitsbewegung

Der malische Staat

nutzte Anfang der 1960er Jahre gezielt die Spannungen zwischen den Tuareg-Gruppierungen aus.

Anfang der 1990er Jahre kam es zu einer zweiten Revolte der Tuareg gegen den malischen Staat, die von einer halbwegs geeinten Front getragen wurde. Diese zerfiel jedoch ebenfalls bald wieder in verschiedene Gruppierungen. Die Tuareg, die alles andere als eine homogene Volksgruppe bilden, sind nach Verwandtschaftsverhältnissen (in verschiedene Clans) sowie in Gruppen mit unterschiedlichem Status (von Adligen bis zu ehemaligen Sklaven) geteilt. Die genaue Bedeutung eines Clans oder einer Statusgruppe ist allerdings örtlich umstritten und Änderungen unterworfen. Verschiedene Gruppierungen stellten ihre eigenen Milizen auf, die sich schon bald gegenseitig herausforderten.

Der Konflikt entwickelte sich allmählich zu einem begrenzten Bürgerkrieg, als sich örtliche Songhay- und arabische Milizen einmischten (siehe Beitrag Schreiber). Die politischen Eliten in der malischen Hauptstadt nutzten diese Spannungen in und zwischen den Gemeinschaften in Nordmali aus. Mit Hilfe dieser »Milizenstrategie« entledigte sich der Staat teilweise seiner

Colonel Major El Hajj ag Gamou war mit seinen Kämpfern einer der letzten Tuareg-Kommandeure, die nach der Rebellion noch auf Seiten der Regierung standen.

Sicherheitsverantwortung und verbündete sich mit örtlichen Milizen, die er sich gelegentlich formell unterstellte. So handelte der malische Staat, weit davon entfernt, das Gewaltmonopol auszuüben, als ein Machtzentrum unter zahlreichen örtlichen Milizen.

In einer Art »politischer Tauschbörse« wurden viele ehemalige Rebellenführer schließlich für den Frieden gewonnen und zahlreiche Tuareg-Kämpfer in die Streitkräfte eingegliedert. Sie erhielten die Aufgabe, in Teilen der Nordregionen für Sicherheit zu sorgen (siehe Beitrag Schreiber). Die Sicherheitsaufgaben wurden somit zwischen zahlreichen Institutionen ausgehandelt und aufgeteilt und lagen nicht ausschließlich in der Hand des Staates.

Die staatliche Autorität stützte stets stark personenbezogene und informelle politische Netzwerke. Der Staat vertraute in der Wahrnehmung seiner Kernaufgaben auf nichtstaatliche Akteure, insbesondere im Bereich der Sicherheit. Diese unsicheren Stützen von Staat und Gesellschaft wurden mit dem Aufkommen von grenzüberschreitenden kriminellen Netzwerken im darauffolgenden Jahrzehnt weiter geschwächt.

Transnationalismus und die Schwächung der staatlichen Autorität

Auch wenn Mali weiterhin nur geringe Bedeutung für die offizielle Weltwirtschaft besitzt (mit Ausnahme seiner Goldexporte), hat es doch im letzten Jahrzehnt eine zentrale Rolle innerhalb der internationalen kriminellen Netzwerke eingenommen. Seit Beginn des 21. Jahrhunderts profitieren die Netzwerke des interkontinentalen Drogenhandels von der fest etablierten »sozialen Infrastruktur« als Basis für die Schmuggelwirtschaft in der Sahelzone. Hybrid-Netzwerke, die sowohl von Stammesgruppierungen als auch von Vertretern des Staates aufgebaut wurden, schmuggelten über viele Jahrzehnte Konsumartikel, Zigaretten, Menschen, Waffen und Treibstoff durch die Sahelzone. Nach einem alarmierenden Bericht des United Nations Office on Drugs and Crime im Jahre 2007 kamen schätzungsweise

Das Militär Malis

Die malische Armee umfasste vor Beginn des Krieges 2012 etwa 7350 Soldaten. Davon gehörten die meisten zum Heer, etwa 400 zur Luftwaffe und 40 zur Marine des Binnenlandes. Neben dem Militär im engen Sinne werden noch etwa 4800 Mann aus paramilitärischen Verbänden wie Gendarmerie und Republikanischer Garde (Garde Nationale) zu den malischen Streitkräften gerechnet. Durch den Zusammenbruch der Armee in Folge des Konfliktes, befinden sich die Streitkräfte seit 2013 in einem international unterstützten Reformprozess, in dessen Zuge zwischen 2015 und 2019 rund 10 000 Soldaten rekrutiert werden sollen. Auch deshalb haben sich die malischen Militärausgaben gemessen am Anteil des Bruttoinlandprodukts (BIP) von 2012 bis 2015 auf 2,9 Prozent verdoppelt, was zurzeit den höchsten Wert innerhalb der Mitgliedstaaten der ECOWAS darstellt. Andere Staaten der Region wie Malis Nachbarländer Algerien und Mauretanien wenden gemessen an ihrer Wirtschaftsleistung allerdings immer noch weitaus mehr Geld für ihr Militär auf.

Bereits 1993 begannen die USA mit militärischen Ausbildungsprogrammen in Mali. 1997 folgte die erste Unterstützungsmaßnahme, die vor allem die regionale Zusammenarbeit zwischen den Streitkräften verbessern sollte. In diesem Rahmen bildeten US-Soldaten 800 bis 1000 malische Soldaten aus. Nach dem 11. September 2001 intensivierten die USA die regionale Kooperation mit Staaten der Sahel-Region im Rahmen der so genannten Pan-Sahel Initiative (PSI).

In Mali bildeten die USA eine schnelle Einsatzgruppe von 150 Mann aus und gaben ihr eine entsprechende Ausrüstung. 2004 wurde das Programm mit der »Trans-Sahara Counterterrorism Initiative« (TSCTI) ausgeweitet und kurz darauf in »Trans-Sahara Counterterrorism Partnership« (TSCTP) umbenannt. Für die folgenden fünf Jahre war dafür eine halbe Milliarde US-Dollar vorgesehen, davon 20-30 Prozent für militärische Ausgaben in neun Ländern der Region. Jedes Jahr fanden seitdem gemeinsame Übungen unter dem Namen »Operation Flintlock« statt, die nur 2012 aufgrund des Kriegsbeginns in Nordmali ausfiel.

Waffenlieferungen im engeren Sinne erhielt Mali in größerem Umfang zuletzt in der zweiten Hälfte der 1990er Jahre von den USA (13 Mio. US-Dollar 1997-1998). Andere Lieferanten in den letzten 20 Jahren waren China (7 Mio. US-Dollar/2000), Südafrika (1 Mio. US-

II. Strukturen und Lebenswelten

Dollar/2002), die Tschechische Republik (13 Mio. US-Dollar/2005), Ukraine (2 Mio. US-Dollar/2012) und Bulgarien (21 Mio. US-Dollar/2007–2009 sowie 12 Mio. US-Dollar/2012–2013). Im Zuge des für die Jahre 2015 bis 2019 beschlossenen Reformprogramms soll u.a. die Luftwaffe mit der Beschaffung von sechs brasilianischen Kampfflugzeugen als Ersatz für die veralteten russischen MIG 21 modernisiert werden. Ausländische Hilfen machen insgesamt den Großteil des malischen Militärhaushalts aus. Militärische Hilfe im weiteren Sinn erhielt Mali auch von Deutschland im Rahmen des Ausstattungshilfeprogramms der Bundesregierung für ausländische Streitkräfte. Diese Leistungen betrugen von 2007 bis 2010 über 6 Mio. Euro und für den Planungszeitraum 2009 bis 2012 war Mali eines von nur wenigen Partnerländern (siehe S. 198 f.: Bundeswehr in Mali).

Trotz dieser Waffenlieferungen und Ausbildungshilfen galt die malische Armee zum Konflikt 2012 generell als schlecht ausgerüstet und ausgebildet. Dies ist vor allem darauf zurückzuführen, dass nur ein geringer Teil der Mittel aus dem Verteidigungshaushalt die Truppen erreichte und viel Geld durch höhere Offiziere veruntreut wurde. Dies dürfte mit einer der wesentlichen Gründe für den Putsch vom März 2012 gewesen sein. Anschließend war das malische Militär gespalten und noch ein knappes Jahr später, im Februar 2013, kam es zu Schusswechseln zwischen einzelnen Truppenteilen. Mit der EU-Ausbildungsmission EUTM Mali, deren Mandat nach zwei Verlängerungen zunächst bis Mai 2018 gilt, sollen Ausbildung und Führung der malischen Armee verbessert werden. Bilaterale Ausbildungsabkommen bestehen zudem unter anderem mit Marokko, wo seit Juli 2014 insgesamt 600 malische Soldaten ausgebildet werden sollen.

WS

25 Prozent des auf dem europäischen Markt angebotenen Kokains über Westafrika nach Europa; dabei entwickelte sich Nordmali zu einem wichtigen Umschlagplatz. Gewaltige Mengen an Drogen wurden auf dem Land- oder Luftweg nach Nordmali transportiert, und einfache Bürger konnten zusehen, wie sich Staatsbedienstete luxuriöse Villen in den »Kokain-Vierteln« bauen ließen.

Ebenso arbeiteten Staatsbedienstete heimlich mit dem südlichen Ableger von »al-Qaida im islamischen Maghreb« (AQIM) – die neue Bezeichnung für die »Groupe Salafiste pour la Prédication et le Combat« (Algerische Salafistengruppe für Predigt und Kampf, GSPC) – zusammen, die spätestens seit 2003 in Nordmali Fuß fasste. Diese kriminellen Salafisten entführten zwischen 2003 und 2011 mehr als 50 Menschen. Mit den Lösegeldern, die (westliche) Regierungen und internationale Firmen zahlten, verschaffte sich die Gruppe eine wichtige und beständige Einnahmequelle. Einige Staatsbedienstete auf den höchsten Ebenen profitierten beträchtlich von ihrer Rolle bei der Befreiung dieser Geiseln. Auch wenn staatliche und nichtstaatliche Akteure bereits seit Jahrzehnten mit den internationalen Schmugglern zusammenarbeiten, verschärften sich im letzten Jahrzehnt aufgrund des Umfangs und des Wertes der betreffenden Handelsware (Kokain und Geiseln) die Sicherheitsprobleme in Nordmali.

Die gewalttätigen Auseinandersetzungen zwischen den konkurrierenden, auf Stammesbeziehungen aufgebauten Schmugglernetzwerken nahmen stark zu. Eine Schmugglerallianz zwischen Kounta-Arabern und Ifoghas-Tuareg (Iforas) lieferte sich wiederholt Kämpfe mit Imghad-Tuareg-Schmugglern, arabischen Händlern vom Stamm der Berabiche und Schmugglern der Sahrawi. Arabische Schmuggler in Gao und Timbuktu gründeten daraufhin private Milizen, um ihre Geschäfte zu schützen. Die algerischen Salafisten bauten stabile Arbeitsbeziehungen zu diesen Milizen auf, als sie sich allmählich in und um Gao und Timbuktu niederließen. Im Laufe der Jahre nahmen sie auch Gesinnungsgenossen aus der Region auf, z.B. Mitglieder der nigerianischen »Boko Haram«.

Die Rivalitäten zwischen den verschiedenen Tuareg-Gruppierungen entluden sich jedoch 2006 in einer weiteren Revolte gegen den Staat. Anstatt auf seine eigene Armee, vertraute Präsident Touré lieber auf die arabischen Schmugglermilizen, die auch mit AQIM zusammenarbeiteten, sowie auf eine informelle Tuareg-Miliz, die mit den Rebellen verfeindet war. Indem er seine Kernaufgabe, die Sicherheitsverantwortung, an Drogen schmuggelnde Milizen übertrug, behielt der Staat die Kontrolle über die nördlichen Regionen durch die – wie die internationale

Krisengruppe es nannte – »Fernsteuerung der Regierungsgewalt über zweifelhafte, kriminelle und mafiöse Mittelsmänner«.

Ein komplexes und grenzüberschreitendes kriminelles Netzwerk verband somit staatliche Akteure auf allen Ebenen, örtliche Milizen, einige Tuareg-Gruppierungen und radikale Salafisten. Dennoch wurde das Kräftegleichgewicht zwischen den staatlichen und bewaffneten nichtstaatlichen Akteuren immer labiler, als reiche örtliche Milizen ihr Waffenarsenal erheblich erweiterten. Eine Verschiebung in diesem zerbrechlichen Kräftegleichgewicht untergrub schließlich kurz nach Beginn des neuen Jahrzehnts die letzten Reste staatlicher Autorität und Legitimation.

Wechselnde Allianzen und der Zusammenbruch des Staates

Ende 2011 wurde eine neue Widerstandsbewegung der Tuareg (Mouvement National de Libération de l´Azawad = Nationale Bewegung für die Befreiung des Azawad, MNLA) gegründet, die sich aus einer neuen Generation von Rebellen rekrutierte. Sie war Nutznießer der wachsenden Einigkeit zwischen den verschiedenen Gruppierungen und konnte später auch auf die nach dem Sturz von Muammar al-Gaddafi zurückfließenden, gut ausgebildeten und ausgerüsteten Kämpfer aus Libyen zurückgreifen. Gemeinsam mit Ansar Dine, einer bewaffneten Gruppe unter der Führung von Iyad ag Ghali, dem zum Islam konvertierten, ehemaligen hochrangigen Tuareg-Rebellen, malischen Diplomaten und Unterhändler bei Geiselnahmen, nahm die MNLA im Januar 2012 ihre Angriffe gegen die malische Armee auf.

Dutzende malische Soldaten wurden in einem Blutbad in Aguelhok unter noch ungeklärten Umständen brutal niedergemacht. Daraufhin kam es in der Hauptstadt zu Massendemonstrationen gegen das äußerst unpopuläre Regime unter Touré. In einem offensichtlich chaotischen und schlecht geplanten Militärputsch stürzte eine kleine Gruppe von verärgerten jüngeren Offizieren und Soldaten im März den Präsidenten. Die Tatsache, dass sich die meisten Einwohner der malischen Hauptstadt in einer Meinungsumfrage zufrieden über seine Amtsenthebung zeigten, verdeutlichte die gravierende Regierungskrise im Zentrum des Staates.

Nach dem Militärputsch flohen die meisten Staatsbediensteten aus Nordmali. Die Kämpfer von MNLA und Ansar Dine übernahmen innerhalb von wenigen Wochen die Kontrolle über zwei Drittel des Staatsgebietes, ohne auf nennenswerten Widerstand zu stoßen. Da sich aber zwei bewaffnete Gruppen nicht auf die Modalitäten der Regierung einigen konnten, veränderten sich die Allianzen in Nordmali erneut. Gemeinsam mit AQIM und ihrem Ableger, der »Mouvement pour l'Unicité et le Jihad en Afrique de l'Ouest« (MUJAO), vertrieb Ansar Dine die MNLA aus den Städten im Norden. Einige Drogenschmugglermilizen verbündeten sich mit diesen neuen Machthabern, während regierungstreue Milizen über die Grenzen nach Mauretanien und Niger flohen.

In der Zwischenzeit kämpften verschiedene Gruppierungen um die Kontrolle über den Zentralstaat. Zwar zwang die ECOWAS die Anführer des Militärputsches bereits Anfang April 2012, die Macht wieder an eine von Zivilisten geführte Übergangsregierung abzugeben. Allerdings übten die Putschisten weiterhin beträchtlichen Einfluss hinter den Kulissen aus. Zudem dauerten die internen Grabenkämpfe in der Armee an und entfachten offen ausgetragene, gewaltsame Auseinandersetzungen. Es bedurfte einer französischen Militärintervention, um einen plötzlichen Vorstoß der Kämpfer von Ansar Dine in den Süden aufzuhalten, die Städte im Norden von den Besatzern zu befreien und weitere erfolgreiche Militärputsche zu verhindern.

Der malische Staat übte niemals allein die Herrschaft im Land aus. Sie war stets das Ergebnis wechselnder Allianzen zwischen staatlichen und nichtstaatlichen Akteuren. Die Krise von 2012 stellte also keinen plötzlichen Zusammenbruch einer stabilen staatlichen Ordnung dar, sondern eine Veränderung in dem bisherigen gewagten Zusammenspiel staatlicher und nichtstaatlicher Akteure. Es ist offensichtlich, dass die »Wieder«-Herstellung der staatlichen Autorität alles andere als eine technokratische staatszentrierte Übung sein kann.

Martin van Vliet

In Mali bildeten sich vor und während des 2012 begonnenen Krieges mehrere bewaffnete nicht-staatliche Gruppen, die das Konfliktgeschehen bestimmen. Von diesen versuchte vor allem die Ende 2011 gegründete Bewegung »Mouvement National de Libération de l'Azawad« (Nationale Bewegung für die Befreiung des Azawad, MNLA) die Volksgruppe der Tuareg zu repräsentieren, auch wenn ihr nur eine kleine Minderheit der Bevölkerung folgte. Sie eroberte Anfang 2012 den Großteil des Nordens und rief die Unabhängigkeit aus. Hierbei kämpfte sie zusammen mit der ebenfalls teilweise aus Tuareg bestehenden Gruppe »Ansar Dine«, die sich jedoch islamistisch legitimierte und die Grenzen Malis bewahren wollte. In Allianz mit der ebenfalls islamistischen »Mouvement pour l'Unicité et le Jihad en Afrique de l'Ouest« (Bewegung für Einheit und Dschihad in Westafrika, MUJAO), die sich zuvor von der »al-Qaida im islamischen Maghreb« (AQIM) abgespalten hatte und überregionale Ziele verfolgte, wurde die MNLA bis Ende 2012 fast vollständig aus dem Norden verdrängt. Schließlich existierten noch verschiedene regierungsfreundliche Milizen, die vor allem nach der Rückeroberung des Nordens durch französische und afrikanische Truppen den Kampf gegen die separatistischen Rebellen fortsetzten und mit der »Plateforme« eine der beiden nichtstaatlichen Dachorganisationen in den zähen Friedensverhandlungen stellte. Das Bild zeigt Tuareg-Rebellen im April 2012 auf einem Pick-up-Truck mit angeblich aus Libyen mitgebrachten Waffensystemen.

Staatliche und nichtstaatliche Konfliktakteure in Mali

Der im Januar 2012 eskalierte Konflikt zeichnet sich nicht nur durch seine Akteursvielfalt, sondern auch durch zahlreiche Konfliktlinien und wechselnde Allianzen aus. Zum ursprünglichen Konflikt zwischen den Rebellen in Nordmali und der malischen Regierung kam mit dem Putsch vom 21./22. März eine kurzzeitige Spaltung des »Akteurs Mali« hinzu. Auch die islamistischen Gruppierungen, die die nationalistischen Tuareg-Rebellen zwischen Frühjahr und Winter 2012 aus dem Norden verdrängten und seit der internationalen Intervention vermehrt mit Anschlägen agieren, stellen keinen einheitlichen Block dar. Zudem verfolgen die internationalen Akteure teilweise unterschiedliche Interessen, was eine gemeinsame politische Linie erschwerte. Die wichtigsten der sich im Laufe des Konfliktes formierten bewaffneten Gruppen sollen im Folgenden kurz dargestellt werden.

Mouvement National de Libération de l'Azawad (MNLA)

Ende 2010 wurde die Bewegung »Mouvement National de l'Azawad« (MNA) gegründet, um verschiedene Probleme Nordmalis auf die politische Tagesordnung zu bringen. Allerdings erkannte die Regierung in Bamako diese nicht an. Im Gegenteil: Die MNA-Führer wurden beim Gründungstreffen in Timbuktu verhaftet und demonstrierende Anhänger polizeilichen Repressalien ausgesetzt. Dies war eine Quelle, die zur Gründung der Bewegung »Mouvement National de Libération de l'Azawad« (MNLA) führte. Die andere waren Tuareg, die in Libyen bereits länger als Soldaten in der regulären Armee gedient hatten oder erst während des libyschen Krieges im Jahr 2011 von Muammar al-Gaddafi zur Bekämpfung der dortigen Rebellen angeworben worden waren.

Ungeklärt ist, inwieweit Ibrahim ag Bahanga, der Führer der Tuareg-Rebellion von 2007 bis 2009, diese Libyen-Kämpfer angesichts der absehbaren Niederlage des Gaddafi-Regimes bereits für eine neue Rebellion in Mali rekrutiert hatte, da er im August 2011 bei einem Autounfall ums Leben kam. Auch Iyad ag Ghali, der sowohl in den Anfangsphasen der Rebellionen der 1990er als auch der 2000er Jahre als Anführer beteiligt war, soll bereits eine erneute Rebellion geplant haben, sodass der Sturz Gaddafis für ihn zu einem passenden Zeitpunkt kam. Über Iyad wird berichtet, dass er sich Ende 2011 vergeblich um den Führungsposten der MNLA beworben haben soll. Details über die Führung dieser Bewegung sind derweil rar: Als ihr Generalsekretär fungiert Bilal ag Sharif, ein Cousin des verstorbenen Ibrahim ag Bahanga. Chef des Politbüros ist Mohamed ag Ghali (auch Mahmoud ag Aghaly geschrieben), während die MNLA-Kämpfer vom Stabschef Mohamed ag Najem kommandiert werden. Lediglich von letzterem ist bekannt, dass er zuvor als Offizier in der libyschen Armee diente.

Mitte Januar 2012 begann die MNLA mit ihren Angriffen auf weit auseinander liegende Ziele in Ménaka, Tessalit, Aguelhok, Léré und Niafounké. Ihr sollen zu diesem Zeitpunkt über 1000 Kämpfer angehört haben, darunter 400 ehemalige Soldaten oder Söldner aus Libyen. Verbündet war die MNLA zu Beginn des Krieges vor allem mit den Gruppen »Ansar Dine«, MUJAO (Mouvement pour l'Unicité et le Jihad en Afrique de l'Ouest) und AQIM (al-Qaida im islamischen Maghreb). Insbesondere um ihre Stellung im Bündnis mit den islamistischen Gruppen hervorzuheben, reklamierte die MNLA in der frühen Phase des Krieges Erfolge – darunter vor allem den Angriff auf

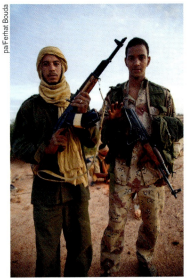

MNLA-Kämpfer im Februar 2012.

Aguelhok Ende Januar 2012 – für sich. Für das internationale Ansehen erwies sich dies aber als kontraproduktiv, da rasch Anschuldigungen aufkamen, denen zufolge bei der Eroberung der dortigen Militärbasis zwischen 70 und 153 bereits gefangen genommene Soldaten getötet worden sein sollen.

Die MNLA-Rebellen, die als Vertretung eines Tuareg-Nationalismus gelten können, stießen bei ihrem Vormarsch zunächst noch auf Widerstand der malischen Armee. Zugute kam ihnen der Putsch einer Gruppe unzufriedener Soldaten unter Hauptmann Amadou Haya Sanogo am 21./22. März, die eine bessere Ausrüstung forderten und Präsident Amadou Toumani Touré stürzten. Innerhalb der folgenden zehn Tage konnten die Rebellen die beiden größten Städte des Nordens, Gao und Timbuktu, erobern und übernahmen damit de facto die Kontrolle über die gesamte Region. Am 5. April 2012 verkündeten die Tuareg-Rebellen das Ende der Kampfhandlungen, einen Tag später riefen sie die Unabhängigkeit ihres Staates »Azawad« aus.

Trotz Unstimmigkeiten im Bündnis kam es erst Ende Mai zu bewaffneten Auseinandersetzungen zwischen den Tuareg-Rebellen und den islamistischen Gruppen. Aus diesen gingen fast überall die islamistischen Gruppen als Sieger hervor.

Coordination des Mouvements de l'Azawad (CMA)

Im Sommer 2014 gingen mehrere bewaffnete Gruppen in Nordmali ein Bündnis unter dem Namen »Coordination des Mouvements de l'Azawad« (CMA) ein. Dazu gehörte vor allem die bereits genannte MNLA. Die zweite wichtige Gruppe innerhalb der CMA ist der »Haut Conseil pour l'Unité de l'Azawad« (HCUA). Er wurde im Mai 2013 gegründet und hatte vor allem die Unterstützung des Amenokals, des traditionell wichtigsten Führers der Ifoghas-Tuareg. Dessen ältester Sohn Mohamed ag Intalla, nach dem Tod seines Vaters seit Dezember 2014 selbst Amenokal, wurde Generalsekretär des HCUA. Noch im Mai 2013 wurde die Bewegung »Mouvement Islamique de l'Azawad« (MIA), die sich nach der französischen Intervention von Ansar Dine abgespalten hatte, aufgelöst und integrierte sich in den HCUA. Mohamed ag Intalla forderte auch die MNLA und andere Gruppen auf, sich dem HCUA anzuschließen. Dazu kam es jedoch nicht. Vielmehr wurde mit der CMA eine Dachorganisation für die Separatisten gegründet, die fortan die Friedensverhandlungen mit der malischen Regierung führte. Wenn auch widerwillig unterzeichnete diese im Juni 2015 die Übereinkunft von Algier zur Beilegung des Konfliktes. Auch danach kam es immer wieder zu Auseinandersetzungen vor allem mit regierungstreuen Milizen der »Groupe Autodéfense Touareg Imghad et Alliés« (GATIA).

Plateforme d'Alger du 14 juin 2014 (Plateforme)

Zu den weiteren bewaffneten Gruppen im Norden von Mali gehörten die »Ganda Koy« (Herren des Bodens). Diese hatten sich ursprünglich während der Rebellion der 1990er Jahre als Selbstverteidigungsmiliz der Songhay und anderer sesshafter Bevölkerungsgruppen gegen die damaligen Tuareg-Rebellen gegründet und wurden damals für zahlreiche Menschenrechtsverletzungen verantwortlich gemacht. Im Februar 2012 formierte sich die Ganda Koy erneut. Außerdem wurden in einigen Berichten die »Ganda Izo« (Söhne des Landes) genannt, die sich während der Rebellion von 2007 bis 2009 als Nachfolgeorganisation der Ganda Koy gebildet hatten. Ganda Izo rekrutierte sich aber vor allem aus Peul (auch Fulbe/Fulani genannt).

Während Ganda Koy und Ganda Izo hauptsächlich in der Region Gao verankert sind, bildete sich im April 2012 in Timbuktu die »Front de Libération National de l'Azawad« (FLNA) als Selbstverteidigungsmiliz der dortigen arabischen Bevölkerung. Diese drei Gruppen schlossen sich am 21. Juli 2012 mit drei weiteren zur »Coordination des Mouvements et Front Patriotique de Résistance« (CMFPR) zusammen. Allerdings ist so gut wie nichts über ihre Beteiligung in der ersten Kriegsphase bekannt. Berichte über Auseinandersetzungen mit der MNLA gibt es erst ab 2014.

Der ranghöchste Offizier der malischen Armee im Norden, Oberst El Hajj ag Gamou, ging nach der Niederlage der Armee in Kidal nach Niger und gründete Mitte Mai 2012 seine eigene Miliz, die Bewegung »Mouvement Républicain pour la Restaura-

Staatliche und nichtstaatliche Konfliktakteure in Mali

Der Targi und Colonel Major El Hajj ag Gamou im Februar 2013 unter seinen Anhängern, mit denen er auf Seiten der Regierung kämpft.

tion de l'Azawad« (MRRA). Der Targi (Einzahl männlich von Tuareg) El Hajj ag Gamou hatte bereits während der Rebellion von 2007 bis 2009 die malische Armee im Norden kommandiert und auch damals auf die Unterstützung von ihm selbst rekrutierter Milizionäre zurückgegriffen. Die MRRA soll über 300 Kämpfer verfügt haben. Nach einer erneuten Niederlage der malischen Armee gegen die CMA-Rebellen im Mai 2014 in Kidal gründete sich überwiegend aus der Imghad-Gruppe der Tuareg die Miliz »Groupe Autodéfense Touareg Imghad et Alliés« (GATIA). Der im Herbst 2013 zum Brigadegeneral der malischen Armee beförderte El Hajj ag Gamou soll ihr militärischer Führer sein. Die GATIA-Miliz war zunächst nicht in die im Juli 2014 begonnenen Friedensgespräche zwischen Regierung, der CMA und der im Juni 2014 neu formierten Dachorganisation der pro-Regierungsmilizen »Plateforme d'Alger du 14 juin 2014« eingebunden. Sie lieferte sich weiterhin Gefechte mit der CMA, auch wenn sie wenig später der Plateforme beitrat. Darüber hinaus spalteten sich u.a. die CMFPR sowie die FLNA, die sich im Dezember 2012 in »Mouvement Arabe de l'Azawad« (MAA) umbenannt hatte. In den Friedensgesprächen besaßen beide Gruppen jeweils eine Pro-CMA und einen Pro-Plateforme-Fraktion, was die Komplexität der Konfliktbeilegung verdeutlicht.

II. Strukturen und Lebenswelten

Ansar Dine

Mitte Dezember 2011 wurde Ansar Dine (Verteidiger des Glaubens) erstmals erwähnt. Sie wurde von Iyad ag Ghali gegründet. Auch ihr sollen sich wie in der MNLA mehrere hundert Tuareg-Kämpfer angeschlossen haben, darunter Offiziere und Soldaten aus den Armeen Malis und Libyens.

Entgegen den Behauptungen der MNLA soll Ansar Dine 2012 unter anderem in Kidal, Aguelhok, Tinezawaten und Tessalit die Hauptlast der Kämpfe mit der malischen Armee getragen haben. Insbesondere das Tuareg-Zentrum Kidal stand seit der Aufkündigung des Bündnisses mit der MNLA unter der Kontrolle Iyad ag Ghalis. Hier stellte sich jedoch der damalige Amenokal Intallah ag Attaher gegen Iyad und forderte dessen Kämpfer Anfang Juni 2012 zum sofortigen Verlassen der Ansar Dine auf. Dieser Apell wurde allerdings konterkariert, da Intallah ag Attahers Sohn Alghabass ag Intalla der Ansar Dine beitrat.

Am 16. Juni 2012 wies Iyad die von der MNLA ausgerufene Unabhängigkeit Azawads zurück und forderte die Einführung der Scharia in ganz Mali. Vermittler der Afrikanischen Union (AU) hoben dies als bloße nationalistisch-islamistische Forderung hervor, mit der sich die Ansar Dine von den dschihadistischen und nicht national beschränkten Zielen AQIMs positiv unterscheide. Damit verbunden war das Ende 2012 vorgelegte Angebot an Ansar Dine, eine Rolle bei den Verhandlungen über eine politische Lösung der Krise zu spielen.

In der Tat nahm Ansar Dine mehrfach an Gesprächen insbesondere mit Blaise Compaoré, dem damaligen Präsidenten Burkina Fasos, teil, der als Vermittler der westafrikanischen Regionalorganisation ECOWAS agierte. Zu dem zunächst positiveren Image von Ansar Dine dürfte auch die Einschätzung von Human Rights Watch beigetragen haben, dass ihre Kämpfer zahlreiche Maßnahmen ergriffen hätten, um Zivilisten von den verbreiteten Plünderungen, sexueller Gewalt und anderen Übergriffen von MNLA, arabischen Milizen und Kriminellen zu schützen. Negative Schlagzeilen schrieb Ansar Dine aber mit der Zerstörung von Sufi-Schreinen in der Weltkulturerbe-Stadt Timbuktu.

Wegen ihrer Einbindung in die regionalen Vermittlungsgespräche, aber auch wegen ihrer Verortung in der Kidal-Region

Staatliche und nichtstaatliche Konfliktakteure in Mali

Iyad ag Ghali
Iyad ag Ghali, geboren 1958, gehört zu den Ifogha, der wichtigsten Clan-Konföderation von Tuareg in Nordmali. Ende der 1970er Jahre ging er wie viele andere junge, arbeitssuchende Tuareg aufgrund der Folgen der Dürre ins Ausland. In Libyen ließ er sich für die »Islamische Legion« anwerben, mit der Muammar al-Gaddafi seine regionalen Machtansprüche durchsetzen wollte. Iyad kämpfte so zunächst an der Seite der Palästinenser im Libanon. Weitere Kampferfahrung sammelte er Mitte der 1980er Jahre auf libyscher Seite gegen den Tschad.

Bei seiner Rückkehr nach Mali war er zunächst der unangefochtene Anführer der 1990 begonnenen Rebellion. Trotz anfänglicher Erfolge entschied er sich bereits früh für eine Einigung mit der malischen Regierung, sodass andere Tuareg die Rebellion ab 1991 dominierten. In den Folgejahren bekämpfte die von Iyad geführte »Mouvement Populaire de l'Azawad« (MPA) daher vor allem andere Tuareg-Gruppen.

Mit Beendigung des Krieges 1996 wurde Iyad ag Ghali wohl im Rang eines Obersten formal in die malische Armee integriert, füllte diesen Posten aber nie aus und übernahm auch sonst weder in seinem Clan noch in den neuen demokratischen Institutionen ein offizielles Amt.

Ende der 1990er Jahre nahm Iyad an einem Kurs der »Dawa al-Tablighi«, einer aus Pakistan stammenden missionarischen Bewegung teil. Seine weiteren Islamstudien führten ihn u.a. 2002 für einige Zeit an eine Moschee in Saint Denis, einem Vorort von Paris. 2004 verbrachte er sechs Monate in einem Lager der Dawa in Pakistan. Seit 2003 übernahm Iyad einen zunehmend fundamentalistischen Standpunkt, aber keinen dschihadistischen.

2003 wirkte er als Vermittler bei der Freilassung der in der Hand der GSPC in Nordmali befindlichen Geiseln und nahm 2006 an der kurzen Tuareg-Rebellion teil. Wie 1990 schloss er auch diesmal rasch einen Friedensvertrag mit der Regierung und versuchte 2007 erfolglos in der andauernden Rebellion zu vermitteln. Wohl um seinem wachsenden Einfluss entgegenzuwirken, wurde Iyad im November 2007 von Präsident Amadou Toumani Touré zum konsularischen Berater in Djiddah (Saudi-Arabien) ernannt. Von dort wurde er allerdings 2010 ausgewiesen, nachdem er Kontakt mit Dschihadisten aufgenommen haben soll.

Ende 2011 soll sich Iyad ag Ghali vergeblich um die Führung der MNLA beworben haben. Anschließend gründete er mit Ansar Dine seine eigene Rebellengruppe. Seit die Aufständischen im Januar 2013 ihre Gebiete an die vorrückenden französischen und malischen Truppen verloren, operiert Ansar Dine aus dem Untergrund heraus und bekannte sich mehrfach zu Angriffen auf malische und französische Soldaten sowie gegen die VN-Mission MINUSMA. Den malischen Friedensvertrag von 2015 lehnt Iyad ag Ghaly ab. *WS*

kam der Vorstoß der Ansar Dine im Januar 2013, der letztlich zur französischen Intervention führte, etwas überraschend. Eine Folge ihrer dann eintretenden Niederlagen war, dass sich Alghabass ag Intalla von Ansar Dine abspaltete. Mit der Bewegung »Mouvement Islamique de l'Azawad« (MIA) gründete er seine eigene Gruppe und unterstützte die vorrückenden französischen und tschadischen Truppen bei der Eroberung der Stadt Kidal. Bereits im Mai 2013 ging die MIA im von Alghabass Bruder gegründeten HCUA auf.

Nachdem es einige Zeit ruhig um Ansar Dine geworden war, bekannte sich diese verstärkt ab 2015 zu einer Reihe von Anschlägen auf Truppen der Vereinten Nationen und Frankreichs in Nordmali. Im Oktober 2015 wies Iyad ag Ghali den Friedensprozess entschieden zurück und drohte mit der Intensivierung seiner Angriffe. Für den Hinterhalt mit einer Sprengfalle, bei dem die französische Operation »Barkhane« im April 2016 mit drei Soldaten ihren bis dahin größten Einzelverlust erlitt, übernahm Ansar Dine die Verantwortung. Darüber hinaus ist ein Ableger Ansar Dines seit 2015 auch im Süden des Landes, in der Region Sikasso, aktiv, wobei ihr vermeintlicher Anführer Souleymane Keita im März 2016 festgenommen wurde.

Die Befreiungsfront Macina

Bei der »Front de Libération du Macina«, kurz FLM, handelt es sich um eine von mehreren kleineren Gruppen, die Anfang 2015 vermehrt im Zentrum und im Süden Malis durch Anschläge in Erscheinung traten. Die FLM besteht vorrangig aus ethnischen Peul (auch Fulani genannt). Dies ist insofern relevant, als dass die Peul in Mali eine ethnische Minderheit darstellen und dies gezielt als identitätsstiftendes Merkmal genutzt wird. Macina ist eine malische Gemeinde in der Region Mopti, die hauptsächlich von Peul bewohnt wird. Der Name der Gruppe ist eine Anspielung auf ein ehemaliges theokratisches Reich in dieser Region (siehe Beitrag Rink).

Die FLM wurde von Amadou Koufa, einem aus der Region Mopti stammenden radikalen Prediger, gegründet. Er gilt als enger Vertrauter von Iyad ag Ghali, dem Anführer von Ansar Dine. Koufa wird nachgesagt, im Januar 2013 die Offensive in Zentralmali mitgeführt zu haben, die letztlich zur französischen Intervention führte. Ziel der Macina-Gruppe soll die Errichtung eines islamischen Kalifats mit Zentrum in Mopti und die Einführung der Scharia als Rechtssystem in Mali sein.

Ihr Operationsgebiet liegt im Zentrum Malis und erstreckt sich von der Grenze zur Elfenbeinküste sowie Burkina Faso im Osten bis Mauretanien im Westen. Die FLM wird sowohl für mehrere Angriffe auf Dörfer als auch für die gezielte Tötung lokaler Imame verantwortlich gemacht. Wegen ihrer Brutalität wird die FLM gelegentlich mit der nigerianischen Terrorgruppe »Boko Haram« verglichen. Während der Verbleib ihres Anführers ungewiss ist, veröffentlichte die Gruppe im Mai 2016 erstmals ein Propagandavideo, in dem sie sich als »Ansardin Katiba du Macina« bezeichnete und unter anderem ankündigte, gegen die in Mali aktiven Truppen Frankreichs und der USA kämpfen zu wollen. Somit ist fraglich, ob die Kräfte der FLM als eigenständige Gruppe existierten oder nur eine »Brigade« (Katiba) von Ansar Dine sind. *MTB*

Mouvement pour l'Unicité et le Jihad en Afrique de l'Ouest (MUJAO)

Seit wann es die Bewegung MUJAO genau gibt, ist unklar. Einerseits soll sie erst gegen Ende des Jahres 2011 von dem Mauretanier Hamada Ould Mohamed Kheirou (auch el Khairy geschrieben) gegründet worden sein. Andererseits habe sie aber bereits im Oktober 2011 drei europäische Geiseln entführt.

Als sicher gilt, dass es sich bei der MUJAO um eine Abspaltung von AQIM handelt. In ihrer ersten Erklärung behauptet sie

II. Strukturen und Lebenswelten

aber, deswegen nicht in Gegnerschaft zu AQIM zu stehen. Als wahrscheinliche Erklärung für diese Abspaltung wird die Weigerung von AQIM gesehen, ihre Führung für nicht-algerische Kämpfer zu öffnen.

In Berichten taucht auch wiederholt Sultan Ould Badi als wichtiger Anführer der MUJAO auf. Es handelt sich um einen ethnischen Araber aus der Gao-Region. Er soll darüber hinaus ein bekannter Drogenhändler sein.

In den Reihen der MUJAO finden sich allenfalls wenige Tuareg. In Nordmali gehören ihr eher Islamisten aus anderen Bevölkerungsgruppen an. Darüber hinaus ist die MUJAO für gewaltbereite Islamisten aus anderen Ländern Westafrikas attraktiv. Dies wird durch Berichte gestützt, denen zufolge der französische Geheimdienst Waffenlieferungen durch Burkina Faso an die MUJAO-Kämpfer festgestellt hat. 2012 sollen sich auch mehrere hundert Kämpfer der islamistischen Gruppe »Boko Haram«, die seit 2009 in Nigeria Krieg führt, in Nordmali aufgehalten und für die MUJAO oder an ihrer Seite gekämpft haben. Weitergehende, aber kaum zu beweisende Berichte sprechen davon, dass die MUJAO auch von Katar unterstützt wurde.

Im Unterschied zur MNLA und zu Ansar Dine verfolgte die MUJAO eine über Mali hinausreichende Agenda. Zielscheibe war dabei vor allem Algerien: Bereits die Entführung der drei europäischen Geiseln im Oktober 2011 fand in Algerien statt. Im März 2012 übernahm die Bewegung MUJAO die Verantwortung für einen Autobombenanschlag auf das Hauptquartier der Gendarmerie im algerischen Tamanrasset, und Anfang September tötete sie den fünf Monate zuvor entführten algerischen Vize-Konsul in Gao.

Im Juni 2012 vertrieben Kämpfer der MUJAO die MNLA aus Gao. Nach der französischen Intervention verlegte sich die Gruppe vor allem auf kleinere Anschläge gegen französische, malische sowie VN-Truppen und übernahm im Februar 2013 die Verantwortung für den ersten Selbstmordanschlag, der auf einen Checkpoint der malischen Armee in Gao verübt wurde. Im August 2013 fusionierte die MUJAO mit der von Mokhtar Bel Mokhtar (siehe unten) angeführten Gruppe zu »al-Mourabitoun«. Diese übernahm unter anderem für den Anschlag auf das Hotel Radison Blu in der Hauptstadt Bamako am 20. November 2015 die Verantwortung. Allerdings kam es wohl aufgrund der weltweiten Differenz zwischen Al-Qaida und dem sogenannten Islamischen Staat zur Aufspaltung von al-Mourabitoun. Während sich der MUJAO-Kommandeur Adnan Abu Waleed al-Sahrawi im Mai 2015 zum Islamischen Staat bekannte, schwor Mokhtar Bel Mokhtar erneut Al-Qaida die Treue.

Al-Qaida im islamischen Maghreb (AQIM)

Im Gegensatz zu den anderen seit 2012 aktiven Rebellengruppen in Mali handelt es sich bei AQIM (al-Qaida im islamischen Maghreb) um eine bereits länger existierende Organisation. Hervorgegangen ist sie aus dem algerischen Bürgerkrieg, nachdem das dortige Militär den Wahlsieg einer islamistischen Partei im Januar 1992 durch einen Putsch verhindert hatte. AQIM bzw. ihre Vorläuferorganisation, die »Salafistische Gruppe für Predigt und Kampf« (Groupe Salafiste pour la Prédication et le Combat, GSPC), wurde 1998 gegründet, um die wahllose, auch gegen Zivilisten gerichtete Gewalt islamistischer Kämpfer einzudämmen. Die bewaffneten Aktionen der GSPC richteten sich als Folge dieser »Re-Politisierung« in erster Linie gegen die algerischen Sicherheitskräfte. Ihr Operationsgebiet war vor allem der Nordosten Algeriens. Wie und warum sich die GSPC 2002/03 in Südalgerien etablierte, ist bis heute unklar. Spektakulär war aber ihre erste öffentlich wahrgenommene Aktion in der Sahelzone: Zwischen Februar und April 2003 wurden in Südalgerien 32

Ein Bild Osama Bin Ladens klebt auf einem im Januar 2013 aufgenommenen Motorrad in Mopti, etwa 630 km nordöstlich von Bamako.

deutsche, österreichische und schweizerische Touristen entführt und in zwei Gruppen geteilt. Während algerische Sicherheitskräfte die erste Gruppe schon bald befreiten, konnte die zweite nach Nordmali entkommen. Dort wurden die Entführten nach Vermittlung der malischen Regierung und Iyad ag Ghalis im August 2003 freigelassen.

Ein zumindest für die Außenwahrnehmung wichtiger Schritt war die Umbenennung der GSPC in AQIM im Januar 2007. Ihre Aktivitäten von Mauretanien, über Südalgerien, Mali, Niger bis in den Tschad blieben aber beschränkt: Seit der Geiselnahme von 2003 wurden bis Anfang 2011 lediglich 25 Entführungen, Anschläge oder bewaffnete Auseinandersetzungen registriert, die mit der GSPC/AQIM im Zusammenhang standen. Da die meisten Vorfälle Entführungen betrafen, sprachen Beobachter von einer regelrechten Entführungsindustrie. Die Schätzungen über die daraus resultierenden Einnahmen liegen mindestens im zweistelligen Millionenbereich und reichen bis zu 150 Mio. Euro. Auch sonst schien sich AQIM mehr auf illegale und parastaatliche Aktivitäten als auf die gewaltsame Durchsetzung islamistischer Ziele zu konzentrieren. Dabei soll sich AQIM zunächst am Cannabis- und Zigarettenschmuggel und später auch am Kokainhandel beteiligt haben. Strittig ist, ob AQIM selbst ein wesentlicher Akteur im Schmuggelgeschäft war oder ob ihre Rolle eher in der »Besteuerung« der Schmuggler lag.

Im März 2009 trafen sich die beiden damaligen Führer der südlichen AQIM-Einheiten, Mokhtar Bel Mokhtar und Abd al-Hamid Abu Zeid, sowie der in der AQIM-Hierarchie direkt über ihnen stehende Yahia Djouadi. Letzterer wollte zwischen den beiden Rivalen vermitteln und eine Re-Politisierung der Organisation erreichen. Dabei galt Abu Zeid als der ideologiefestere der beiden Anführer, während Bel Mokhtar vor allem mit dem Zigarettenschmuggel in Verbindung gebracht wurde und deswegen den Spitznamen »Marlboro-Pate« trug. Bel Mokhtar war darüber hinaus durch Heiraten mit vier Frauen mit prominenten arabischen und Tuareg-Familien in Nordmali verbunden.

Mali blieb, obwohl ihr Rückzugsort, lange Zeit von AQIM-Aktionen verschont. Dies mag zunächst daran gelegen haben, dass die Entführer von 2003 für die Freilassung ihrer Geiseln neben einer Lösegeldzahlung auch eine relative Immunität auf

Staatliche und nichtstaatliche Konfliktakteure in Mali

malischem Territorium erhalten haben sollen. Dass die malische Regierung AQIM ernsthaft bekämpfte, wurde vielfach bezweifelt. Dies änderte sich ab Mitte 2009: Malische Sicherheitskräfte wurden von AQIM angegriffen und die Zahl der Entführungen auf malischem Territorium stieg an. Auch der Umstand, dass AQIM ihre ursprüngliche Präsenz und ihren Einfluss von der Kidal-Region nach Süden in Städte wie Gao, Djenné und Mopti auszudehnen begann, soll zu einem Umdenken bei den malischen Behörden beigetragen haben.

Die Stärke von AQIM bei Beginn des Krieges in Mali wurde auf 500–800 Kämpfer in und außerhalb Algeriens geschätzt, wobei lediglich ein kleinerer Teil auf den südlichen Ableger entfiel. Die Bedeutung von AQIM im malischen Konflikt lag somit zumindest anfänglich nicht so sehr in ihrer militärischen Stärke. Attraktiv für die anderen Rebellengruppen war die AQIM vor allem durch die aus ihren Entführungen gewonnen finanziellen Mittel. Diese setzte zum Beispiel Bel Mokhtar ein, um im März 2012 in Libyen Waffen zu kaufen.

Entsprechend der im engeren Sinne geringen militärischen Stärke wird AQIM in Berichten über die Entwicklung des Krieges in Nordmali in der Regel immer im Zusammenhang mit Ansar Dine oder MUJAO genannt. Zur »Hochburg« von AQIM wurde dabei bis zur Vertreibung durch die französischen Soldaten im Januar 2013 Timbuktu, wo Abu Zeid die Verantwortung über die dortigen AQIM-Kämpfer hatte. Letzterer wurde im März 2013 bei einem französischen Angriff getötet und offensichtlich als AQIM-Kommandeur im Sahel und der Sahara durch den Algerier Yahia Abu el Hamam alias Djamel Okacha (Akkacha) ersetzt.

Dass Bel Mokhtar nicht nur an kommerziellen Aktivitäten interessiert war, wie in der Vergangenheit vielfach vermutet wurde, verdeutlicht die Geiselnahme auf dem Gasfeld im algerischen In Amenas Mitte Januar 2013. Zudem erklärte er die Gründung einer AQIM-Splittergruppe namens »Al-Muwaqiun bi-l Dam« (Die mit Blut unterzeichnen), wobei nicht auszuschließen ist, dass es sich hierbei mehr um die Bezeichnung einer Kommandoeinheit innerhalb der AQIM handelte. Aus dieser Gruppe ging durch eine Fusion mit der MUJAO im August 2013 al-Mourabitoun hervor, die bis Bel Mokhtars erneutem Bekenntnis zu AQIM im Dezember 2015 Bestand hatte.

II. Strukturen und Lebenswelten

AQIM – Keimzelle des Dschihadismus in Nord- und Westafrika
Dreh- und Angelpunkt der islamistischen Expansion in Mali ist »al-Qaida au Maghreb Islamique« (al-Qaida im islamischen Maghreb, AQIM), die nordafrikanische Filiale von al-Qaida. Sie war Anfang 2016 die schlagkräftigste der in Mali operierenden Dschihad-Gruppen. AQIM ging im Januar 2007 aus der algerischen »Groupe Salafiste pour la Prédication et le Combat« (Salafistische Gruppe für Predigt und Kampf, GSPC) hervor; die Umbenennung machte den Anschluss an al-Qaida offiziell und signalisierte eine Internationalisierung. Gemäß ihren Verlautbarungen will sie ein »islamisches Emirat« im Maghreb errichten und alle »islamfeindlichen Regierungen« sowie westlichen Einflüsse beseitigen.

Die Mitglieder von AQIM sind zum großen Teil Dschihad-Veteranen, die bereits seit 2003 in der Sahara operieren. Der hohe Verfolgungsdruck der algerischen Sicherheitsbehörden hatte ihre zuvor auf Algerien konzentrierten Aktivitäten stark eingeschränkt. In der Folge hatten sich einige Kämpfer im Norden Malis einen sicheren Hafen für ihre Aktivitäten geschaffen. Seither konnten sie hier über wirtschaftliche Gefälligkeiten und Hochzeiten soziale und ökonomische Allianzen aufbauen.

AQIM finanziert sich über Drogen- und Waffenschmuggel sowie durch Lösegelder für entführte Ausländer. Ihr Anführer ist der Algerier Abdulmalik Droukdal. AQIM wird stark von Algeriern dominiert, ihre Mitglieder stammen aber aus allen Staaten der Sahara und der Sahelzone. Die Gruppierung soll Anfang 2012 in Mali über mehrere hundert Kämpfer in vier Brigaden verfügt haben: Tariq bin Ziad (Abd al-Hamid Abu Zeid), Al-Furqan (Yahya Abu al-Hamam), Al-Ansar (Abd-al-Karim al-Targui) und Al-Mulathamin (Mokhtar Bel Mokhtar). AQIMs Struktur nach der französischen Intervention, bei der Abu Zeid im Februar 2013 und al-Targui im Mai 2015 ums Leben kamen, ist nicht bekannt. Al-Hamam soll nach Abu Zeids Tod jedoch zum neuen AQIM-Kommandeur im Sahel-Sahara-Raum ernannt worden sein und AQIM über einige wenige tausend Kämpfer in der Region verfügen.

Bel Mokhtar gründete im Oktober 2012 die eigene Gruppierung »Al-Muwaqiun bil-Dima« (Die mit Blut unterzeichnen). Die Kämpfer seines Bataillons nahm er mit. Anlass für diesen Schritt waren Streitigkeiten mit anderen AQIM-Kommandeuren. Die Gruppe war im Januar 2013 für den Angriff auf die Gasanlage im algerischen In Amenas verantwortlich. Im August 2013 schloss sich Bel Mokhtars Gruppe mit Teilen von MUJAO zu »al-Mourabitoun« zusammen. In der Folge verschwand AQIM praktisch von der Bildfläche. Doch die seitdem verstrichene Zeit hat die Gruppe offenkundig zur strategischen Neuaufstellung genutzt: Seit 2015 ist AQIM zurück und macht durch aggressive Anschläge vorrangig in der Sahelzone von sich reden. Der Anschlag auf das Radisson Blu Hotel in Bamako im November 2015 war eine gemeinsame Operation von AQIM und al-Mourabitoun. Beide Gruppen gaben in diesem Zusammenhang ihren erneuten Zusammenschluss im Kampf gegen die »französischen Kreuzfahrer« bekannt.

AQIM kooperiert weiterhin mit »Ansar Dine« und dem »Front de Libération du Macina« (FLM). Die Gruppen verfolgen teils gemeinsame Ziele und führen zusammen Operationen durch. Sie unterscheiden sich jedoch hinsichtlich

Eine Aufnahme des AQIM-Kommandeurs Mokhtar Bel Mokhtar aus einem Propagandavideo, Dezember 2012.

ihrer nationalen und ethnischen Zusammensetzung sowie ihrer Ideologie. Dennoch sind die Grenzen zwischen den Gruppen fließend. Bis Januar 2013 hielten AQIM und Ansar Dine Timbuktu besetzt. Bel Mokhtars AQIM-Bataillon »al-Mulathamin« kontrollierte die Stadt Gao gemeinsam mit MUJAO. Dabei bemühten sich die Gruppen auch, die Verwaltung der besetzten Gebiete zu gewährleisten, Rechtsprechung und karitative Dienste inklusive. Dies gelang jedoch nur bedingt.

MUJAO ist eine Abspaltung von AQIM. Der Hintergrund für den Bruch sollen interne Streitigkeiten um die Verteilung von Lösegeldern oder mangelnde Aufstiegschancen für Nicht-Algerier innerhalb von AQIM gewesen sein. *FP*

II. Strukturen und Lebenswelten

Externe Staatliche Akteure im Mali-Konflikt

Mali ist Mitglied der westafrikanischen Regionalorganisation ECOWAS, die sich von Anfang an mit dem Konflikt befassen musste. Insbesondere Niger und Burkina Faso spielten hier eine besondere Rolle. Außerhalb der ECOWAS waren vor allem Tschad, Algerien sowie Frankreich in den Konflikt involviert.

Innerhalb der ECOWAS drängte Niger, der östliche Nachbar Malis, am stärksten auf eine militärische Intervention. Dabei dürfte weniger die Befürchtung eine Rolle gespielt haben, dass die Tuareg-Rebellion auch Niger erfassen könnte, wie es bei den Aufständen der 1990er und 2000er Jahre der Fall gewesen war. Niger hat gegenüber den Tuareg eine recht erfolgreiche Integrationspolitik gefunden und seit 2011 sogar einen Targi als Premierminister. Es herrschten aber wohl Bedenken, dass bewaffnete Gruppen aus Nordmali versuchen, Niger als Rückzugsgebiet zu nutzen, oder Niger zum Transitraum für Kämpfer der islamistischen Gruppe »Boko Haram« aus Nordnigeria werden könnte, um sich der MUJAO anzuschließen.

Auf der anderen Seite war Burkina Faso, dem südöstlichen Nachbarn Malis, eher an Verhandlungen gelegen. Im Einklang mit diesem Interesse agierte Burkina Fasos damaliger Präsident Blaise Compaoré für die ECOWAS als Vermittler in Mali. Allerdings wurde Compaoré eine gewisse Parteilichkeit zugunsten der Rebellen in

pa/AP images/Pascal Gyot

Französische und malische Soldaten beim Vormarsch während der Operation »Serval« Anfang 2013.

Nordmali vorgeworfen, was die Gespräche naturgemäß erschwerte.

Zwar stellte die ECOWAS kurz nach der Intervention Frankreichs noch eine eigene militärische Mission auf, an der auch andere afrikanische Staaten beteiligt waren. Insbesondere der Tschad stellte hier ein größeres Truppenkontingent als jedes einzelne ECOWAS-Mitglied. Diese Truppen wurden jedoch im Juli 2013 überwiegend in die VN-Mission MINUSMA übernommen, sodass die ECOWAS als Akteur in Mali an Bedeutung verlor.

Der wichtigste regionale Akteur außerhalb der ECOWAS ist Algerien. Dieses Land ist nicht nur der militärisch stärkste Akteur in der Region, das über die größte Armee und den in absoluten Zahlen höchsten Militäretat verfügt. Über AQIM besteht auch ein direktes Interesse Algeriens an dem Krieg im Norden Malis. Ehe Algerien Mali seit Ende 2011 bei der Bekämpfung von Al-Qaida-nahen Gruppen unterstützte, hatte es der malischen Regierung mehrfach vorgeworfen, nicht effektiv gegen AQIM vorzugehen. Diese verstärkte regionale Zusammenarbeit wurde durch Algeriens Sorge vor einem wachsenden fremden Einfluss in der Region ergänzt. Anfang 2012 war Algerien gegen eine nicht-regionale und gegen jede voreilige Militärintervention. Nach dem französischen Einsatz bemühte sich Algerien vor allem als Vermittler zwischen den in der CMA organisierten Rebellen und der malischen Regierung, um im Norden Malis stabile Verhältnisse herzustellen.

Frankreich befürwortete eine militärische Intervention in Mali dagegen bereits früh. Ein Grund dafür könnte sein, dass Mali nach Senegal und der Elfenbeinküste (Côte d'Ivoire) die drittgrößte Gemeinschaft an französischen Staatsbürgern beherbergt. Dazu kommen für Frankreich allgemeine geopolitische Interessen, die sich nicht zuletzt auch auf die Uranförderung im Nachbarland Niger beziehen (siehe Beitrag Koepf). Die hieraus resultierende generelle Vorbereitung ermöglichte am 11. Januar 2013 den raschen Beginn der Operation »Serval«. Mit der Folgeoperation »Barkhane« verfolgt Frankreich auch nach Abschluss Servals eine eigenständige Politik in Mali.

Wolfgang Schreiber

Eine thailändische Pharmazeutin des Medikamentenhilfswerks »action medeor« in einem Labor in Mali.

Zahlreiche internationale staatliche und nichtstaatliche Organisationen sowie Vertreter einzelner Staaten lassen enorme finanzielle Mittel in das selbst im afrikanischen Vergleich arme Mali fließen. Diese Hilfen machen den Löwenanteil des Staatshaushalts aus und gelangen in Form unterschiedlicher Programme ins Land. Auf diese Weise erhalten viele Malier wenigstens eine medizinische Grundversorgung und ausreichend Nahrung. Andererseits werden Abhängigkeiten erzeugt. Nicht zuletzt haben sich im Laufe der Jahrzehnte Netzwerke zwischen den herrschenden Schichten und den internationalen Gebern gebildet, sodass die Gelder oft ungleich verteilt werden.

Speziell die Abwehr von Anschlägen auf das eigene Staatsgebiet bezwecken die US-Regierungen seit 2001 mit Militärhilfen in Afrika. In diesem Zusammenhang bilden US-amerikanische Soldaten auch malische Streitkräfte aus. Viele Grundannahmen des »Globalen Krieges gegen den Terror« erwiesen sich jedoch in Mali wie in anderen Ländern des Kontinents als fraglich. Eine weitere Herausforderung stellte der malische Militärputsch vom 21./22. März 2012 dar – einer von vier Staatsstreichen, den von den USA unterstützte Streitkräfte der Region ausführten.

Mali als Betätigungsfeld internationaler Akteure: Zwischen Entwicklungshilfe und »Globalem Krieg gegen den Terror«

Im 21. Jahrhundert kann sich keine Weltregion mehr den globalen wirtschaftlichen und politischen Zusammenhängen entziehen. So sind auch in Mali zahlreiche Vertreter internationaler Organisationen und fremder Staaten tätig, die großen Einfluss auf die Lage vor Ort ausüben. Meist wird jedoch ihr Handeln eher durch die Machtverhältnisse und vorherrschenden Annahmen in ihren Herkunftsländern bestimmt. Im Alltag bürgerte es sich der Einfachheit halber ein, meist von Organisationen und Staaten als geschlossen agierenden Einheiten zu sprechen. In der Realität trifft dies jedoch nicht zu. So arbeiten die Vertreter einzelner Staaten in internationalen Organisationen, aber auch verschiedener Ressorts in den jeweiligen Regierungen oftmals eher gegen- als miteinander.

Internationale Organisationen in Mali

Als ein selbst im afrikanischen Vergleich äußerst armes Land erhält Mali seit seiner Unabhängigkeit 1960 umfangreiche Entwicklungshilfen von anderen Staaten und internationalen Organisationen. Diese Mittel tragen einen Großteil des Staatshaushalts und der Wirtschaftsleistung. Durch die aus malischer Perspektive astronomischen Summen erhalten internationale Organisationen ein immenses Maß an informeller Mitbestimmung im Land. Niemand verschenkt jedoch Gelder, ohne nicht auch eigene Interessen damit zu verfolgen. Diese können darin bestehen, sich als großzügiger Geber international zu präsentieren, aber ebenso auch dem Zweck dienen, gezielt Einfluss auf politische Entscheidungen in Mali zu nehmen.

Die Finanzhilfen von Weltbank und Internationalem Währungsfonds (IWF) sollen die Armut in Mali lindern und das Land wirtschaftlich wettbewerbsfähiger machen. Ähnliches gilt für die Hilfen der Europäischen Union (EU). Allerdings handeln die Vertreter aller genannten Organisationen und Staaten meist auf der Grundlage von im Westen entwickelten wirtschaftsliberalen Annahmen. Demnach seien der Binnenmarkt zu öffnen, um den Wohlstand zu mehren, und der im westlichen Vergleich überdimensionierte Staatsapparat zu verkleinern. Hierbei übersehen sie allerdings oft, dass die malische Wirtschaft international wenig wettbewerbsfähig ist. Zudem dient die Versorgung mit staatlichen Ämtern dazu, innenpolitische Gegner ruhig zu stellen. Werden diese wieder entlassen, steigt die Gefahr gewaltsamer Konflikte.

Zu den am meisten beachteten Entwicklungsprojekten der jüngeren Zeit in Mali zählt der von China finanzierte Bau einer dritten Brücke in der Hauptstadt Bamako. Wie bei anderen Projekten, erfolgt die Hilfe jedoch nicht ohne Gegenleistungen, sondern geht etwa mit Folgeaufträgen der malischen Regierung einher.

Unter den Nichtregierungsorganisationen (NROs) sind im Zuge des weiter unten näher besprochenen »Globalen Krieges gegen den Terror« islamisch ausgerichtete Organisationen aus den wohlhabenden arabischen Golfstaaten und Pakistan in den Blick geraten. Deren Vertreter finanzieren Moscheen, Religionsschulen, religiösen Unterricht, aber auch Teile der Infrastruktur wie Einrichtungen der Wasserversorgung. Die oft an der wahabitischen Lehre des sunnitischen Islams ausgerichteten Organisationen versuchen hiermit – wie auch christliche Organisationen – Malier zu ihrer Auslegung des Glaubens zu bekehren.

Mystische Formen des Islam oder gar traditionelle Religionen sollen aufgegeben werden. Allerdings sollte der Einfluss dieser NROs nicht überschätzt werden. Vielmehr bekennen sich viele Malier meist aus der Not heraus zu den Zielen von NROs, um an deren Hilfe zu gelangen.

Im Laufe der Zeit entstanden lokale Netzwerke zwischen malischen Eliten und den internationalen Organisationen, da viele Malier für diese als Mitarbeiter vor Ort tätig sind. Zudem kooperieren die ausländischen Geberinstitutionen zuvorderst mit den international anerkannten Vertretern des Landes, also der Regierung. Diese wird jedoch in der Praxis parlamentarisch nur wenig kontrolliert. Daher erscheinen die internationalen Organisationen vielen Maliern als Komplizen der Gruppen, die den Staatsapparat dominieren. Hieran änderten auch die zahlreichen Wahlen nichts, die maßgeblich mit finanzieller und logistischer Unterstützung der Vereinten Nationen (VN) zustande kamen. Vielmehr verstärkte sich der Eindruck, dass die jeweiligen Regierungen diese vor allem abhalten ließen, um weiter Mittel etwa der EU zu erhalten.

Internationale Bemühungen zur Friedensschaffung in Mali

Von der Unabhängigkeit 1960 bis zur 2012 einsetzenden Krise fanden bereits drei gewaltsame innerstaatliche Konflikte auf malischem Boden statt. Diese endeten jedoch ohne den Einsatz einer Mission der bedeutendsten internationalen Organisation zur Friedenssicherung, der VN. Dennoch waren Unterorganisationen der VN wie das Flüchtlingshilfswerk (UNHCR) und das Entwicklungsprojekt (UNDP) stets im Land tätig. Nach den Kriegen halfen Vertreter der VN zudem bei der Entwaffnung der ehemaligen Kämpfer. Im Jahr 1996 verbrannten VN- und Regierungsvertreter 3000 eingesammelte Waffen der Rebellen öffentlichkeitswirksam in der »Flamme des Friedens«. Seit 2013 führen die VN zudem die »United Nations Multidimensional Integrated Stabilization Mission in Mali« (MINUSMA). Mit einer Stärke von über 10 000 Soldaten, Polizisten und Zivilisten soll sie insbesondere für den Schutz der Bevölkerung, die Umsetzung der Friedensvereinbarungen, eine Ausweitung der Regierungsgewalt und die Stärkung des malischen Sicherheitsapparats sorgen.

Mit Zuspitzung des jüngsten Konfliktes verstärkten auch die Vertreter der EU ihre Aktionen im Bereich der Krisenbewältigung. So erhöhten sie die Hilfen für die Sahel-Region und entsandten 2012 eine Polizeiausbildungsmission in das Nachbarland Niger. Im Januar 2013 beschlossen sie eine »European Union Training Mission Mali« (EUTM Mali), um die malischen Streitkräfte zu stärken Auch die Bundeswehr beteiligt sich seit März 2013 an dieser Mission und übernahm im Juli 2015 mit rund 200 Soldaten eine einjährige Führungsverantwortung. Eine im April 2014 beschlossene »EU Capacity Building Mission in Mali« (EUCAP Sahel Mali) soll die internen Sicherheitskräfte Polizei, Gendarmerie und Nationalgarde zur Kontrolle des malischen Staatsgebiets befähigen.

Fähigkeiten und Erfahrungen mit Einsätzen der ECOWAS-Streitkräfte
Die »Economic Community of West African States« (ECOWAS, frz. CEDEAO) ist eine 1975 gegründete Organisation zur wirtschaftlichen Zusammenarbeit von zurzeit 15 Staaten in Westafrika. Bereits 1981 wurde im Rahmen der Unterzeichnung eines gegenseitigen Beistandspakts über gemeinsame Streitkräfte nachgedacht. Doch erst seit die Region ab Ende der 1980er Jahre zum Schauplatz mehrerer innerstaatlicher Kriege wurde, ist die ECOWAS auch mit einer regionalen Eingreiftruppe in bislang sieben Missionen aktiv geworden: Liberia 1990–1999, Sierra Leone 1997–2000, Guinea-Bissau 1998/99, Liberia 2003, Elfenbeinküste 2003/04, Guinea-Bissau seit 2012 und Mali 2013.

Bei diesen Missionen zeigte sich ein strukturelles Problem der ECOWAS, nämlich die Dominanz Nigerias in der Region. Während Nigeria über knapp 80 000 Soldaten verfügt, umfassen die ivorischen bzw. ghanaischen Streitkräfte als zweit- bzw. drittgrößte nur etwa 25 000 bzw. 15 500 Soldaten. Bei der ersten Intervention in Liberia und der in Sierra Leone wurden jeweils 12 000 bis 15 000 Soldaten eingesetzt, wobei das Gros aus Nigeria stammte. Beide Missionen ergriffen aufgrund der politischen Ziele Nigerias Partei und waren

Mali als Betätigungsfeld internationaler Akteure

trotz ihrer Größe nicht sonderlich erfolgreich. Bei der zweiten Liberia-Intervention wurden noch knapp 4000 Soldaten eingesetzt, die ebenfalls überwiegend aus Nigeria stammten. Die ECOWAS-Truppen wurden allerdings recht bald durch eine VN-Mission ersetzt bzw. in diese integriert. Vom Umfang her wesentlich kleiner waren die beiden Missionen in Guinea-Bissau mit lediglich 600 bzw. 850 und die in der Elfenbeinküste mit etwa 1500 Soldaten. Außer an den Einsätzen in den beiden englischsprachigen Ländern Liberia und Sierra Leone beteiligte sich Nigeria nur noch am zweiten Einsatz in Guinea-Bissau und dem in Mali. Von Letzterem wurden am 1. Juli 2013 über 6000 afrikanische Soldaten in die neue VN-Mission MINUSMA übernommen.

Seit 1999 hat die ECOWAS ihre Aktivitäten in den Bereichen Konfliktbearbeitung, Frieden und Sicherheit stärker formalisiert. Unter anderem richtete sie einen »Mediation and Security Council« ein. Noch nicht vollständig umgesetzt wurde die Aufstellung von Stand-by-Kräften. Dafür beschlossen die Mitgliedsstaaten aber einheitliche Ausbildungsprogramme für diese Einheiten und bestimmten drei Ausbildungsstätten in der Elfenbeinküste, Ghana und Nigeria.

Neben Meinungsunterschieden zwischen den Mitgliedsstaaten im Hinblick auf die Notwendigkeit eines Einsatzes tat sich die ECOWAS im Mali-Konflikt auch deswegen schwer, weil ein legitimer Ansprechpartner fehlte. Nach dem Putsch vom März 2012 wurde zunächst die Mitgliedschaft Malis in der ECOWAS suspendiert und darüber hinaus die Putschregierung mit Sanktionen unter Druck gesetzt. Zwar wurde noch im April mit den Putschisten die Übergabe an eine zivile Regierung vereinbart, doch dauerte Malis innenpolitische Blockade bis September 2012 an. Diskutiert wurde dann über eine ECOWAS-Eingreiftruppe mit 3300 Soldaten, die aber nicht vor dem Herbst 2013 zum Einsatz kommen sollte. Nach der Intervention Frankreichs entsandte aber auch die ECOWAS noch im Januar 2013 Truppen (African-led International Support Mission to Mali, AFISMA). Diesen schlossen sich im März noch über 2000 Soldaten aus dem nicht zur ECOWAS gehörenden Tschad an, die zuvor die französische Intervention unterstützt hatten. Vor allem logistische Engpässe und unzureichende Ausrüstung erschwerten danach einen reibungslosen Übergang von der ECOWAS- zur VN-Mission und legten die Defizite der regionalen Sicherheitsstruktur offen. *WS*

II. Strukturen und Lebenswelten

Die größte der völkerrechtlich den VN untergeordneten Regionalorganisationen des afrikanischen Kontinents ist die Afrikanische Union (AU). Formal in Teilen der EU nachempfunden, soll sie die Staaten Afrikas politisch integrieren, verfügt aber auch über Regeln zur Eindämmung von Krisen. Völkerrechtlich revolutionär ist dabei die Bestimmung in ihrer Satzung, dass bei rein internen Menschenrechtsverletzungen sowie bei Völkermord in einem Mitgliedsstaat eine humanitäre Intervention möglich sein soll. Allerdings wendeten die Vertreter der AU diesen Artikel bisher nie an. Auch sonst blieb die Organisation hinter ihren Erwartungen zurück. So reagierte sie erst recht spät in der sich 2012 zuspitzenden malischen Krise, trug aber zumindest die Beschlüsse des VN-Sicherheitsrats mit.

In erster Linie um die wirtschaftliche Zusammenarbeit der Länder Westafrikas zu verbessern, schlossen sich die Regierungen dieser Region 1975 in der »Economic Community of West African States« (ECOWAS) zusammen. Im Laufe der Zeit immer stärker formalisiert, sieht diese auch vor, Truppenkontingente zur Friedensschaffung in Mitgliedsstaaten zu entsenden, was auch bereits mehrfach geschah (siehe Infokasten). Diese Interventionen wurden vor allem von den Vertretern Nigerias, die häufig die Agenda der ECOWAS dominieren, aber auch der USA und Frankreichs vorangetrieben. Die Repräsentanten Malis positionierten sich bisher meist als Mittler zwischen den Lagern der englischsprachigen und der französischsprachigen ECOWAS-Länder, die sich oft bei anstehenden Entscheidungen bildeten.

Nach dem malischen Putsch vom 21./22. März 2012 befassten sich auch die Vertreter der ECOWAS-Staaten mit der Situation im Land. Um die Lage nicht vollständig eskalieren zu lassen, handelten sie bereits Anfang April mit den Putschisten und deren politischen Gegnern die Bildung einer Übergangsregierung unter Dioncounda Traoré aus. Treibende Kraft waren hierbei die Repräsentanten Burkina Fasos. Damit sollte zwar die Verfassung Malis möglichst rasch wieder in Kraft treten. Gleichzeitig legitimierte die ECOWAS aber auf diese Weise die Putschisten. Diese sorgten dafür, dass sie einflussreich an der Übergangsregierung beteiligt wurden, und verhinderten eine schnelle internationale Intervention. Geschickt nutzte der Anführer der Putschisten, Hauptmann Amadou Sanogo, seine Handlungsspielräume, indem er einerseits mit der ECOWAS kooperierte, andererseits aber öffentlich deren Handlungen als Eingriff in die Souveränität des Landes brandmarkte. Teilen der Bevölkerung schien das Eingreifen der ECOWAS daher auch als Komplizenschaft mit den Putschisten, während andere darin eine unrechtmäßige Einmischung in die inneren Angelegenheiten erblickten.

Mit einem Mandat des VN-Sicherheitsrats ausgestattet, begannen die ECOWAS-Mitgliedsstaaten Anfang 2013, die »African-led International Support Mission to Mali« (AFISMA) aufzustellen. Mit starker französischer und weiterer internationaler Unterstützung, zu der auch die Bundeswehr beitrug, sollten die dort versammelten Kräfte den Norden des Landes wieder unter Regierungskontrolle bringen. Allerdings reichten die militärischen Fähigkeiten der afrikanischen Kontingente hierfür nicht aus und ausländische Geber mussten ihnen materiell und finanziell beistehen. Um ein einheitliches Kommando und Finanzierung aus einem Budget sicherzustellen, wurde die AFISMA zum 1. Juli 2013 zur von der VN geführten MINUSMA umgewandelt.

Togolesische Truppen treffen am 17. Januar 2013 in Bamako unter den Augen eines malischen Soldaten ein. Sie waren Teil der ECOWAS-Mission AFISMA und sollten helfen, den Norden des Landes unter Regierungskontrolle zu bringen.

II. Strukturen und Lebenswelten

Vorannahmen des »Globalen Krieges gegen den Terror«

Wie andere Länder wurde Mali auch zu einem Schauplatz des »Globalen Krieges gegen den Terror«. Nach den Anschlägen von Washington und New York am 11. September 2001 sahen sich die Entscheidungsträger in der US-amerikanischen Regierung unter Präsident George W. Bush noch stärker als zuvor gezwungen, derartige Angriffe in der Zukunft gar nicht erst möglich werden zu lassen. Als Hauptbedrohung nahmen sie den weltweit agierenden »islamistischen Terror« wahr. Dem weltweiten Aktionsradius von Gruppen wie al-Qaida entsprechend, sahen sie es als erforderlich an, der wahrgenommenen Gefahr auch weltweit mit einem »Globalen Krieg gegen den Terror« zu begegnen. Die Administration von Präsident Barack Obama ersetzte diesen Begriff zwar durch den der »Overseas Contingency Operations«, behielt jedoch den Kurs grundsätzlich bei.

Obwohl gerade Regierungen wie die libysche unter Muammar al-Gaddafi international agierende bewaffnete Gruppen unterstützten, nahmen die US-amerikanischen Entscheidungsträger nach dem »11. September« an, dass es vor allem »gescheiterte Staaten« seien, die das Phänomen des »islamistischen Terrors« beförderten. Da sich die entsprechenden Gruppen oft verdeckt bewegten und sich über verbotene Erwerbsweisen mit hohem Ertrag wie Schmuggel finanzierten, sehen US-Behörden seitdem auch eine untrennbare Verbindung zwischen organisierter Kriminalität und »Terror«. Dementsprechend betrachten sie es als erforderlich, die staatliche Ordnung gefährdeter Länder durch Hilfen für deren Sicherheitskräfte zu stützen. Obwohl viele der Täter bei islamistisch motivierten Anschlägen aus wohlhabenderen Verhältnissen etwa der Golfstaaten, stammen, nimmt die US-Seite vor allem die ärmeren Beteiligten wahr. Folgerichtig sieht man auch Entwicklungshilfe als geeignetes Mittel, um dem Terrorismus die Grundlage zu entziehen.

Die wirtschaftlich vergleichsweise armen und oft muslimischen Bevölkerungen sowie die im Vergleich zum Westen weniger gefestigten staatlichen Ordnungen Afrikas stellen vor dem Hintergrund der genannten Annahmen ein großes Potenzial für den »islamistischen Terror« dar. Mit einem an konventionellen Landoperationen geschulten geopolitischen Blick vermuteten die militärischen Verantwortlichen auf US-Seite, dass militante Islamisten aus Afghanistan und nach der Invasion 2003 aus dem Irak über das Horn von Afrika bis in die Sahelzone ausweichen würden. Von hier aus könnten sich diese dann sammeln und zu einem erneuten Angriff gegen den Westen antreten. Auf ähnliche Weise stellen sich auch die Planer in jüngster Zeit die Ausbreitung islamisch legitimierter Gruppen im nord- und westafrikanischen Raum vor.

Der »Globale Krieg gegen den Terror« in Mali

Der Bedrohungs- und Ursachenanalyse im Kampf gegen den »islamistischen Terror« in Afrika entsprechend, begannen die Verantwortlichen in der US-Regierung bereits 2002 u.a. militärische Maßnahmen anzuordnen. Mit Geld und Ausbildungshilfen stärkten sie die Sicherheitsorgane befreundeter afrikanischer Staaten und knüpften hierbei an bereits bestehende Kooperationsvereinbarungen aus den 1990er Jahren an. Bei einem noch weiter zurückgehenden Blick lassen sich sogar Kontinuitäten erkennen, die bis in die Zeit des Kalten Krieges zurückreichen, als die Akteure in Ost und West versuchten, afrikanische Regierungen auf ihre Seite zu ziehen. Jedoch zählten

Im März 2004 bilden US-Spezialkräfte, im Hintergrund sichtbar, malische Soldaten im Wüstenkampf nahe Timbuktu aus. Mit unterschiedlichen zivil-militärischen Programmen intensivierten die USA seit 2002 ihre Unterstützung der malischen Streitkräfte.

II. Strukturen und Lebenswelten

von Anfang an auch humanitäre und entwicklungspolitische Hilfen zum Maßnahmenpaket des »Globalen Krieges gegen den Terror« in Afrika. Konkret erhielten die malischen Streitkräfte nach 2001 US-amerikanische finanzielle, materielle und Ausbildungshilfe. Als bedeutender erwies sich hingegen die im Herbst 2002 begonnene und federführend durch das U.S. Department of State geleitete »Pan-Sahel Initiative« (PSI), an der zudem das U.S. Department of Defense und die United States Agency for International Development (USAID) beteiligt waren. Geografisch umfasste die PSI neben Mali noch Mauretanien, Niger und Tschad. Erweitert um Algerien, Marokko, Nigeria, Senegal und Tunesien wurden hieraus 2004 die »Trans-Sahara Counterterrorism Initiative« (TSCTI) bzw. ein Jahr später die »Trans-Sahara Counterterrorism Partnership« (TSCTP), in die 2009 auch Burkina Faso und 2014 Kamerun aufgenommen wurden.

Mali erhielt von 2005 bis 2008 37 Mio. US-Dollar und zählte damit zu den größten Empfängern der TSCTP-Mittel. Mit dem malischen Putsch vom März 2012 mussten die US-Departments

Senegalesische Fallschirmjäger springen 2005 gemeinsam mit US-amerikanischen Kameraden aus einer MC-130-Talon-Lockheed. Es handelt sich dabei um die Operation »Flintlock«, eine jährliche Übung, an der sich auch die malische Armee beteiligt.

aufgrund eines entsprechenden nationalen Gesetzes, das Hilfen für auf diese Weise ins Amt gelangte Regierungen untersagt, zahlreiche Mittel bis zur Amtseinführung der gewählten Nachfolgeregierung stoppen. Alle bilateralen US-Hilfen zusammengenommen, erhielt Mali in den Jahren 2012 und 2013 jedoch immer noch rund 70 Mio. US-Dollar. Für das Haushaltsjahr 2015 sahen die Mittel der USAID 20,4 Mio. US-Dollar für die Reform des malischen Sicherheitssektors vor. Hiermit soll dieser sowohl demokratischer und liberaler als auch besser ausgestattet werden.

Obwohl die Federführung dem U.S. Department of State obliegt und auch die entwicklungspolitische USAID beteiligt ist, realisiert vor allem das U.S. Department of Defense die einzelnen Programme sowie PSI und TSCTI bzw. TSCTP. Auch stellt das U.S. Department of Defense den mit Abstand größten Anteil der Mittel zur Verfügung. Im Jahr 2008 bemängelte das für die Rechnungsprüfung zuständige U.S. Government Accountability Office, dass sich die einzelnen US-Ministerien nur mangelhaft abstimmen würden und keine übergreifende Strategie existiere.

Die in den Ländern des Sahel-Raumes eingesetzten Truppenteile führte das U.S. European Command (USEUCOM) von Stuttgart aus. 2007 fielen die Kompetenzen an das aus Teilen des USEUCOM am selben Standort neu aufgestellte U.S. Africa Command (USAFRICOM), das nun für den ganzen afrikanischen Kontinent ohne Ägypten zuständig ist. Nur in Dschibuti errichteten die US-Streitkräfte eine ständige Militärbasis in Afrika, in 15 weiteren Ländern des Kontinents, darunter Mali, besitzen sie Nutzungsrechte. Die US-Regierung schloss darüber hinaus im Februar 2013 ein Stationierungsabkommen mit Malis Nachbarland Niger ab, um von dort aus mit Drohnen operieren zu können. Im benachbarten Burkina Faso sollen außerdem technische Aufklärungsmittel stationiert sein.

Die im Rahmen der Ausbildungshilfe eingesetzten Truppenteile der TSCTP agierten zunächst im Rahmen der Operation »Enduring Freedom – Trans Sahara« (OEF-TS) – später umbenannt in Operation »Juniper Shield«. Eine wichtige Rolle spielen dabei Spezialkräfte, denen US-Verteidigungsminister Donald Rumsfeld bereits kurz nach dem 11. September 2001 eine Schlüsselrolle im »Kampf gegen den Terror« zugewiesen hatte. Jedoch mussten sie den malischen Soldaten zuerst infanteristische Grundfertigkeiten beibringen, bis sie auch komplexere Aufgaben wie Zugriffe im Rahmen der Ausbildung vermitteln konnten. Höhepunkt der Ausbildung ist die jährlich in einem der TSCTP-Mitgliedsstaaten stattfindende multinationale Spezialkräfte-Übung Operation »Flintlock«. Ein weiteres Ziel der Ausbildung ist es, die afrikanischen Kooperationspartner dazu zu befähigen, die eigenen Grenzen zu sichern.

Ergebnisse des »Globalen Krieges gegen den Terror« in Mali

Recht einhellig kritisieren Regionalexperten unterschiedlichster Richtungen und selbst ehemalige Nachrichtenoffiziere der US-Streitkräfte die Annahmen und Vorgehensweisen der US-amerikanischen Regierungsvertreter im Rahmen des »Globalen Krieges gegen den Terror« im Sahel-Raum. Hierzu gehört vor allem die nicht überzeugende Gleichsetzung von sich islamisch legitimierenden Gruppen mit international agierenden islamistischen bewaffneten Gruppen, die auch internationale Ziele angreifen.

Vielmehr betonen diejenigen, die sich bereits länger mit dem malischen Konflikt befassen, stets den lokalen Charakter seiner Hauptakteure. Zwar sei nicht zu leugnen, dass auch international tätige Gruppen anwesend und relevant seien, doch werde deren Stärke übertrieben, weil US-Verantwortliche kleinste Hinweise überbetonen oder die prahlerische islamistische Propaganda für bare Münze nehmen würden. Was die Rolle islamischer NROs angehe, so übersähen die US-Behörden, dass viele Malier sich einfach eine entsprechende Rhetorik aneigneten, um von deren Ressourcen zu profitieren – so wie sie dies auch bei westlichen NROs täten, um an deren Hilfeleistungen zu gelangen.

Als fatal bewerten die meisten Kenner der Region ferner die Gleichsetzung von Schmuggel und »Terrorismus«. In der Tat finanzieren sich auch islamistische bewaffnete Gruppen mit illegalem Handel und nutzen die fehlenden Grenzkontrollen, um sich unbehelligt zu bewegen. Allerdings lebt gleichzeitig ein Großteil der Bevölkerung vom Schmuggel, da dieser schlicht den bereits vor der willkürlichen kolonialen Grenzziehung existierenden traditionellen Handel fortführt. Schließlich gebe es aufgrund fehlender Handelsabkommen für die meisten Bewohner dieses Binnenlandes keine Alternative, da die verzollten Waren zu teuer seien. Daher besteht ein großes Risiko, dass dieser Ansatz zu einer sich selbsterfüllenden Prophezeiung wird, indem die von der Grenzüberwachung benachteiligten Bevölkerungsgruppen sich tatsächlich militanten Kräften anschließen.

Auch die grundsätzlich positive Sicht vieler US-Entscheidungsträger auf malische und andere Regierungsvertreter der Region als Partner im »Globalen Krieg gegen den Terror« trifft bei Regionalexperten auf wenig Verständnis. So sind mit Mauretanien, Niger, Mali und Burkina Faso mittlerweile vier von elf TSCTP-Ländern Opfer von Putschen des eigenen zuvor u.a. von den USA ausgebildeten Militärs geworden. Zudem lassen sich staatliche und nicht-staatliche Seiten aufgrund personeller Überschneidungen kaum voneinander unterscheiden. Auch Regierungsvertreter profitieren vom lukrativen Grenzschmuggel und decken ihn daher. Die militärischen Misserfolge der malischen Sicherheitskräfte in jüngster Zeit – wie die fehlgeschlagene Offensive gegen Kidal 2014 – legen nahe, dass auch die seit 2013 intensivierten internationalen Hilfen Kerndefizite malischer Staatlichkeit nicht beheben können.

Die Widersprüche des skizzierten US-Engagements in Mali veranlassen gerade vor Ort viele Menschen dazu, an eine Verschwörung zu glauben. Demnach würden die USA den »Globalen Krieg gegen den Terror« nur als Vorwand nutzen, um insbesondere die Errichtung von eigenen Militärbasen in Afrika zu rechtfertigen. Hierdurch könnten sie China zurückdrängen und direkt auf afrikanisches Öl zugreifen. Da Öl in der Sahelzone wirtschaftlich unbedeutend, der Zugriff auf dieses auch ohne Militär möglich ist und die PSI mit ihren Nachfolgern nur mit vergleichsweise geringen finanziellen Mitteln ausgestattet sind, überzeugt diese Theorie jedoch nicht.

Viel bedeutender scheint es zu sein, dass die Vertreter der einzelnen US-Regierungsinstitutionen am »Globalen Krieg gegen den Terror« beteiligt sein wollen, da sie so ihre eigene Bedeutung und damit auch finanzielle Mittel und Personal erhalten können. So entsprang die PSI der Initiative der Führung des

II. Strukturen und Lebenswelten

Multidimensionale Integrierte Stabilisierungsmission der Vereinten Nationen in Mali

Im April 2013 rief der VN-Sicherheitsrat die »Multidimensionale Integrierte Stabilisierungsmission der Vereinten Nationen in Mali« (MINUSMA) ins Leben (Resolution 2100). Ausgestattet mit einem robusten Mandat, sollte sie bei der Stabilisierung der Ballungsräume und zur Wiederherstellung der staatlichen Autorität im Land helfen. Seit Juni 2015 diente sie zur Überwachung und Unterstützung des Waffenstillstandsabkommens und des Friedensvertrages sowie zum Schutz von Zivilisten. Mit maximal 11 240 einzusetzenden Soldaten war MINUSMA im März 2016 weltweit die viertgrößte laufende VN-Mission. Eine Besonderheit war die von Niederländern, Schweden und Norwegern vorangetriebene Aufstellung einer militärischen nachrichtendienstlichen Abteilung (All Sources Information Fusion Unit, ASIFU), die auch auf Informationen von eigenen unbewaffneten Aufklärungsdrohnen zurückgreifen kann. Trotz dieser von Beobachtern mit Sorge betrachteten Form der »Militarisierung« von VN-Missionen, dient MINUSMA aber nicht der Friedenserzwingung (peace-enforcement).

Die VN übernahmen am 1. Juli 2013 alle Aufgaben der »African-led International Support Mission in Mali« (AFISMA) und somit auch über 6000 afrikanische Soldaten, deren Ausbildung und Ausrüstung aber nicht immer den VN-Standards entsprachen. Vor allem die Integration tschadischer Soldaten wurde international kritisiert, da die VN die tschadische Armee mit der Rekrutierung von Kindersoldaten in Verbindung bringen. Die langsame Aufstellung – Mitte März 2014 besaß MINUSMA nicht einmal 60 Prozent der mandatierten Stärke – sowie das anhaltende Fehlen von ausreichend gepanzerten Fahrzeugen oder Helikoptern erschwerten eine effektive Mandatsumsetzung.

Zu den größten Truppenstellern der im März 2016 über 10 500 eingesetzten militärischen Kräfte gehörten Burkina Faso (1719 Soldaten), Bangladesch (1443) und Tschad (1442). Mit weitem Abstand waren die Niederlande mit 469 Soldaten vor Schweden (222) größter europäischer Truppensteller, wobei MINUSMA im Vergleich zu anderen VN-Missionen aufgrund verschiedenster Interessen eine sehr große europäische Beteiligung besaß. Von den permanenten Mitgliedern des VN-Sicherheitsrates beteiligte sich nur China mit 402 Soldaten signifikant an der Mission. Das einzige malische Nachbarland, dass gar keine Truppen entsendete, war Algerien, das zwar federführend bei der Aushandlung des Friedensvertrages war, seine Streitkräfte jedoch nur innerhalb des eigenen Staatsgebietes einsetzt.

Obwohl MINUSMA eher passive Aufgaben versieht, ist sie mit über 60 Gefallenen (ohne Krankheiten und Unfälle, Stand Juni 2016) ein Konfliktakteur und primäres Angriffsziel von extremistischen Gruppen. Die größte Bedrohung sind Anschläge durch Sprengladungen (IED) und Hinterhalte auf Konvois. Zudem feuern ihre Gegner regelmäßig Mörser und Raketen auf VN-Camps. Aus diesem Grund ist ein großer Teil der MINUSMA-Truppen mit ihrem Eigenschutz beschäftigt, was die Präsenz in der Fläche reduziert. Zudem ist MINUSMA in vielen Bereichen auf Unterstützung der französischen Operation »Barkhane« angewiesen. Kritiker hinterfragen daher den Nutzen der Mission, da ihr sowohl das Material als auch die Fachkräfte zur vollständigen Erfüllung ihres robusten Mandates fehlten. *TK*

Wiederholte Anschläge machen MINUSMA zu einer der gefährlichsten Missionen in der VN-Geschichte.

USEUCOM. Sie erblickte darin offenbar die Möglichkeit, um aus dem Schatten des U.S. Central Command (USCENTCOM) zu springen, das bereits die Einsätze in Afghanistan und im Irak befehligte. Somit ließe sich auch die von Experten in Frage gestellte Auswahl der PSI-Länder erklären. Denn es waren genau jene, die in der regionalen Zuständigkeit des USEUCOM lagen, während das USCENTCOM für die Länder am Horn von Afrika sowie Ägypten und Sudan zuständig war. Die ursprüngliche Auswahl entsprang also offensichtlich nicht einem sachgerechten strategischen Plan, sondern der Verfolgung eigener Ressortinteressen.

Philipp Münch

Bundeskanzlerin Angela Merkel empfängt am 11. Dezember 2013 den neu gewählten malischen Präsidenten Ibrahim Boubacar Keita zu einem Staatsbesuch in Berlin.

Allgemein lassen sich die Beziehungen zwischen der Bundesrepublik Deutschland und Mali als positiv bezeichnen. Unbelastet durch eine koloniale Vergangenheit im Land, erkannte der deutsche Staat als erster die Unabhängigkeit Malis an. Wirtschaftlich ist Mali für Deutschland allerdings recht unbedeutend, woran auch mehrere Handelsabkommen nichts änderten. Deutsche Politik gegenüber Mali war daher in den vergangenen Jahrzehnten vor allem Entwicklungspolitik. Förderlich war hierfür das lange Zeit positive Bild des Landes als (scheinbar) erfolgreiche afrikanische Demokratie. In den 2000er Jahren setzten sich deutsche Entwicklungshilfeorganisationen vor allem zum Ziel, Wasserversorgung und Landwirtschaft, aber auch die Verwaltung Malis zu verbessern. Einschließlich des hohen Anteils an EU-Hilfsgeldern stieg Deutschland bis 2012 zu einem der wichtigsten Geberländer auf. Eine breite parlamentarische Mehrheit unterstützte schließlich 2013 und 2016 die Bundeswehr-Einsätze in Mali.

▰▰▰ Deutsche Politik gegenüber Mali

Die dramatische Entwicklung in Mali 2012/13 fand ein starkes Medienecho in Deutschland. Eine derart große öffentliche Aufmerksamkeit für das westafrikanische Land war ungewöhnlich. Denn die Beziehungen Deutschlands zu Mali sind in historischer Perspektive so wenig intensiv wie zu vielen anderen Ländern Afrikas die, wie Mali, französische Kolonie waren oder zu den ehemaligen britischen oder portugiesischen Kolonien gehören. Seit der französischen Intervention im Januar 2013 steht Mali für die Bundesregierung jedoch ganz oben auf der sicherheitspolitischen Agenda in Afrika. Deutschland leitete seit Sommer 2015 nicht nur für ein Jahr die dortige Ausbildungsmission der EU (EUTM Mali), sondern beschloss vor allem auf Drängen Frankreichs nach stärkerem deutschem Engagement im Januar 2016 auch die Entsendung von bis zu 650 Soldaten für die Mission der Vereinten Nationen in den instabilen Norden des Landes.

Erwähnenswert aus der deutsch-malischen Geschichte ist der Afrikaforscher (Historiker und Linguist) Heinrich Barth, der Westafrika, darunter Mali bereits Mitte des 19. Jahrhunderts bereiste und aus völkerkundlicher Perspektive erforschte. In seinem ehemaligen Wohnhaus in Timbuktu existiert bis heute ein kleines Museum. Die Wertschätzung, die Barth in Mali erfuhr und die dortige vom Kolonialismus unbelastete Vergangenheit Deutschlands bilden die Grundlage für ein gutes Verhältnis nach der Entkolonialisierung.

Im Jahre 1960 erkannte Deutschland Mali als erstes Land völkerrechtlich an, nachdem die Föderation Malis mit dem Senegal gescheitert war. Als unter dem Eindruck der wirtschaftlichen Krise infolge des Ölpreisschocks von 1974 außenwirtschaftliche Ziele in der deutschen Entwicklungspolitik stärker in den Vordergrund rückten, standen auch in den deutsch-malischen Beziehungen Wirtschaftsfragen auf der Agenda. 1977 unterzeichneten die beiden Regierungen einen bilateralen Investitionsförderungsvertrag, der auch den Schutz von Investitionen vorsah. Wirtschaftlich ist Mali für Deutschland aber von sehr geringer Bedeutung geblieben. Die deutschen Exporte lagen 2008 knapp über einem Gesamtwert von 70 Mio. Euro und die Importe aus Mali erreichten nicht einmal zwei Mio. Euro jährlich. Damit erfüllten sich die bereits seit den 1960er Jahren gehegten Erwartungen an intensive Wirtschaftsbeziehungen nicht.

Die einzige Studie, die deutsche Interessen in afrikanischen Ländern untersucht, verfasst 1996 von Stefan Mair, kommt für Mali zu folgendem Ergebnis: Die mittelbaren wirtschaftlichen Interessen Deutschlands werden als »unbedeutend« eingeschätzt, die sicherheitspolitischen als geringfügig, die ökologischen Interessen als »merklich«, und lediglich Werteinteressen (Unterstützung des Vorbildcharakters der malischen Demokratie) lassen sich der zweithöchsten Kategorie zuordnen. Mali war lange Zeit ein Beispiel für das generell schwache und selektive, d.h. vor allem auf Werte konzentrierte Interesse der deutschen Außenpolitik an afrikanischen Staaten, auch um nicht in Konkurrenz zu europäischen Partnern – wie im Falle Malis von Frankreich – zu geraten. Seit 2012/13 ist dagegen wie unten beschrieben das sicherheitspolitische Interesse an Mali dominanter geworden.

Das positive Image Malis

Anfang der 1990er Jahre sagte ein deutscher Diplomat vor Ort im Gespräch mit dem Verfasser, dass Mali ein »verlorenes Bettlerland« sei, »moralisch und wirtschaftlich auf seinem Tiefstand angelangt«. Jahrzehntelang hatten Misswirtschaft, Korruption und eine repressive politische Führung das Land an den Abgrund gebracht. Daher war der demokratische Umschwung 1991 in Mali auch für informierte Beobachter eine Überraschung. Einem Militärputsch von Teilen der Armee folgte keine neue Militärherrschaft, wie viele erwartet hatten. Die Militärs unter Führung von Amadou Toumani Touré begannen, das Land zu demokratisieren und Reformen einzuleiten. Stefanie Hanke bezeichnete Mali 2001 als Land mit »einer exemplarischen Transitionsphase mit vorbildlichem Verfassungsgebungsprozess«. Bis Mitte der 1990er Jahre gelang es auch, den Tuareg-Konflikt vorübergehend zu befrieden und Programme zur Reintegration von Flüchtlingen aufzulegen.

Aus Sicht Deutschlands und anderer Geberstaaten avancierte Mali zu einem demokratischen Erfolgsfall. Das Land galt aus entwicklungspolitischer (und wissenschaftlicher) Sicht als Beispiel für die Vereinbarkeit von Armut und Demokratie. Die positive politische Entwicklung Malis widersprach der allgemein geteilten Annahme, dass die Entstehung von Demokratie unauflösbar mit wirtschaftlicher und sozialer Entwicklung zusammenhängen würde: Erst wirtschaftliche Entwicklung lasse eine Mittelklasse entstehen, die letztlich mehr politische Teilhabe durchsetze. Die politischen Beziehungen verbesserten sich aufgrund der demokratischen Fortschritte spürbar. Der damalige Bundespräsident Johannes Rau besuchte Mali im Jahr 2002 und der malische Präsident Touré erwiderte den Staatsbesuch 2003. Die gegenseitigen Staatsbesuche, die jeweils in sehr guter Atmosphäre stattfanden, führten jeweils zu einer Erhöhung der deutschen Hilfszusagen für Mali, die sich zwischen 40 und 50 Millionen Euro pro Jahr bewegten.

Der damalige Bundespräsident Johannes Rau und der erste frei gewählte malische Staatspräsident Alpha Oumar Konaré stehen am 24. Januar 2002 vor dem Unabhängigkeitsdenkmal in der malischen Hauptstadt Bamako.

II. Strukturen und Lebenswelten

Als Militärberater an der ECOWAS-Peacekeeping Schule »Ecole de Maintien de la Paix ›Alioune Blondin Beye‹« in Bamako

Drei regionale Peacekeeping-Trainingszentren sollen der »Economic Community of West African States« (ECOWAS) helfen, ihre Kapazitäten im Bereich der Friedenserhaltung zu stärken. Bereits im Anfangsstadium unterstützte die Bundesrepublik materiell den Aufbau dieser Schulen – u.a. der in Mali errichteten »Ecole de Maintien de la Paix ›Alioune Blondin Beye‹« (EMP-ABB). Im Juli 2010 entsandte die Bundeswehr zudem einen Militärberater im Dienstgrad Oberstleutnant, um dort als sogenannter Direktor Lehrgänge zu fungieren. Er ist seitdem Teil der Führungsebene der EMP-ABB, die dem malischen Verteidigungsministerium zugeordnet, de facto aber autark handelt.

Lehrgangsteilnehmer der EMP sowie Schulstab mit Verfasser dieses Kurzbeitrages, Helmut Opitz.

Eine der Hauptaufgaben des Direktors Lehrgänge besteht darin, alljährlich die Vergabe der Lehrgangsplätze an die teilnehmenden afrikanischen Staaten und subregionalen Organisationen zu organisieren und zu betreuen. Darüber hinaus pflegt er die Kontakte zu den Lehrgangsbüros aller afrikanischen Staaten sowie zu den vorwiegend aus Westafrika stammenden temporären Ausbildern. Er ist zudem dafür zuständig, alle Angelegenheiten zu koordinieren, die mit Anreise und Aufenthalt der Lehrgangsteilnehmer zusammenhängen. Während meiner Zeit als Direktor Lehrgänge wurden weitere Staaten wie Äthiopien, Mosambik, Namibia und Südafrika zu Lehrgängen eingeladen, was den Stellenwert der EMP-ABB als einziges bilinguales Peacekeeping-Zentrum (Englisch/Französisch) in Afrika untermauert.

Deutsche Politik gegenüber Mali

Deutsche Soldaten sind in Mali gern gesehene Gäste. Das Personal der EMP-ABB nahm den ersten deutschen Offizier daher sehr positiv auf und integrierte ihn in den Schulstab. Insgesamt arbeitete er mit den malischen Offizieren ausgezeichnet und vertrauensvoll zusammen. Viele hatten bereits an den Universitäten der Bundeswehr studiert oder Sprachlehrgänge in Deutschland besucht; der ehemalige Kommandant der EMP-ABB war zuvor malischer Botschafter in Berlin. Die malischen Offiziere setzten daher alle Vorschläge des deutschen Offiziers bei administrativen Angelegenheiten und den entsprechenden Jahresplanungen um. Dies führte u.a. zu Einsparungen im Budget der Schule (ca. 80 000 €), zu einem Anstieg der bilingualen Ausbildung (30 Prozent der Lehrgangsteilnehmer aus anglophonen Ländern 2011) und damit zu einer außerordentlichen Steigerung der Anerkennung und Akzeptanz der Schule auf dem afrikanischen Kontinent. Nach dem Putsch von 2012 kam die Ausbildungstätigkeit bis April 2013 fast zum Erliegen, da Gebernationen die EMP-ABB und die malischen Streitkräfte kurzfristig nicht mehr unterstützten. Mittlerweile wurde der Betrieb aber wieder aufgenommen. *HO*

Das Bundesministerium für wirtschaftliche Zusammenarbeit und Entwicklung (BMZ) stellte 2007 eine deutliche Verbesserung der Menschenrechtslage fest, lobte die »tiefgreifenden politischen und wirtschaftlichen Reformen« und betrachtete das Land als eine »stabile Mehrparteiendemokratie«. Die zuletzt genannte Einschätzung entsprach jedoch keineswegs der Realität, da die politischen Parteien kaum in der Gesellschaft verankert, inhaltlich und ideologisch vage und beliebig waren und im Grunde genommen als Instrumente ambitionierter politischer Führer dienten. Dies gilt auch für das heutige fragmentierte malische Parteiensystem mit seinen rund 130 offiziell registrierten Parteien, von denen über ein Dutzend nach den Wahlen Ende 2013 im Parlament vertreten sind. Die zweifellos positive Entwicklung des Landes Anfang der 1990er Jahre verdeckte somit den Blick auf die fortbestehenden massiven strukturellen Probleme, darunter vor allem die schwache Staatlichkeit. Die Einschätzungen über das Entwicklungspotenzial des Landes erwiesen sich aus heutiger Sicht als zu optimistisch, auch wenn entsprechende Analysen zunehmend realistischer wurden. Letztlich waren es aber vor allem kaum vorhersehbare externe Faktoren, wie der Zerfall Libyens nach dem Sturz Gaddafis und der Einfall gut bewaffneter Tuareg in Allianz mit al-Qaida nahestehenden Gruppen, die zum Zusammenbruch des Landes führten.

Schwerpunkt der Entwicklungszusammenarbeit

Die deutsche Politik gegenüber Mali war über fünf Jahrzehnte in erster Linie Entwicklungspolitik. Infolge der positiven Demokratisierung intensivierte sich die Entwicklungszusammenarbeit in den 1990er Jahren. Im Jahr 2000 wurde Mali zu einem Schwerpunktland der deutschen Entwicklungszusammenarbeit aufgewertet. Dies macht auch das Länderkonzept des BMZ in der Fassung vom Oktober 2007 deutlich. Das BMZ setzte in Abstimmung mit der malischen Entwicklungsstrategie und in Absprache mit anderen Gebern folgende bis heute beibehaltenen Schwerpunkte:
- Verbesserung der Wasserversorgung, Hilfe bei der Abwasserbeseitigung,
- Maßnahmen in der Landwirtschaft zur Steigerung der Produktion, Förderung der ländlichen Entwicklung und
- Dezentralisierung mit dem Ziel der Verbesserung der Kommunalverwaltungen und guten Regierungsführung.

Der Fokus der Unterstützung lag eindeutig auf der Befriedigung von Grundbedürfnissen und auf der Armutsbekämpfung. Einen weiteren Schwerpunkt der deutsch-malischen Entwicklungszusammenarbeit bildete der Bereich Dezentralisierung. Aus Sicht des BMZ bestanden auf malischer Seite vor allem Defizite bei den administrativen Kapazitäten, in zentralistischen Verwaltungsstrukturen mit schwachen Kommunalverwaltungen sowie hinsichtlich der Anzahl qualifizierten Personals. Weil die existierenden ineffizienten Strukturen die Umsetzung der tendenziell positiv bewerteten Reformanstrengungen behinderten, stand die Reform der Kommunalverwaltungen an erster Stelle. Deutschland zahlte in einen kommunalen Investitionsfonds ein und die damaligen Durchführungsorganisationen, die Gesellschaft für Technische Zusammenarbeit (GTZ), der Deutsche Entwicklungsdienst (DED) sowie die Friedrich-Ebert-Stiftung (FES), unterstützten die malischen Ministerien durch umfangreiche Beratungsprogramme.

Neben der Schwerpunktförderung der drei genannten Sektoren unterstützten die deutschen Entwicklungshilfeorganisationen auch Projekte zur Einkommenssteigerung durch Kleinkredite und zum Ressourcen- und Umweltschutz. Weiterhin förderte das BMZ die Arbeit von zahlreichen Nichtregierungs- und Durchführungsorganisationen, die zum einen Programme und Projekte in den Schwerpunktbereichen der staatlichen Entwicklungszusammenarbeit realisierten. Zum anderen waren sie im Bildungsbereich und bei Maßnahmen zur Bekämpfung der Genitalverstümmelung von Frauen aktiv.

Aus deutscher und internationaler Perspektive galt das »Programm Mali-Nord« als besonders erfolgreich, ja geradezu als Modell gelungener Konfliktbearbeitung. Mali-Nord war zwischen 1994 und 2010 ein großangelegtes Hilfs- und Entwicklungsprogramm für den aufgrund der Autonomiebestrebungen der Tuareg als instabil geltenden Norden (siehe Beitrag Klute/Lecocq). Bisher finanzierten und trugen das Projekt die GTZ (bzw. die heutige GIZ, Gesellschaft für internationale Zusammenarbeit) und phasenweise vor allem UNHCR und ECHO. Im Jahr 1995 gelang es unter Beteiligung des Programmverantwortlichen, Henner Papendiek, den Konflikt der verfeindeten

Der frühere Entwicklungsminister Dirk Niebel am 9. August 2012 im Gepräch mit dem damaligen malischen Premierminister Cheick Modibo Diarra.

II. Strukturen und Lebenswelten

Die Bundeswehr in Mali

Wenig bekannt ist, dass sich die Bundeswehr schon seit relativ langer Zeit in Mali engagiert. 1982 schlossen die Vertreter der Bundesregierung und Malis ein Abkommen über die Ausbildung der malischen Streitkräfte. Bereits seit Anfang der 1960er Jahre leistet die Bundesrepublik für Streitkräfte befreundeter Staaten militärische Ausbildungs- und Ausstattungshilfe. Federführung und Finanzierung obliegen dabei dem Auswärtigen Amt, während Beratergruppen der Bundeswehr die Hilfe vor Ort umsetzen. Die damalige Ausbildungshilfe ist im Zusammenhang mit dem Kalten Krieg zu sehen, in dem beide Blöcke um die afrikanischen Staaten warben.

In den 2000er Jahren unterstützte die Bundeswehr die malischen Streitkräfte auf vielfache Weise. Hierzu gehörte seit 2005 insbesondere Hilfe bei der Aufstellung einer Pionierkompanie. Gemessen an den Verhältnissen im Land gestaltete sich die Arbeit der deutschen Militärberater nach einigen Anlaufschwierigkeiten relativ unproblematisch. Nach Recherchen der Deutschen Welle beziffern sich die Gesamtkosten der Bundeswehr-Hilfe zwischen 2005 und 2012 auf 37 Mio. Euro. Mit dem Militärputsch vom 21./22. März 2012 beendete die Bundeswehr ihre Unterstützung vorerst, nahm sie jedoch mit der »European Union Training Mission Mali« (EUTM Mali) rund ein Jahr später wieder auf. Im Dezember 2014 unterzeichnete die Bundesregierung ein Abkommen, auf dessen Grundlage die Ausstattungshilfe bis ins Jahr 2016 fortgeführt wird. Mit zunächst zwei, ab Juli 2016 mit vier Beratern, soll sie unter anderem dazu dienen, malische Pionierkräfte auszustatten, und verfügt über ein Volumen von 3,15 Mio. Euro. Soldaten des Kommando Spezialkräfte (KSK) beteiligen sich zudem an der jährlich in Afrika stattfindenden US-Operation »Flintlock«. Hierbei bilden US-amerikanische und verbündete Spezialkräfte neben anderen afrikanischen Soldaten auch solche aus Mali aus (siehe Beitrag Münch). Seit 2010 befindet sich zudem ein deutscher Stabsoffizier an der Peacekeeping-Schule der ECOWAS in Bamako (siehe Informationskasten auf S. 194 f.). In einer Antwort auf eine Anfrage der Bundestagsfraktion von Bündnis 90/Die Grünen gab die Bundesregierung an, dass zwischen 2007 und 2010 innerhalb Deutschlands insgesamt 60 malische Soldaten ihre Ausbildung an den Akademien, Schulen und Universitäten der Bundeswehr abschlossen. Sie erwarben dabei vor allem Kenntnisse im Bereich der Pioniertruppe und Logistik, wurden aber u.a. auch an der Führungsakademie der Bundeswehr im Internationalen Generalstabslehrgang ausgebildet.

Neben der genannten Unterstützung beim Aufstellen einer Pionierkompanie betrieben deutsche Soldaten im Rahmen der EUTM Mali seit Frühjahr 2013 ein von ihnen miterrichtetes Luftlanderettungszentrum in Koulikoro. Außerdem bildeten sie malische Soldaten aus und stellen Personal für das Hauptquartier der EUTM. Im Juli 2015 übernahm Deutschland durch die Entsendung eines Brigadegenerals zudem die einjährige Führungsverantwortung der Mission. Die deutsche Luftwaffe unterstützte 2013 die »African-led International Support Mission to Mali« (AFISMA) der ECOWAS, indem sie Teile ihres Lufttransportes aus den Nachbarländern und innerhalb Malis übernahm. In diesem Rahmen betankte sie auch französische Militärflugzeuge in der Luft. An der im Sommer 2013 aufgestellten »Multidimensionalen Integrierten Stabilisierungsmission der Vereinten Nationen in Mali« (MINUSMA) beteiligte sich die Bundeswehr zunächst mit einigen Stabsoffizieren. Anfang 2016 beschloss der Bundestag die Entsendung von bis zu 650 bewaffneten Soldaten, unter anderem Aufklärer und Objektschützer, nach Gao in den Norden von Mali. Hierfür wird auch der Flughafen in Niamey, der Hauptstadt des Niger, als logistischer Umschlagsplatz genutzt.

PM

Bundespräsident Joachim Gauck besuchte im Februar 2016 deutsche Soldaten im Trainingscamp in Koulikoro.

pa/dpa/Wolfgang Kumm

ethnischen Gruppen im Norden am Runden Tisch zu schlichten und Flüchtlinge in ihre Heimat zurückzuführen. Das erneute Aufflammen des Tuareg-Konfliktes Mitte der 2000er Jahre und 2012 ließ sich jedoch kaum verhindern, da klare Entwicklungsfortschritte in den betreffenden Regionen ausblieben und einzelne Tuareg-Fraktionen mit militanten Gruppen von Tuareg in den Nachbarländern kooperierten. Der grenzüberschreitende Aspekt der Konflikte wurde damals zu wenig beachtet.

Deutschland ist traditionell einer der wichtigsten Geberstaaten von Entwicklungsleistungen für das westafrikanische Land. Das Auswärtige Amt gibt an, dass Mali zwischen 1960 und 2010 einen Gesamtbetrag von 1,1 Mrd. Euro erhielt. Nach Angaben der OECD befand sich Deutschland 2013/14 mit rund 70 Mio. US-Dollar auf Platz sechs der bi- und multilateralen Geber. Damit lag Deutschland jedoch deutlich hinter den USA (162 Mio.) und Frankreich (102 Mio.). Zur deutschen Hilfe kann aber noch der deutsche Anteil von ca. 25 Prozent an den relativ hohen EU-Mitteln von insgesamt 302 Mio. US-Dollar für das Land pro Jahr hinzugerechnet werden. Die Mittel der ausländischen Geber, die 2006 ca. zwei Drittel des Staatshaushaltes ausmachten, flossen vor allem in die Bereiche Bildungs- und Ausbildungsförderung sowie in den Gesundheitssektor.

Wiederaufnahme der Entwicklungszusammenarbeit und Ausweitung des Bundeswehreinsatzes

Im März 2012 setzte das BMZ aus Protest gegen den Militärputsch in Mali die Zusammenarbeit aus und stellte alle Projektzahlungen ein. Allerdings liefen zahlreiche Programme von den Durchführungs- und nichtstaatlichen Hilfsorganisationen vor Ort weiter. Dazu gehörten Vorhaben in den Bereichen Wasserversorgung, lokale Regierungsführung (Dezentralisierung) sowie Bildung und Gesundheit (Aids-Prävention).

Nach den Wahlen von 2013 nahm Deutschland die Entwicklungskooperation jedoch wieder auf. Allein die GIZ beziffert das Finanzvolumen für (zum Teil) mehrjährige Projekte auf ca.

100 Mio. Euro. Der größte Anteil fließt in den Bereich Staat und Zivilgesellschaft, vor allem in ein großangelegtes Dezentralisierungsprogramm. Es folgen die Mittel für landwirtschaftliche Projekte. Relativ bescheiden ist der Anteil für den Bereich Krisenprävention und Konfliktlösung, Frieden und Sicherheit. Über das Auswärtige Amt wurden lediglich der Nationale Versöhnungsprozess und vor dem Hintergrund der zwischen 2013 und 2016 in Westafrika herrschenden Ebola-Epidemie eine Maßnahme zur Biosicherheit (Diagnostik) unterstützt.

Im Unterschied zu den letzten Jahrzehnten ist seit 2013 die Sicherheitspolitik neben die dominierende Entwicklungszusammenarbeit getreten. Laut der Frankfurter Allgemeinen Zeitung vom 28. Juli 2015 scheint es so, als ob Mali zu einem »Musterbeispiel deutscher Sicherheitspolitik« in Afrika werden soll. Bereits in den 2014 beschlossenen Afrikapolitischen Leitlinien der Bundesregierung wird Mali ausdrücklich genannt und erklärt: »So wollen wir im Sahel/Mali unser Engagement im EU- und VN-Rahmen zur Sicherheitssektorreform und der Ausbildung von Sicherheitskräften vertiefen, den Versöhnungsprozess weiter aktiv unterstützen und in der Entwicklungszusammenarbeit den bestehenden landesweiten Schwerpunkt ›Dezentralisierung und gute Regierungsführung‹ ausbauen, um über die Unterstützung der demokratisch legitimierten Gebietskörperschaften Versöhnungsprozesse auch im Norden Malis zu stärken.«

Über die Bundeswehr unterstützte die Bundesregierung den Einsatz französischer Truppen, die seit Januar 2013 erfolgreich die islamistischen Kämpfer und mit ihnen verbündete Tuareg zurückdrängten, logistisch. Die deutsche Regierung betonte, dass sie den französischen Militäreinsatz als völkerrechtskonform betrachte, da die malische Regierung um Hilfe gebeten habe und die Vereinten Nationen (VN) wie auch andere Organisationen den Einsatz billigten. Für die deutsche Beteiligung an der Konfliktlösung waren im Februar 2013 zwei Bundestagsmandate erforderlich. Zum einen stimmte der Bundestag über die Beteiligung an einer EU-Ausbildungsmission für die malische Armee ab, zum anderen über den Einsatz von Transportflugzeugen, um afrikanische Truppen zu befördern und französische Kampfflugzeuge zu betanken. Bis Anfang 2016 wurde dieses militärische Engagement erheblich ausgeweitet: Seit Juli 2015 führte Deutschland die

II. Strukturen und Lebenswelten

EU-Ausbildungsmission (EUTM Mali) für ein Jahr und stellte zugleich den Leiter der zivilen »European Union Capacity Building Mission« (EUCAP Sahel Mali). Im Januar 2016 beschloss die Bundesregierung das deutsche Kontingent für die mit einem robusten Mandat ausgestatteten »Multidimensionalen Integrierten Stabilisierungsmission der Vereinten Nationen in Mali« (MINUSMA), die im instabilen Norden des Landes stationiert ist, auf maximal 650 Soldaten zu erhöhen. Eine deutliche Mehrheit von 503 Abgeordneten aus CDU, SPD und Bündnis 90/Die Grünen stimmte für die Ausweitung, 66 Abgeordnete (58 aus der Fraktion Die Linke und acht der SPD-Fraktion) votierten dagegen. Die Mali-Reisen von Bundespräsident Joachim Gauck im Februar und der Verteidigungsministerin Ursula von der Leyen im April 2016 bekräftigen dieses politische und militärische Engagement.

Die eindeutige Positionierung der Bundesregierung und die breite Zustimmung des Bundestages sind auch als Signal an die EU-Partner, insbesondere Frankreich, zu verstehen, die 2011 Deutschlands Zurückhaltung im Falle der NATO-Libyen-Intervention und 2014 die deutsche Nichtbeteiligung mit Bodentruppen an der EU-Mission in der Zentralafrikanischen Republik

Ein Malier begrüßt den damaligen Bundespräsident Johannes Rau bei seinem Besuch in Timbuktu am 26. Januar 2002. Romantisierte Vorstellungen von Mali in Deutschland werden durchaus von der örtlichen Bevölkerung aufgenommen.

kritisiert hatten. Angesichts des hohen Risikos in Kämpfe verwickelt oder Ziel von Anschlägen zu werden, überraschte aber die wenig kontroverse öffentliche Diskussion am Mali-Einsatz. Erklären lässt sich dies möglicherweise damit, dass Bundeswehreinsätze zur Routine geworden sind, aber sicherlich auch mit den Anschlägen von Paris und Brüssel Ende 2015 bzw. Anfang 2016. Hinzu kommt die Befürchtung, dass langfristige Instabilität in Mali zu einem Anstieg der Flüchtlingszahlen dieses Transit- und Ursprungslandes in die Nachbarstaaten oder sogar bis nach Europa führen könnte, wie der SPD-Abgeordnete Josip Juratovic in der Bundestagsdebatte vom 26. Februar 2016 argumentierte.

Bei der Gefährdungslage für die deutschen Soldaten im Norden des Landes sind Anschläge zu erwarten, die sicherlich die innenpolitische Debatte um den Einsatz beleben werden. Es bleibt daher abzuwarten, ob und inwieweit sich Deutschland dauerhaft in Mali engagieren wird. Von Bedeutung für den weiteren politischen und wirtschaftlichen Fortschritt Malis könnte die Umsetzung des europäischen regionalen Aktionsplans für die Sahelzone 2015–2020 sein, da die Stabilität des Landes auch von überregionalen Entwicklungen abhängt. Unklar ist, ob das Mitte 2015 unterzeichnete Friedensabkommen für Mali umgesetzt wird. Der unter maßgeblicher Beteiligung Algeriens zustanden gekommene Friedensvertrag sieht zwar unter anderem größere Autonomie für die Bevölkerung im Norden des Landes und Dezentralisierung vor, doch bedarf es auch einer Verbesserung der sozialen und ökonomischen Situation. Derweil hat sich trotz des Abkommens die Sicherheitslage nur wenig verbessert, da es weiterhin zu Anschlägen und Gewalt kommt.

Siegmar Schmidt

Unverkennbar steht Frankreichs Afrikapolitik in Zusammenhang mit der eigenen Kolonialgeschichte auf diesem Kontinent. Denn auch nach der Unabhängigkeit dieser Länder versuchten die französischen Außenpolitiker, ihren dortigen Einfluss zu bewahren. Sie bezogen hierbei die ehemaligen belgischen Kolonien ein, mit denen sie die gemeinsame Amtssprache verbindet. Auch nachdem die anfangs noch bestehende wirtschaftliche und politische Bedeutung der ehemaligen afrikanischen Kolonien für Frankreich abgenommen hatte, verlief die französische Afrikapolitik in ähnlichen Bahnen. Die Verantwortlichen begründeten nun ihre Politik auf andere Weise mit humanitären Krisen oder zuletzt vor allem mit dem »Krieg gegen den Terror«. Auch versuchten sie, ihr Vorgehen multilateral einzubinden, indem sie mit der Europäischen Union, den Vereinten Nationen oder den afrikanischen Regionalorganisationen kooperierten. Da sie hierbei in der Regel mit der jeweiligen Regierung zusammenarbeiteten, stützten sie dadurch – auch wenn mitunter nicht beabsichtigt – die meist nichtdemokratischen Regime vor Ort. In seiner ehemaligen Kolonie Mali griff Frankreich 2013 zwar sehr verzögert und daher unerwartet ein, bestätigte hierbei jedoch nur, dass seine bisherige Politik fortlebt.

Die neue besondere Stellung Malis in der französischen Außenpolitik wird durch die Teilnahme des malischen Präsidenten Ibrahim Boubacar Keita (IBK) an der Trauerfeier nach dem Angriff auf die französische Satirezeitschrift Charlie Hebdo im Januar 2015 deutlich, bei der IBK zusammen mit der deutschen Bundeskanzlerin Angela Merkel den französischen Staatspräsidenten François Hollande flankierte.

Frankreichs Politik in Mali

Am 11. Januar 2013 entsandte der französische Präsident François Hollande Truppen nach Mali. Die Operation »Serval«, wie sie das französische Militär taufte, war zunächst lediglich als Noteinsatz gedacht, um den Vorstoß einer Allianz verschiedener radikal-islamistischer Gruppierungen in den Süden des Landes zu verhindern. Diese Gruppen hatten nach einem Militärputsch im März 2012, der zu einem Machtvakuum im Norden Malis geführt hatte, die Kontrolle über den nördlichen Landesteil übernommen. Relativ schnell weitete Frankreich den Militäreinsatz jedoch aus und begann gemeinsam mit der malischen Armee und Soldaten einiger afrikanischer Staaten eine Offensive, um die Islamisten aus dem Norden Malis zu vertreiben.

Das erneute Eingreifen Frankreichs in einer seiner ehemaligen afrikanischen Kolonien hat die Frage nach den Zielen aufgeworfen, die Frankreich in Mali verfolgt. Dieser Beitrag versucht zu verdeutlichen, warum Paris in Mali militärisch aktiv wurde und warum es den Weg einer losen Kooperation mit afrikanischen Akteuren statt eines multilateralen Einsatzes im Rahmen der Europäischen Union (EU) wählte.

Frankreichs militärisches Engagement in Afrika seit Anfang des 21. Jahrhunderts

Frankreich ist seit der Jahrtausendwende auf dem afrikanischen Kontinent militärisch aktiver als je zuvor. Insgesamt neun Mal – ohne die Einsätze in Mali, auf die unten gesondert eingegangen wird – entsandte Paris seit 2002 Soldaten in afrikanische Staaten. Dazu gehörten von 2002 bis 2015 die Operation »Licorne« in der Elfenbeinküste (Côte d'Ivoire) sowie die Beteiligung großer französischer Truppenkontingente an von der EU durchgeführten Militäreinsätzen in der Demokratischen Republik (DR) Kongo (2003 und 2006) (siehe Wegweiser zur Geschichte – Kongo), im Tschad beziehungsweise der Zentralafrikanischen Republik (ZAR, 2008/09) und vor der Küste Somalias (seit 2008). Letztere

Operation wird seit 2010 durch eine EU-Trainingsmission (European Union Training Mission Somalia, EUTM Somalia) ergänzt. Beratungsfunktionen bei der Ausbildung und Umstrukturierung der lokalen Sicherheitskräfte stehen seit 2015 nach Abschluss der EU-Operation EUFOR RCA (2014/15) bei einer kleinen EU-Mission (EUMAM RCA) in der ZAR im Mittelpunkt, die ebenfalls zu einem Teil aus französischen Soldaten bestand. 2013 intervenierte Frankreich zudem im Rahmen der Operation »Sangaris« unilateral in der ZAR.

In diesem Zusammenhang lassen sich drei Trends identifizieren, welche die französische Politik der letzten Jahre charakterisieren. Diese Trends betreffen die Regionen, in denen Frankreich vor allem militärisch aktiv wird, die Ziele, denen das französische Engagement folgt, sowie die Art und Weise wie, d.h. mit welchen Partnern, Frankreich interveniert.

Historische Pfadabhängigkeit

In Bezug auf seine geografische Ausrichtung folgt das militärische Engagement Frankreichs in Afrika einer starken historischen Pfadabhängigkeit. Mit Ausnahme Somalias liegen alle Staaten, in die Paris seit 2002 Soldaten entsandt hat, im französischsprachigen Teil des Kontinents. Sie sind entweder ehemalige französische Kolonien (Elfenbeinküste, Tschad, ZAR) oder wie die DR Kongo Staaten, die aus dem belgischen Kolonialreich hervorgingen und in denen Frankreich nach dem Rückzug Belgiens aus Afrika die Rolle einer postkolonialen Schutzmacht übernahm. In seinem sogenannten französischsprachigen Hinterhof (pré carré) intervenierte Frankreich zwischen der Unabhängigkeit der afrikanischen Staaten im Jahre 1960 und Mitte der 1990er Jahre mit großer Regelmäßigkeit militärisch, was ihm den zweifelhaften Spitznamen des »Gendarmen Afrikas« einbrachte. Die Gründe für diesen fortwährenden Fokus des französischen Interventionismus auf das französischsprachige Afrika sind vielfältig. Erstens pflegt die französische Regierung zu den meisten Staaten des pré-carré weiterhin enge Beziehungen. Zwar verliert die Region schon seit den 1980er Jahren stetig an ökonomischer und strategischer Bedeutung für Frankreich. Dennoch haben die

Frankreichs Politik in Mali

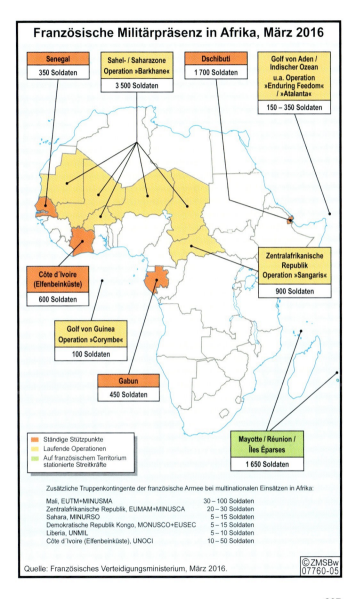

französischen Entscheidungsträger aufgrund der geschichtlichen Bande zu den dortigen Staaten weiterhin ein starkes Verantwortungsgefühl für die Geschehnisse in der Region. Zweitens ist auch der innenpolitische Druck auf ein Handeln Frankreichs nicht zu unterschätzen. Frankreich beherbergt bis heute große Gemeinschaften aus den Staaten der Region, die sich immer wieder lautstark Gehör verschaffen. Aus diesem Grund ist auch die öffentliche Debatte in Frankreich weitaus sensibler für Krisensituationen in den entsprechenden Staaten, als dies für Teile des afrikanischen Kontinents bzw. Weltregionen gilt.

Einen entscheidenden Beitrag dazu, dass Frankreich in den französischsprachigen Staaten Afrikas wesentlich schneller zu einem militärischen Eingreifen neigt als anderswo, trägt drittens das Vorhandensein einer militärischen Infrastruktur bei. Diese erlaubt es Paris, Militäreinsätze in dieser Region schneller zu initiieren als anderswo. Bis heute unterhält Frankreich dort mehrere ständige Militärbasen. Die wichtigsten Stützpunkte befinden sich in Djibouti am Horn von Afrika (1700 Soldaten, Stand Anfang 2016) sowie im zentralafrikanischen Staat Gabun (450 Soldaten). Der Stützpunkt im Senegal wurde zwar 2010 offiziell geschlossen, Paris unterhält hier jedoch weiterhin ein

Der damalige französische Präsident Jacques Chirac und sein malischer Amtskollege Amadou Toumani Touré auf dem 23. Afrika-Frankreich-Giptel in Bamako im Dezember 2005.

Kontingent von 350 Soldaten, das vor allem die Ausbildung afrikanischer Soldaten übernimmt. Zu der ständigen französischen Militärpräsenz in Afrika hinzu kam Anfang 2015 eine neu eingerichtete Militärbasis in der Elfenbeinküste, die aus der im selben Jahr beendeten Militäroperation »Licorne« hervorging und auf der Anfang 2016 600 Soldaten stationiert waren. Bis zu ihrer Eingliederung in die neu geschaffene Operation »Barkhane« (siehe Kasten) im Jahr 2014 übernahm die langfristig angelegte Militäroperation »Epervier« im Tschad (ab 1986, ca. 950 Soldaten) faktisch die Aufgabe eines zusätzlichen Stützpunktes.

Veränderte Motive

Mit Blick auf die Motivationsgründe für Frankreichs militärisches Engagement in Afrika werden dagegen deutliche Veränderungen gegenüber der traditionellen französischen Politik sichtbar. Frankreichs Politik in Afrika folgte lange Zeit einer speziellen Agenda und sollte durch die systematische Stabilisierung befreundeter Regime zur Aufrechterhaltung einer exklusiven französischen Einflusszone auf dem Kontinent beitragen. Durch die umstrittene Rolle Frankreichs angesichts des Völkermordes in Ruanda im Jahre 1994 wurde diese Politik jedoch obsolet. Frankreich war zwar nicht direkt in den Völkermord involviert. Im Vorfeld hatte Paris jedoch das ruandische Hutu-Regime politisch und militärisch unterstützt, dessen Milizen maßgeblich für den Völkermord verantwortlich waren. Daher sah sich die französische Politik mit dem Vorwurf der Komplizenschaft mit den Völkermördern konfrontiert, was die französischen Entscheidungsträger dazu brachte, das Engagement Frankreichs in Afrika grundlegend zu überdenken. Seitdem hat sich das militärische Engagement Frankreichs in Afrika südlich der Sahara größtenteils »normalisiert«. Konkret bedeutet dies, dass Frankreich zwar weiterhin ein militärisches Eingreifen in afrikanischen Konflikten als legitimes Mittel der Politik ansieht. Dabei unterliegen die Beweggründe für Interventionen auf dem Kontinent jedoch nicht mehr wie früher einer besonderen Logik, sondern ähneln stärker denjenigen französischer Militäreinsätze in anderen Weltregionen.

II. Strukturen und Lebenswelten

Bei den Einsätzen in der Elfenbeinküste sowie bei den EU-Operationen in der DR Kongo, im Tschad und in der ZAR standen bzw. stehen demnach vor allem humanitäre Erwägungen bzw. das Ziel der langfristigen Friedenserhaltung durch die militärische Absicherung laufender Friedensprozesse im Vordergrund. In Somalia war der Hauptgrund für ein militärisches Eingreifen der Kampf gegen »neue« vom Kontinent ausgehende Risiken, welche die Sicherheit Frankreichs bedrohen könnten. Im Mittelpunkt stand zunächst der Wille, die Gefahr der Piraterie für den Handelsschiffsverkehr vor der somalischen Küste einzudämmen. Vermehrt geriet jedoch auch der Kampf gegen den Terror auf somalischem Territorium in den Fokus des militärischen Engagements Frankreichs und der EU.

Allerdings gibt es Einschränkungen, was diesen Wandel in den Zielen der französischen Politik betrifft. Die Aufrechterhaltung von Militärbasen hat zur Folge, dass die französische Politik in den entsprechenden Ländern de facto regimestabilisierend wirkt, auch wenn dies nicht mehr wie in früheren Zeiten per se ihr Ziel ist. Angesichts schlecht ausgerüsteter nationaler Armeen stellt insbesondere die französische Militärpräsenz in Djibouti, Gabun, im Tschad und in der Elfenbeinküste eine Art »Lebens-

Französische Gefechtsfahrzeuge bei ihrem Vormarsch im Januar 2013 in Nordmali.

versicherung« für die jeweiligen Staatschefs dar, die allesamt als wenig demokratisch bekannt sind.

In der Praxis kam es bereits zu Kollisionen der »neuen« mit den Überresten der traditionellen Politik Frankreichs. Dies war z.B. 2008 im Tschad der Fall. Dort unterminierte die Präsenz der Operation »Epervier« die Glaubwürdigkeit der humanitären EU-Operation. Kurz vor Beginn des EU-Einsatzes unterstützten die Soldaten des Epervier-Kontingents die tschadische Armee beim Zurückschlagen eines Rebellenangriffs und hielten damit den umstrittenen Präsidenten des Landes, Idriss Déby, an der Macht.

Unvollendete Multilateralisierung

Hinsichtlich der Art und Weise der Durchführung seiner Militäreinsätze auf dem afrikanischen Kontinent hat Paris in den letzten Jahren versucht, seine Politik zunehmend zu multilateralisieren. Insbesondere die EU entwickelte sich mit der Aktivierung der Gemeinsamen Sicherheits- und Verteidigungspolitik (GSVP) Anfang 2003 zum bevorzugten Partner Frankreichs.

Allerdings hat dieser Trend in den letzten beiden Jahren seine Grenzen gefunden. Hauptsächlich dafür verantwortlich ist die zunehmende Zurückhaltung Deutschlands und Großbritanniens, das französische Drängen auf ein verstärktes Aktivwerden der EU in Afrika zu unterstützen. Einerseits sehen sich Berlin und London aufgrund ihres Engagements in anderen Konfliktregionen und schrumpfender Verteidigungsbudgets infolge der Euro- und Finanzkrise nicht in der Lage, weitere Ressourcen für umfangreichere Militäroperationen zu mobilisieren. Andererseits verfolgen beide Staaten in den meisten afrikanischen Ländern auch keine zentralen Interessen. Daher besteht die Furcht, für Frankreichs spezielle regionale Vorlieben und Ziele eingespannt zu werden. Insbesondere Frankreichs widersprüchliche Politik im Tschad 2008 hat diese Wahrnehmung in Berlin und London stark beeinflusst.

Frankreich hat aus dieser Zurückhaltung seiner europäischen Partner den Schluss gezogen, wieder stärker auf eigene Faust in Afrika aktiv zu werden. Dabei kooperiert Paris zwar im Rahmen von Ad-hoc-Koalitionen mit Friedenstruppen afrikanischer Regionalorganisationen bzw. der Vereinten Nationen (VN), wie dies zwischen 2002 und 2015 in der Elfenbeinküste der Fall war und seit 2013 in der ZAR Realität ist. Allerdings behält Frankreich dabei die vollständige Kontrolle über seine Truppen und agiert nicht unter einem gemeinsamen Kommando mit den anderen Akteuren. Daher kann in diesem Falle nicht von einem multilateralen Engagement gesprochen werden.

Die Operation »Serval« in Mali

Wie im Folgenden gezeigt wird, fügt sich das Vorgehen Frankreichs in Mali in Bezug auf alle drei oben identifizierten Trends relativ gut in die französische Politik der letzten Jahre ein.

Die Entwicklungen in Mali waren bereits einige Jahre vor dem Beginn der Intervention ins öffentliche französische Interesse geraten. Frankreich wurde nach Gründung der dschihadistischen »al-Qaida im islamischen Maghreb« (AQIM) im Jahre 2007 zur Hauptzielscheibe der Aktivitäten der Gruppe sowie anderer, mit ihr verbündeter Akteure. Sie nahmen in den drei Sahel-Staaten Mali, Mauretanien und Niger zwischen 2007 und 2012 insgesamt dreizehn Franzosen als Geiseln. Darüber hinaus verübte die Gruppe Anschläge auf mehrere französische Einrichtungen, darunter die Botschaften in Mali und Mauretanien. Dass gerade die ehemalige Kolonialmacht ins Fadenkreuz der radikalen Islamisten geriet, ist kein Zufall, denn weiterhin ist Frankreich sowohl politisch als auch wirtschaftlich und kulturell in allen Sahel-Staaten sehr präsent.

Der Norden Malis entwickelte sich schnell zum bevorzugten Rückzugsgebiet der AQIM und ihrer Verbündeten, denn die malische Regierung unter Präsident Amadou Toumani Touré (Amtszeit 2002–2012) übte in diesem Landesteil kaum staatliche Kontrolle aus. Die französische Regierung versuchte bereits seit 2007, zu einer Eindämmung des Einflusses der Islamisten in Nordmali beizutragen, und setzte dabei in erster Linie auf den Bereich der bilateralen Zusammenarbeit mit den lokalen Sicherheitskräften. Die französischen Unterstützungsversuche gingen allerdings ins Leere. Grund dafür war, dass die korruptionsanfällige politische und militärische Führungselite Malis kein wirkliches Interesse an einer effektiven »Terrorismusbekämpfung« zeigte und den Islamisten weitgehend freie Hand ließ.

Im Januar 2012 brachte eine Rebellion der für die Unabhängigkeit Nordmalis kämpfenden Volksgruppe der Tuareg die Touré-Regierung ins Wanken, bevor ein Militärputsch sie im März 2012 endgültig aus dem Amt beförderte. Paradoxerweise waren weder die Tuareg-Rebellen noch die Putschisten, sondern AQIM und ihre Verbündeten die großen Profiteure dieser Entwicklungen. Im Fahrwasser der Rebellion und des Putsches gelang es ihnen, die Kontrolle über den Norden Malis zu übernehmen. Frankreich übte sich nach der Machtübernahme der Islamisten in Nordmali zunächst in Zurückhaltung. Statt selbst einzugreifen, unterstützte Paris Pläne, eine afrikanische Friedenstruppe in den Norden Malis zu entsenden, um das Gebiet wiederzuerobern. Die Aufstellung der Truppe verzögerte sich jedoch mehrmals. Als AQIM und deren Verbündete Anfang 2013 den Versuch unternahmen, ihre Macht weiter in den Süden auszudehnen, schwenkte Frankreich um und entschied sich zu einem direkten militärischen Eingreifen mit bis zu 4000 Soldaten.

Französische und malische Soldaten stehen im Zuge der Operation »Serval« am 23. Januar 2013 bei Sévaré, das sie gemeinsam sichern.

Primat der Sicherheitsinteressen

Im Mittelpunkt der Entscheidung zu einem Eingreifen Frankreichs in Mali standen maßgeblich Sicherheitsinteressen. Beträchtlich war in Frankreich die Angst, eine Ausweitung des Einflusses der radikalen Islamisten in Mali könne die Sicherheit der dort und in den Nachbarstaaten lebenden Franzosen noch stärker gefährden. Darüber hinaus befürchtete die französische Regierung, dass die islamistischen Gruppierungen in Mali auch auf französischem Boden Attentate ausführen könnten, und vor allem, dass die Gruppen Verbindungen zu den großen Gemeinschaften aus Mali (80 000 Angehörige) oder anderen Ländern mit muslimischer Bevölkerung in Frankreich herstellen würden.

Humanitäre Erwägungen spielten bei der Mali-Intervention ebenfalls eine Rolle. Die radikalen Islamisten verübten zahlreiche schwere Verbrechen an der Zivilbevölkerung in Nordmali. Wiederholt rechtfertigten französische Politiker das Eingreifen daher auch mit dem Ziel, die malische Bevölkerung vor weiteren Übergriffen der Terroristen zu schützen. Allerdings war dieses Motiv von weitaus geringerer Bedeutung als bei den Einsätzen in der Elfenbeinküste, der DR Kongo sowie im Tschad und in der ZAR und wurde den Sicherheitsinteressen deutlich nachgeordnet.

Einige Beobachter haben Frankreich wirtschaftliche Interessen als Motiv für ein militärisches Eingreifen nachgesagt. Dies ist allein mit Bezug auf Mali wenig überzeugend. Das Land ist weder ein wichtiger Rohstoffzulieferer für Frankreich noch ein interessanter Absatzmarkt für Produkte französischer Unternehmen. Eine Rolle dürfte aber sicher die Furcht vor einer möglichen Ausdehnung der »Terrorismus«-Problematik auf das Nachbarland Niger gespielt haben, das für Frankreich ökonomisch wesentlich wichtiger ist. Frankreich erhält weiterhin ca. 40 Prozent seines Urans aus Niger, das für das Nuklearprogramm Frankreichs von zentraler Bedeutung ist. Im Mai 2013 wurde aus dieser Befürchtung Wahrheit, als eine der mit AQIM verbündeten Gruppierungen einen Doppelanschlag auf einen Stützpunkt der Armee Nigers in Agadez und eine Uranmine des französischen Nuklearunternehmens AREVA in Arlit, beides Städte in Nord-Niger, verübte.

Operation »Barkhane«

Am 1. August 2014 wurde die französische Militäroperation in Mali (Serval) durch die überregionale Mission »Barkhane« (auf Deutsch Sicheldüne) abgelöst. Ihr Einsatzgebiet umfasst die Staaten Burkina Faso, Mali, Mauretanien, Niger und den Tschad. Vom Hauptquartier in der tschadischen Hauptstadt N'Djamena aus koordiniert Frankreich über einen Kommandeur im Rang eines Generalmajors rund 3500 Soldaten bei der Kooperation mit den »G5 du Sahel«-Staaten im Kampf gegen grenzübergreifend agierende »bewaffnete terroristische Gruppen«. Rechtlich stützt sich der französische Einsatz in Mali auf die VN-Resolutionen 2100 (2013), 2164 (2014) und 2227 (2015). Mit der Operation »Barkhane« ist Frankreich der einzige internationale Akteur, der in der Sahelregion aktiv gegen »Terroristen« vorgeht. Vorgelagerte Basen sind dabei auch im Hinblick auf die prekäre Sicherheitslage in Libyen und Nordost-Nigeria zu sehen. In Letzterem führt die islamistische Gruppe »Boko Haram« grenzübergreifende Angriffe aus. Aufgrund des riesigen Einsatzgebietes lässt die geringe Personalstärke aber nur punktuelle Operationen zu. Laut französischem Verteidigungsministerium verfügte die Mission Anfang 2016 unter anderem über 17 Helikopter, vier Kampfflugzeuge und fünf Drohnen. Letztere waren in der nigrischen Hauptstadt Niamey stationiert. In Mali besaß »Barkhane« mit einer Stärke von über 1000 Soldaten einen permanenten Stützpunkt in Gao sowie eine temporäre Basis in Tessalit. Die franzöische Soldaten kooperierten mit der VN-Mission und der malischen Armee bei der Stabilisierung des Nordens. Bis Ende 2015 erfolgten nach eigenen Angaben 400 Operationen und Patrouillen im gesamten Einsatzgebiet. Hierbei wurden 125 Personen außer Gefecht gesetzt sowie 20 Tonnen Munition und 3,5 Tonnen Drogen sichergestellt. Sieben Barkhane-Soldaten starben bis Mitte April 2016. *TK*

Der unvermeidbare Alleingang

Wie in der Elfenbeinküste und später in der ZAR entschied sich Frankreich in Mali dazu, auf eigene Faust zu handeln, auch wenn Einheiten der malischen Armee von Beginn an der Intervention beteiligt waren. Darüber hinaus entsandten einige afrikanische Staaten Truppen nach Mali. Letztere waren zunächst Teil einer afrikanischen Friedensmission und wurden im Juli 2013 in einen neu geschaffenen VN-Einsatz (MINUSMA) integriert. Letzterer soll seitdem zur Stabilisierung Nordmalis beitragen. Den Großteil der Kämpfe mit den Islamisten bestritt die französische Armee jedoch alleine. Lediglich ein 2000 Soldaten starkes Kontingent der tschadischen Armee, das über Erfahrungen im Wüstenkrieg verfügte, leistete Frankreich substanzielle Unterstützung.

Die Operation im Rahmen der EU oder anderer multilateraler Bündnisse wie der NATO durchzuführen, stand nie wirklich zur Debatte. Im Falle der EU war der französischen Regierung bewusst, dass sie wenig Unterstützung für einen Kampfeinsatz im Norden Malis im Rahmen der GSVP gefunden hätte. Allerdings unterstützen einige europäische Staaten die französische Armee und die afrikanischen Soldaten bei ihrem Einsatz logistisch. Darüber hinaus begann Anfang April 2013 zunächst unter französischer Führung eine militärische EU-Trainingsmission (EUTM Mali). Sie soll die malische Armee dazu befähigen, auf lange Sicht alleine für die territoriale Sicherheit von Mali sorgen.

Eine Kooperation mit der NATO, wie z.B. in Libyen im Jahre 2011, stellte ebenfalls keine Option dar. Die USA zeigten sich lange Zeit skeptisch gegenüber einer militärischen Lösung des »Terrorismus«-Problems in Nordmali. Seit dem Beginn der Operation »Serval« unterstützte zwar auch Washington die französische Armee und die afrikanischen Staaten logistisch. Die Entsendung eigener Soldaten nach Mali lehnte die US-Regierung jedoch mit Ausnahme einer eher symbolischen Beteiligung an der VN-Mission MINUSMA ab. Zu groß war die Furcht, nach der Entscheidung aus dem Irak und Afghanistan abzuziehen, in ein neues »Anti-Terror«-Abenteuer hineingezogen zu werden.

Fazit

Frankreichs militärische Intervention in Mali stand in vielerlei Hinsicht in der Kontinuität seines militärischen Engagements in Afrika in den vorangegangenen Jahren. Erstens fand sie in einem Staat des französischsprachigen Afrika statt, für dessen Schicksal innerhalb Frankreichs weiterhin ein besonderes Interesse besteht. Zweitens verfolgte sie maßgeblich das Ziel, die von den in Mali aktiven islamistischen Gruppierungen ausgehenden Gefahren für französische Staatsbürger, vor allem aber auch für Frankreich selbst einzudämmen. Damit führte Frankreich zum ersten Mal im französischsprachigen Afrika einen Militäreinsatz zum Schutz seiner eigenen Sicherheitsinteressen durch, wie es dies bereits seit einigen Jahren in Somalia und anderen Weltregionen tut. Drittens spiegelte die Intervention den jüngsten Trend wider, dass Frankreich sich trotz des Versuches, seine Politik zu multilateralisieren, wieder verstärkt unilateral auf dem afrikanischen Kontinent militärisch engagiert.

Diese Trends wurden durch die Entscheidung Frankreichs, sein militärisches Engagement über Mali hinaus auf vier weitere ehemalige Kolonien in der Sahel-Region auszuweiten, noch einmal bestätigt. Grund für die Ausweitung der neuen Operation »Barkhane«, die ebenso wie der Vorgängereinsatz unilateral durchgeführt wird, war, dass Frankreich mit seiner militärischen Präsenz in Mali alleine das »Terrorismus«-Problem in Nord-Mali nicht in den Griff bekam. Die aus ihren Hochburgen vertriebenen bewaffneten Gruppen wichen zum Teil in die Nachbarstaaten aus und führten von dort aus Anschläge auf malischem Territorium aus. Darüber hinaus intensivierten sie ihre Aktivitäten in den betreffenden Nachbarstaaten selbst.

Die Tatsache, dass trotz des verstärkten französischen Engagements im Rahmen der Operation »Barkhane« weiter islamistische Gruppen in den Sahel-Staaten ihr Unwesen treiben, lässt vermuten, dass nicht von einem baldigen Rückzug Frankreichs aus der Region auszugehen ist. Mit den Anschlägen in Bamako (Mali) Ende 2015 sowie Anfang 2016 in Ouagadougou (Burkina Faso) und Grand Bassam (in der bis dato noch nicht von Anschlägen betroffenen Elfenbeinküste) hat die Gefahr in der Region eine neue Dimension erreicht. Frankreich, das seine Außen- und Sicherheitspolitik seit den Anschlägen von Paris im Januar und November 2015 noch stärker als zuvor unter dem Vorzeichen der »Terrorismusbekämpfung« betreibt, hat in Afrika mit dem »Anti-Terror«-Kampf eine neue raison d'être für sein dortiges militärisches Engagement gefunden.

Tobias Koepf

Bamako ist nicht nur die Hauptstadt von Mali, sondern auch die mit Abstand bevölkerungsreichste Stadt des Landes. Die letzte offizielle Zählung von 2009 ergab rund 1,8 Mio. Einwohner. Seit der Unabhängigkeit Malis 1960 stieg die Einwohnerzahl geradezu explosionsartig und erfuhr im letzten halben Jahrhundert mehr als eine Verzehnfachung. Die Tendenz zeigt auch für die kommenden Jahre nach oben. Damit ist Bamako eine der weltweit am schnellsten wachsenden Städte.

Obwohl mehr als zehn Prozent der malischen Bevölkerung mittlerweile in der Hauptstadt wohnen, wird das Stadtbild nach wie vor weitgehend von lediglich ein- und zweistöckigen Häusern geprägt. Oftmals sind sie in traditioneller Bauweise errichtet, moderne Hochhausbauten oder gar Wolkenkratzer bleiben die Ausnahme. Im Bild eine Aufnahme von März 2013. Neben Bamako gibt es zahlreiche weitere Städte im Land. Mit Koulikoro und Gao werden auf den folgenden Seiten zwei weitere Beispiele kurz vorgestellt.

Städteporträts Bamako, Koulikoro, Gao

Die Hauptstadt Malis, Bamako, liegt in einer Senke zu Füßen eines erloschenen Vulkans. Nach Westen hin erstrecken sich die Mandingo-Berge mit einer Höhe von bis zu 500 Metern bis zur Grenze Guineas. Dort liegt der Ursprung des Niger, der sich in der Regenzeit zu einem riesigen Binnendelta verzweigt, bis er im Osten, weit hinter Timbuktu, einen großen Bogen schlägt und sich dann, nachdem er mehrere westafrikanische Länder durchquert hat, in Nigeria in den Atlantischen Ozean ergießt.

Bamako ist die erste große Stadt, durch die der Niger fließt. Die Ansiedlung, die Jäger gegen Ende des 16. Jahrhunderts gründeten, lag nördlich des Flusses, doch heute hat sich die Stadt in alle Himmelsrichtungen ausgebreitet und ist weit über das südliche Ufer hinaus gewachsen. Als der schottische Reisende Mungo Park die Stadt 1805 als erster Europäer zu Gesicht bekam, hatte sie ungefähr 6000 Einwohner; 1883, zur Zeit der französischen Eroberung, war ihre Zahl auf 1000 geschrumpft. Den entscheidenden Anstoß für das Entstehen einer Großstadt gab die Eisenbahnlinie, deren Bau 1904 begonnen und 1923 bis zur Hafenstadt Dakar in Senegal fortgeführt wurde. Während die neue Hauptstadt Malis im Jahr der staatlichen Unabhängigkeit 1960 noch 160 000 Einwohner besaß, ist Bamako mit rund zwei Millionen Einwohnern mittlerweile eine der größten Hauptstädte Westafrikas.

Bevölkerung und Stadtbild

Bamako ist ein Schnittpunkt der Kulturen, Sprachen und Traditionen. Da die Staatsgrenzen von der Willkür der Kolonialherren bestimmt wurden, stellt Mali nur einen Ausschnitt aus dem alten Kulturraum dar, der einst ganz Westafrika umfasste. Die wichtigsten der zahlreichen Ethnien, die sich in Sprache und Lebensart unterscheiden, sind die Bambara, Malinke, Dogon und Songhay, dazu kommen die nomadischen Peul und Tuareg. Keines dieser Völker ist ausschließlich in Mali zu finden; Beziehungen über die Grenzen zu den Nachbarstaaten hinweg sind deshalb weitaus selbstverständlicher als in Europa. Mehrsprachigkeit ist

II. Strukturen und Lebenswelten

Eine der mittlerweile drei Brücken über den Niger in Bamako. Sie sind in ganz Mali fast die einzigen Brücken, die über den Niger führen. Ansonsten muss auf Fährverbindungen zurückgegriffen werden.

die Norm. Immer noch wird Französisch gesprochen, außerdem gibt es ebenso viele indigene Sprachen wie Ethnien.

»Bama« bedeutet in Bambara Krokodil, »Ko« bezeichnet einen Fluss. Eine der vielen Legenden über den Ursprung von Bamako besagt, dass die Menschen hier den Niger auf den Rücken von Krokodilen überschreiten konnten. Heute erreichen die Bewohner von Bamako das andere Ufer über eine der drei großen Brücken. Die ältere, die das Zentrum mit den südlichen Stadtteilen verbindet, ist die »Pont des Martyrs«; die jüngere »Pont du Roi Fahd« wurde mit saudi-arabischer Hilfe erbaut, um den Verkehr zu entlasten. Im Volksmund werden sie immer noch die »alte« und die »neue« oder schlicht »erste« und »zweite« Brücke genannt. Seit 2011 gibt es in Bamako eine dritte Brücke über den Niger, die mit Hilfe der VR China errichtet wurde. Während an weiteren Brückenprojekten in Koulikoro und Kayo, in der Region Ségou, gearbeitet wird, sind die Brücken in Bamako neben dem einige Kilometer östlich gelegenen und nur in der trockenen Jahreszeit befahrbaren Soutaba-Damm sowie derjenigen in Markala und Gao noch immer die einzige Möglichkeit in ganz Mali, den Niger mit Fahrzeugen zu überqueren. Bedingt durch die Über-

Städteporträts Bamako, Koulikoro, Gao

schwemmungen der Regenzeiten ändert der Fluss immer wieder seinen Lauf, sodass Fähren eingesetzt werden müssen.

Das nördliche Ufer wird vom Regierungssitz im Stadtbezirk Koulouba auf der Colline du Pouvoir überragt, dem »Hügel der Macht«. Von der gegenüber liegenden Seite grüßt die Colline du Savoir herüber, der »Hügel des Wissens«, auf dem die Universität angesiedelt ist und dessen Aussichtspunkt (Point G) einen wunderbaren Panoramablick über die Stadt beschert. Das explosive Wachstum stellt die Stadt vor große Probleme bei der Strom- und Wasserversorgung. In den extrem heißen Monaten März bis Mai stöhnen die Bewohner unter einem Schleier von Staub und Abgasen, in den Regenzeiten von Juni bis Oktober verwandeln sich die Lehmwege, die von den wenigen asphaltierten Hauptstraßen abzweigen, in schwer passierbare Schlammbäche.

Obwohl mehr als ein Zehntel der Einwohner Malis in der Hauptstadt leben, bestimmen immer noch ein- und zweistöckige Häuser in traditioneller Bauweise das Stadtbild. Im ehemaligen Regierungsviertel trifft man noch auf Bauten der Kolonialzeit, die Skyline wird von den Minaretten der Großen Moschee und zwei imposanten Wolkenkratzern dominiert – dem »Hotel de L'Amitié« und dem Gebäude der westafrikanischen Zentralbank BCEAO, das von traditioneller Lehmarchitektur inspiriert ist.

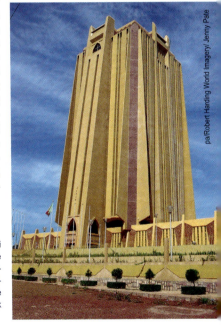

pa/Robert Harding World Imagery/ Jenny Pate

Trotz einer Einwohnerzahl, die bei fast zwei Millionen liegt, sind die meisten Gebäude bis heute ein- oder zweistöckig. Eines der wenigen Hochhäuser ist das Gebäude der westafrikanischen Zentralbank BCEAO.

Märkte und Verkehr

Märkte sind in Mali nicht nur Handelsplätze, sondern auch Treffpunkte, an denen man Freunden begegnet, Neuigkeiten austauscht, miteinander ins Gespräch kommt oder einen Imbiss einnimmt. Ein großer Teil des Lebens spielt sich unter freiem Himmel ab. Obst- und Gemüsehändler, die ihre Waren auf dem Erdboden ausbreiten, findet man in allen Stadtvierteln, die großen Märkte im Stadtzentrum bieten ausgewählte Sortimente von Waren an. Im Labyrinth rund um den zentralen Markt, den Marché Rose, gibt es Gassen, in denen Händler Töpferwaren und Schnitzereien feil bieten, in anderen bieten sie Aluminiumtöpfe, Pfannen und Emailleschüsseln aus China oder gebrauchte Möbel an. In einer Gasse werden Mobiltelefone verkauft und repariert, in der nächsten findet man alle Arten von Elektrogeräten, dann Ersatzteile für Autos, Fahrräder und Mofas; danach kommen Transistorradios, Sonnenbrillen, Taschenlampen, Spiegel, Musikkassetten, Plastiksandalen und Ledertaschen.

Den meisten Platz nehmen Kleiderstände ein: Nylonunterwäsche, Herrensocken und Baseballkappen findet man neben traditionellen, mit leuchtenden Mustern bedruckten Boubou-Gewändern. Die Schneider sitzen mit ihren Nähmaschinen gleich nebenan und nehmen Aufträge entgegen. Die Secondhand-Kleider, die in Deutschland für angeblich karitative Zwecke in Container am Straßenrand geworfen werden, um auf dem Kleidermarkt von Bamako wieder aufzutauchen, stellen für Mali ein großes Problem dar. Das Land ist zwar für die Qualität seiner Baumwolle berühmt, aber mit der Billigware aus Europa können die einheimischen Produzenten nicht konkurrieren.

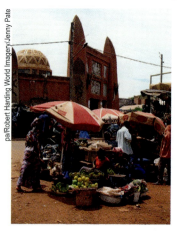

Überall in der Hauptstadt bieten Obst- und Gemüsehändler ihre Waren an.

Meist ist bereits an den Gerüchen zu erkennen, wo man sich befindet. Schon von Weitem kündigen sich die Stände der Gewürzhändler an, die Kräuter, Samen, Wurzeln und alle möglichen Pulver anbieten. Am intensivsten ist der Duft bei den Händlern, die Zutaten für die Herstellung von Wusulan anpreisen, das traditionelle Räucherwerk, das bei jeder feierlichen Gelegenheit verwendet wird: von der Geburt über die Hochzeit bis zum Tod. Hausfrauen mixen es aus einer Fülle duftender Essenzen. Die Herstellung von Wusulan ist eine Wissenschaft für sich. Erotische Geheimnisse schwingen darin mit, aber auch die Erinnerung an die Worte des Propheten Mohammed, von dem die Aussage überliefert ist, er liebe Wohlgerüche und Frauen mehr als alles andere auf dieser Welt.

Der Islam, der im 13. Jahrhundert eingeführt wurde, führt eine Koexistenz mit traditionellen afrikanischen Bräuchen. Auf dem Fetischmarkt im Schatten der Großen Moschee im Stadtzentrum werden Gris-Gris genannte Zauberarzneien wie Affenköpfe und getrocknete Krokodilhäute angeboten; unweit davon findet man Gebetsketten und Koranständer.

Abgesehen von den großen Boulevards, die die kaum abreißenden Verkehrsströme mit ihren tausenden links und rechts überholenden Motorrollern, im Volksmund »Jakartas« genannt, durch die Stadt leiten, haben die Straßen keine Namen, sodass man beim Suchen nach einer Adresse auf seinen Spürsinn angewiesen ist. Zwei der wichtigsten Straßen beginnen am Square Lumumba: Der Boulevard du Peuple verläuft in nord-südlicher Richtung durch das Herz der Stadt, die Avenue du Fleuve endet am Bahnhof und wird dann zur Avenue de la Liberté, die zu dem auf einer Anhöhe gelegenen Viertel Koulouba mit dem Palast des Präsidenten und zum »Point G«, dem größten Hospital von Bamako, führt. Zum 15 Kilometer außerhalb der Stadt gelegenen Flughafen gelangt man über die Brücke »Pont du Roi Fahd«, in östlicher Richtung führt die Route de Koulikoro zu dem gleichnamigen Hafen. Eine zweite große Ausfallstraße führt über die Brücke »Pont des Martyrs« zum Busbahnhof. Beim Turm von Afrika, im Volksmund »Eiffelturm« genannt, gabelt sich die Straße – in nordöstlicher Richtung führt sie nach Ségou, Mopti und Gao, in südöstlicher nach Sikasso und zur Elfenbeinküste.

II. Strukturen und Lebenswelten

Straßenszene in Bamako.

Der Bahnhof von Bamako ist die Endstation der Dakar–Niger-Linie, mit der die Franzosen 1908 eine Verbindung zwischen der Hauptstadt des damaligen Französisch-Sudan und der Küste schufen. Nachdem der Zugverkehr auf den morbiden Schienen vorübergehend ganz zum Erliegen kam, wurde die Bahnlinie 1995 privatisiert. Doch das französisch-kanadische Unternehmen, das die Strecke reparierte, rationalisierte auch den Betrieb. Viele der kleinen Bahnhöfe, die oft die einzige Verbindung der Dörfer im Landesinnern zur Außenwelt darstellten, wurden geschlossen, die Einwohner, die vom Verkauf ihrer Waren an die Reisenden lebten, wurden arbeitslos. Mittlerweile verkehrt hier nur noch etwa zweimal in der Woche ein Passagierzug.

Kultur, Musik, Sport

Das sehenswerte, in traditionell westafrikanischem Stil von dem Architekten Jean-Loup Pivin entworfene Nationalmuseum birgt einige der bedeutendsten archäologischen und ethnologischen Sammlungen Westafrikas. Hier wird die Kultur und Geschichte des Landes vom alten Großreich von Mali bis zur Gegenwart durch Wandteppiche, Tongefäße, Statuen, Masken, Musikinstrumente und Grabbeigaben ausführlich vorgestellt. Ein Restaurant und der weitläufige Park, der das Museum umgibt, laden zum Verweilen ein. In unmittelbarer Nachbarschaft liegen auch der Botanische Garten und der Zoo.

Städteporträts Bamako, Koulikoro, Gao

Dass seit 1998 in Bamako alle zwei Jahre die Fotoausstellung »Rencontres de la Photographie Africaine« stattfindet, ist auch eine Verbeugung vor den großen Porträtisten Bamakos. Seydou Keita war der erste afrikanische Fotograf, der zu Weltruhm gelangte, Malick Sidibé wurde 2006 für sein Lebenswerk in Cannes eine Goldene Palme verliehen. Den achtzigjährigen Meister konnte man bis zu seinem Tode im April 2016 fast immer noch täglich in seinem Studio im Viertel Bagadadji antreffen, gleich hinter der Großen Moschee im Zentrum der Stadt. Hier reparierte er die zahlreichen Leica-Kameras seiner Sammlung und bewahrte in alten Fotokartons auch die unzähligen Negative der Bilder auf, die er in über 50 Jahren aufgenommen hatte.

Das wichtigste Kommunikationsmedium Malis ist immer noch das Radio. Etwa 200 lokale Sender, von denen die meisten in Bamako angesiedelt sind, bieten ihren Hörern Nachrichten, Musik und Fußballreportagen, aber auch für Europäer unerhörte Sendungen, wie Features, in denen die Träume der Anrufer gedeutet werden.

Der Klang Malis wird von Kalebassen bestimmt. Für Afrikaner symbolisiert die Kalebasse die Gebärmutter und ihre Kerne verkörpern die weibliche Fruchtbarkeit. Kalebassen sind in Mali allgegenwärtig. Sie dienen als Behälter für Milch, Wasser und als Schüssel für Hirsebrei, Couscous und das Nationalgericht Fonio. In den Händen der Griots, der traditionellen Sänger und Geschichtenerzähler, dienen die ausgehöhlten und getrockneten Kürbisse, halbiert und mit Kuhfell bespannt, als Kora-Harfe. Die Jäger der Wassulu im Süden Malis stellen aus ihr die sechssaitige Ndoso Ngoni her, die auch als Trommel dient, wenn die beringten Finger der Musiker auf den Klangkörper klopfen. Mit Steinen gefüllt oder mit Kaurimuscheln bekleidet, wird sie zur Rassel; unter den hölzernen Klangplatten eines Balafons dienen nach Größe abgestimmte Kalebassen als Resonanzkörper. Hier und da kann man immer noch den geheimnisvollen, tiefen Klang der Wassertrommel hören. Um ihn zu erzeugen, wird die größere Hälfte einer Kalebasse mit Wasser gefüllt, die kleinere umgedreht, darauf gesetzt und mit stoffumwickelten Holzschlegeln bearbeitet.

So viele Ethnien es in Mali gibt, so viele Musikstile gibt es auch. Achtundsiebzig verschiedene Arten von Musik listet der

II. Strukturen und Lebenswelten

Literatur in Mali

Mündliche Überlieferung und schriftliche Fixierung von literarischen Texten gehen in Mali – wie in ganz Westafrika – bis heute Hand in Hand. Während Tausende von Gelehrten der Universität Timbuktu gesammelte Manuskripte die Bedeutung einer frühen Schriftkultur belegen, existiert im heutigen Mali eine vielfältige, auch international tätige Literaturszene. Von Amadou Hampâté Bâ (1900–1991) stammt der das Pariser UNESCO-Gebäude schmückende Spruch »An jedem Tag, an dem ein alter Mensch in Afrika stirbt, verbrennt eine Bibliothek«. Bâ wollte hiermit auf die Bedeutung und die Gefährdung der mündlichen Überlieferung hinweisen. In seiner Autobiographie (»Jäger des Wortes« und »Oui mon commandant«) schildert Bâ, wie er als Kind in Bandiagara in der Region Mopti den Griots, den »Meistern des Wortes«, lauschte, die in der malischen Gesellschaft auch heute noch Lehrer und Entertainer zugleich sind.

Auch Yambo Ouologuem (geb. 1940) stammt aus Bandiagara. Sein Roman »Das Gebot der Gewalt« (1968) wurde mit dem französischen Renaudot-Preis ausgezeichnet: In drastischer Sprache demontiert er die behauptete Idylle vorkolonialer Gesellschaften, in der muslimische Eroberer und französische Kolonialisten brutal um die Herrschaft kämpfen. Inmitten dieser Wirren geht ein deutscher Ethnologe namens Fritz Schrobénius seinen Forschungen nach und lässt sich von vorgetäuschten Beweisen angeblich paradiesischer Zustände der frühen Agrargesellschaft hinters Licht führen. Hier karikiert Ouologuem den Frankfurter Völkerkundler Leo Frobenius (1873–1938), dessen Arbeit in Afrika auf Unverständnis stieß.

Erlebte Geschichte aus malischer Sicht präsentiert die Autobiographie der Politikerin Aoua Keita (1912–1980) »Femme d'Afrique« von 1975. Sie erzählt den Weg der französischen Kolonie »Sudan« zum heutigen Staat Mali und ihren Anteil daran. Dabei waren ihre Widersacher nicht nur die Franzosen, sondern auch die Männer ihres Volkes. 1959, nach ihrer Wahl zur Abgeordneten, verbot ihr ein Dorfchef, sein Gebiet zu betreten, da ihre Frechheit, politisch tätig zu sein, zur Missachtung der afrikanischen Männer beitrage. Eine andere Autorin, Aïcha Fofana (1957–2003), hat in Paris, Mannheim und Oxford studiert. In ihren Romanen und den Theaterstücken, die sie mit Victoria Diawara inszenierte, kritisiert sie Korruption,

Städteporträts Bamako, Koulikoro, Gao

Heuchelei und Unterdrückung der Frauen, insbesondere durch die noch vielerorts übliche Leviratsehe, d.h. die erzwungene Ehe einer Witwe mit dem Bruder ihres Mannes, durch die sichergestellt wird, dass Besitz und Kinder in der väterlichen Familie bleiben.

In allen literarischen Genres ist der Arzt und Politiker Seydou Badian (Kouyaté, seit 2009 Noumboina, geb. 1928) zu Hause. Sein Drama »La mort de Chaka« (Tschakas Tod) über den südafrikanischen Zuluherrscher gehört zur Literatur der »Négritude«. Als Minister in der Regierung Modibo Keitas schrieb Badian den Text der malischen Nationalhymne. Nach dem Militärputsch von 1968 war er bis 1975 in Haft und ging dann nach Paris. Dort entstand sein Roman »Noces sacrées« (Heilige Hochzeit). Massa Makan Diabaté (1938–1988) aus Kita war ein ausgebildeter Griot, der Tradition und Moderne mit seiner Kunst zusammenbrachte. Er übersetzte Mandingo-Epen ins Französische und schrieb preisgekrönte Romane. Ein Gymnasium in Bamako trägt seinen Namen. Der erste malische Kriminalroman (»Bogenschütze«) von Modibo Sounkalo Keita (geb. 1948) erschien 1984 in Paris und wurde mit dem »Grand Prix littéraire de l'Afrique noire« (Großer Literaturpreis Schwarzafrikas) ausgezeichnet. Magisches Denken und moderne Verbrechensaufklärung gehen hier Hand in Hand, zugleich werden Veruntreuer und Krisengewinnler, die das Land und die Presse kontrollieren, an den Pranger gestellt. Moussa Konaté, 1951 in Kita geboren, siedelt seine Kriminalromane im Dogonland an, wo die wahre Autorität immer noch bei den alten Männern und nicht bei den eingesetzten jungen Funktionären liegt. Moussa Konaté schreibt auch Theaterstücke und Erzählungen, sowie Märchen und Kinderbücher, die er in seinem eigenen Verlag »Le Figuier« in Bamako herausbringt. Er gehört zur Leitung der Buchmesse Bamako (Festival Etonnants Voyageurs) und hat 2006 im französischen Limoges den Verlag »Hivernage« gegründet. *ASD*

©Rue des Archives/AGIP/SZ Photo
Yambo Ouologuem

Sänger Salif Keita auf, der in den 1990er Jahren weltweit berühmt wurde. »Wir exportieren Musik wie Saudi-Arabien Erdöl exportiert«, fügt er hinzu. »Nur verschmutzen wir damit nicht die Umwelt!« Der Transfer funktionierte auch in umgekehrter Richtung. In den letzten Jahren wurde Bamako zur Anlaufstelle von Musikern aus aller Welt, die mit ihren malischen Kollegen spielen und ihre Stücke aufnehmen. Der Bluesbarde Taj Mahal, der Gitarrist Ray Cooder und die Jazzsängerin Dee Dee Bridgewater sind nur einige von vielen, die aus Amerika anreisten. Aus Island schwebte Björk ein, um mit Toumani Diabaté ins Studio zu gehen; der englische Led Zeppelin-Rockstar Robert Plant und die französische Musikerkommune Lo'Jo stellten zusammen mit der Tuareg-Band »Tinariwen« das »Festival au Desert« in der Oase Essakane, eine halbe Tagesreise hinter Timbuktu, auf die Beine, das Besucher aus aller Welt anzog.

Noch immer ist Malis wichtigster kultureller Exportartikel die Musik, doch im Inland haben es die Künstler mittlerweile schwer. In den 1970er und 1980er Jahren war in Bamako Musik zu jeder Tages- und Nachtzeit zu hören, die Jugend strömte an den Wochenenden in die zahlreichen Clubs, in den Open-Air-Restaurants wiegten sich seriöse ältere Paare im Rhythmus nostalgischer Rumbas. Der Einfluss Kubas hatte die einheimische Musikszene schon vor Jahrzehnten inspiriert, als, noch zu sozialistischen Zeiten, die Regierung eine Kapelle zur Ausbildung auf die Zuckerinsel sendete, die das klassische Rumba-Repertoire notengetreu nachspielte. Salsa, Reggae, Jazz und HipHop waren zu hören, einheimische Musikerinnen und Musiker brachten die neuesten Klänge von ihren Tourneen mit. Die Stadt swingte, in den Hotels warteten malische Troubadoure mit einer musikalischen Mischung auf, in der sich der Mississippi und der Niger begegneten, während vor der Tür zum Verdruss der Musiker Kassetten mit Raubkopien verkauft wurden. Obwohl der Zugverkehr weitgehend eingeschränkt wurde, war der Bahnhof von Bamako für Weltmusikfans weiterhin ein mythischer Ort – von hier aus machte die legendäre »Super Rail Band«, die in der Bahnhofsgaststätte »Buffet de la Gare« aufspielte, die Musik Malis weltweit bekannt. In den 1990er Jahren entstand ein neuer Typ von Open-Air-Clubs, der »Espace Culturel« genannt wurde.

Städteporträts Bamako, Koulikoro, Gao

Das erste Anzeichen einer Änderung war 2005 die Schließung des »Hogon«, des Clubs des Grammy-Preisträgers Toumani Diabaté, an dessen Stelle eine Moschee errichtet wurde. Bedingt durch die Unruhen der letzten Jahre, bleiben mittlerweile nicht nur die ausländischen Touristen aus, auch die Einheimischen ziehen es meist vor, abends zuhause zu bleiben. Zwar werden traditionelle Feste immer noch mit Musik begangen, aber die Clubs und Hotels sind leerer.

»Es ist unendlich traurig, was hier passiert ist,« sagt Toumani Diabaté, »doch dieses Problem betrifft nicht nur Mali, sondern die ganze Welt. Wir sind ein friedliches Volk mit einer großen Kultur. Sie stellt unser Öl dar, unsere Diamanten und unsere Mineralien. Wir werden es niemals akzeptieren, dass unsere Geschichte und unser Erbe zerstört werden.«

Der Fußball stellt die zweite große Leidenschaft der Malier dar – abzulesen etwa daran, dass auf der Wikipedia-Seite von Bamako unter den größten Söhnen der Stadt sieben Politiker und Künstler 17 Fußballern gegenüberstehen. Fußballvereine wie Djoliba AC, Stade Malien und AS Real Bamako zählen zu den erfolgreichsten Teams des Landes; als Spielstätten dienen unter anderem das 2001 eröffnete und 50 000 Zuschauer fassende »Stade du 26-Mars« sowie das »Stade Modibo Keita« mit 35 000 Plätzen.

Peter Pannke

Die Gruppe »Afrocubism« mit den malischen Musikern Kasse Mady Diabate (links) und dem Ngoni-Spieler Bassekou Kouyaté (rechts) während des 46. Jazz-Festivals am 30. Juni 2012 in Montreux, Schweiz.

II. Strukturen und Lebenswelten

Städteporträt Koulikoro

Koulikoro, das ca. 60 km östlich von Bamako am Ufer des Niger liegt, hat etwa 50 000 Einwohner und ist Hauptstadt der gleichnamigen Region, die sich von der Grenze zu Mauretanien im Norden bis nach Guinea im Süden erstreckt. Bis der Zugverkehr vor etwa 15 Jahren eingestellt wurde, stellte die Stadt den Endpunkt der Dakar–Niger-Eisenbahnlinie dar. Weil der Fluss erst ab hier schiffbar ist, dient Koulikoro der Hauptstadt als Hafen. Wenn der Niger nach der Regenzeit anschwillt, transportieren Pirogen von hier aus Güter und Menschen nach Ségou, Mopti, Timbuktu und Gao. Aufgrund der aus europäischer Sicht eher schlechten Straßenverhältnisse während und nach der Regenzeit dauerte die Fahrt zwischen beiden Städten bisher aber rund 90 bis 120 Minuten. Erst Ende 2015 wurde mit dem modernen Straßenausbau begonnen. Wie andere Städte Malis ist auch Koulikoro für seine Lehmbauten bekannt, die aus einer Mischung von Lehm, gehacktem Stroh und Dung errichtet und alljährlich erneuert werden. Im Gefängnis vor den Toren der Stadt sitzen nicht nur einige vermeintliche Dschihadisten, sondern auch 16 Ruander, die vom Internationalen Strafgerichtshof für Ruanda (ICTR) der Beteiligung am dortigen Völkermord schuldig gesprochen wurden. Direkt am Ufer des Niger liegt das nach dem ehemaligen Verteidigungsminister benannte »Centre d'instruction militaire Boubacar Sada Sy«-Trainingscamp. Neben der von Frankreich unterstützten Schule für Militärverwaltung (École Militaire d'Administration, EMA) wird dieses seit 2013 auch von der europäischen Ausbildungsmission mitgenutzt. *Peter Pannke*

Der Eingang des Militärgeländes in Koulikoro, in dem im April 2013 die Ausbildungsmission der Europäischen Union für die malischen Streitkräfte begann.

Städteporträt Gao

Eine Schönheit ist das am östlichen Niger-Ufer gelegene Gao (arabisch Kaukau) mit seinen rund 80 000 Einwohnern sicher nicht. Eher ein staubiger Flecken am Rande der Sahara, in dem die Temperaturen im Mai und Juni leicht über 40 Grad steigen. Etwa 320 Kilometer in südwestlicher Richtung trennen die Handelsstadt Gao vom legendären Timbuktu am linken Niger-Ufer. Bis zur Hauptstadt Bamako im Süden sind es über 900 Kilometer. Die wirtschaftliche und soziale Anbindung an das Nachbarland Niger ist daher für viele Bewohner der Region bedeutender.

Sicher ist die Stadt Anfang 2016 fast nur aus der Luft zu erreichen. Die Straße von Süden aus Mopti gilt aufgrund wiederholter Anschläge mit Sprengfallen als ebenso gefährlich wie eine Schifffahrt auf dem Niger. Einst war die Stadt im siebten Jahrhundert von Fischern gegründet worden. Damit ist Gao eines der ältesten Handelszentren Westafrikas. Hier trafen sich die Händler aus dem Norden mit denen aus dem Inneren Afrikas. Stoffe, Waffen und Glas kamen aus dem Norden, ebenso wie Perlen, Salz oder Pferde. Aus den Tiefen des afrikanischen Kontinents wurden Sklaven, Gold oder Elfenbein umgeschlagen.

Schon im neunten Jahrhundert berichteten Reisende von einem mächtigen Reich, das sie Kaukau nannten. Es soll eines der wohlhabendsten Reiche Westafrikas gewesen sein, der Schatz des Königs habe hauptsächlich aus Salz bestanden. Doch der Aufstieg zum regionalen Machtzentrum kam wohl erst im elften Jahrhundert, als Gao die pulsierende Residenzstadt des Songhay-Reichs wurde. Zuvor hatte ein Flüchtling aus dem Jemen ein neues Reich gegründet: die Zaghe-Dynastie. Laut Überlieferungen konvertierte ihr 15. Herrscher, Kosoy, bereits um 1010 zum Islam. Seine Insignien der Macht: ein Schwert, ein Schild und ein Koran. Schon früh empfanden sich die Zaghe-Könige von Gao also als Teil des islamischen Weltreichs.

Obwohl die Songhay die Gegend von Gao bereits um 800 v.Chr. besiedelt hatten, sprachen sie erst seit Kosoys Machtübernahme von einem Songhay-Reich. In den folgenden dreihundert Jahren blühte die islamische Handelsstadt auf und weckte Begehrlichkeiten des benachbarten Mali-Reichs, dessen Herrscher Mansa Musa Gao 1325 unterwarf. Wenige Jahrzehnte

II. Strukturen und Lebenswelten

später konnten die Songhay die Macht allerdings wieder zurückgewinnen (siehe Beitrag Hofbauer).

Als eigentliches Songhay-Reich bezeichnet man die Zeit zwischen 1465 und 1591. Mit Hilfe der Sonni und ihrem Anführer Ali gelangten die Songhay erneut an die Macht. Seine volle Blüte erreichte das Reich unter Askia Mohammed I. (ca. 1443 bis 1538), auch Mohammed Touré genannt. 1591 beendete eine marokkanische Invasion die Herrschaft der Songhay-Dynastien und leitete den Niedergang Gaos ein. Nördlich des heutigen Zentrums erinnert noch immer ein Grabmal an Askia Mohammed. Mittlerweile gehört es zum Weltkulturerbe der UNESCO. Mit 17 Metern Höhe ist es das größte präkoloniale Gebäude der Gegend. Es sieht aus wie eine Pyramide aus Lehmziegeln, die zur Stabilisierung von Holzpfählen durchbohrt ist. Ein wenig erinnert das Gebilde an einen überdimensionierten Termitenbau. Zum Grabmal gehören noch ein Friedhof, ein Versammlungsplatz und eine Moschee.

Touristisch hat Gao ansonsten nicht besonders viel zu bieten. Auf den Barken am Flussufer wehen bunte Fahnen, und noch immer ist der Markt nebenan belebt. Hühner flattern durcheinander, Ziegen mähen, Händler preisen lautstark ihre Waren an. In den nur wenige Meter entfernten Marktgassen werden Lederwaren, Stoffe oder chinesischer Tinnef angeboten. Auf den kaum befestigten Straßen verkehren die in Mali typischen Mopeds, Frauen tragen überwiegend bunte Gewänder und sind nur selten verschleiert. Doch es ist nicht mehr wie vor dem Krieg, in dem Tuareg-Rebellen Gao zur Hauptstadt ihres Staates »Azawad« erklärten. Nach Kidal galt Gao Anfang 2016 als eine der gefährlichsten Städte Malis. Irgendwo in der Wüste lauern noch immer die Anhänger der Gruppen Ansar Dine und AQIM, und in den Dörfern der Umgebung haben sie ihre Unterstützer. Wiederholt wurde die Stadt mit Raketen beschossen.

Auf der westlichen Flussseite liegt die berühmte rote Wanderdüne von Koyma. Früher spazierten hier Touristen. Heute lauern dort nach Ansichten der Einwohner Gaos die Islamisten, da sich die dortigen Dörfer auf die Seite der Radikalen geschlagen hätten. Das alte Hotel Atlantide, ein imposantes Gebäude im Kolonialstil unweit des Piers gelegen, ist verwaist. Früher wurden im Innenhof Kinofilme gezeigt. Heute ist das Gebäude heruntergekommen und geschlossen. Touristen lassen sich hier schon lange nicht mehr blicken. Schließlich sind Ausländer ein beliebtes Ziel von Entführungen. Nach der blutigen Eroberung von Islamisten Ende Juni 2012 galt Gao als die Hauptstadt der Islamisten. Dieben wurden die Hände abgehackt, Ehebrecherinnen gesteinigt, kleine Sünder auf offener Straße ausgepeitscht. Der legendäre Mali-Blues durfte nicht mehr öffentlich gespielt werden. Kunst und Tanz wurden ebenso verboten wie Rauchen. Erst Anfang 2013 wurden die Islamisten von den Franzosen vertrieben. Drei Jahre später ist nicht mehr viel von den Spuren des Krieges zu sehen. Internationale Programme haben ganze Arbeit geleistet – aus Luxemburg, von der EU, der UNESCO. Zerstörte Häuser wurden wiederaufgebaut und Bombenkrater zugeschüttet. Und doch ist Gao eine verwundete Stadt geblieben.

Immer wieder patrouillieren die gepanzerten Landcruiser der von der Bevölkerung in Gao positiv wahrgenommenen Vereinten Nationen die Straßen. Olivgrüne Laster der malischen Armee donnern über die Schlaglochpisten und am Stadtrand kontrollieren die eher schlecht ausgerüsteten Spießgesellen von Ayouba Ag Mouslime die Straße in Richtung Kidal. Der Mann ist Chef einer lokalen Miliz, die sich »Ganda Izo«, »Söhne des Landes«, nennt. Mouslime ist schon seit Anfang der 1990er Jahre bei den »Patriotischen Kräften«, davor war er Trommler in der Band des Gitarristen Baba Salah, der schon mal »Jimi Hendrix von Afrika« genannt wird. »Das ist das Leben in Mali«, sagt Mouslime: »Musik und Kampf sind eins.« *Thilo Thielke*

Luftaufnahme von Gao im Februar 2013.

Historisch-politische Entwicklung Malis

▼ Zeitstrahl

Dieser chronologische Überblick beinhaltet eine Auswahl der wichtigsten politischen und sicherheitspolitischen Ereignisse. Bezüglich der Daten variieren die Angaben je nach Quelle. Nicht immer kann daher eine völlige Zuverlässigkeit garantiert werden.

Vorgeschichte	
ca. 33 000 v.Chr.	Erste Spuren der Besiedelung der Region.
ca. 4000 v.Chr.	Erste Spuren einer Viehzüchterkultur.
Ab ca. 2000 v.Chr.	Beginn des Ackerbaus.
um 300 v.Chr.	Herausbildung erster Städte (Djenné-Djeno).
um 300	Mandinka-Völker gründen an der Kreuzung der Handelsstraßen von Nordafrika zur Guinea-Küste und vom Atlantik zum Nil den Staat Ghana.
7. Jhdt.	Nordafrikanische Einwanderer gründen in Kukia, ehemals südostwärts von Gao, ein zweites Machtzentrum neben Ghana
um 800	Gründung der Dynastie der Cisse Tunkara unter Kaya Maghan Cisse aus der Ethnie der Soninke. Aufstieg Ghanas zum wichtigen Handelszentrum durch Kontrolle des transsaharischen Handels von Gold, Salz und Sklaven.
1010/11	Verlegung der Hauptstadt durch Dia Kossoi (Songhay) von Kukia nach Gao. Sein Übertritt zum Islam ist erster Ausgangspunkt dieser Religion im westlichen Sudan.
ab 1050	Muslimische Berber (Almoraviden) aus Mauretanien und Marokko beginnen einen »Heiligen Krieges« gegen Ghana.
1076	Eroberung von Koumbi Saleh, im Südosten des heutigen Mauretanien, durch Abu Bakr und Zwangsislamisierung von Ghana. Die Almoraviden können die Herrschaft nicht konsolidieren. Der Niedergang der Region ist die Folge.

Das Mali-Reich

1235–1255	Der Herrscher des Malinke-Volks, Sundjata Keita, erobert Koumbi Saleh, unterwirft weitere Gebiete und errichtet das islamische Großreich Mali.
1312–1337	Unter König Mansa Musa erreicht Mali den Höhepunkt seiner Macht. Die Städte Djenné, Timbuktu und Gao sind bedeutende Handelszentren der islamischen Welt.
1325	Eroberung von Gao und Unterwerfung des Songhay-Staates: Größte territoriale Ausdehnung Malis.
14./16. Jhdt.	Nach dem Tode König Mansa Musas beginnt der machtpolische Abstieg Malis. Neue politische Kräfte in der Region werden ab 1400 die »Ful-Staaten« Fuuta Jaalo (Senegal) und Macina (nordwestlich des Niger).

Die Herrschaft der Songhay

1337	Eroberung der Stadt Gao durch Ali Kolen, den Begründer der Sonni-Dynastie.
1464–1492	Sonni Ali erobert Timbuktu und weitere Territorien im Sahel-Gebiet.
1493–1528	Askia Mohammed Touré festigt den Songhay-Staat mit einer neuen Verwaltungsstruktur und stehendem Heer.

Marokkanische Herrschaft

1558–1612	Eroberungskrieg des marokkanischen Sultans Mulai Ahmed al-Mansur gegen die Songhay.
1591	Eroberung von Timbuktu und Gao.
1612	Rückzug der Marokkaner. Noch Mitte des 20. Jhdts. leiten politische Kräfte in Marokko Ansprüche auf das Gebiet Malis aus der vorkolonialen Zeit her.
17. Jhdt.	Errichtung der Staaten Kaarat und Segu durch die Bambara sowie Einsetzung des von Marokko abhängigen Paschas von Timbuktu als Nachfolger von Mali.
1670	Eroberung Timbuktus durch Segu.
1848–1884	Errichtung eines Reiches von Senegal bis Timbuktu durch El Hadsch Omar; Niedergang nach seiner Ermordung.

Französische Kolonie

ab 1879	Vordringen französischer Kolonialtruppen auf das Gebiet des heutigen Mali; 1883 Eroberung Bamakos.
1894	Unterwerfung der Stadt Timbuktu.
1898	Ende der Widerstandsbewegung unter Samori Touré gegen die französische Fremdherrschaft.
1904	Frankreich gliedert das Gebiet in die Kolonie Französisch-Sudan ein. Ausrichtung der Landwirtschaft auf exportorientierte Produkte.
1956	Modibo Keita erringt bei Wahlen mit der Partei »Union Soudanaise-Rassemblement Démocratique Africain« einen Sitz in der französischen Nationalversammlung und wird ihr erster afrikanischer Vizepräsident.
1958	24. November: Französisch-Sudan wird autonome Republik innerhalb der Französischen Communauté.
1959	25. März: Französisch-Sudan schließt sich mit Senegal zur Mali-Föderation zusammen; Keita wird Präsident der Föderation.

Dekolonialisierung und Unabhängigkeit

1960	20. Juni: Die Mali-Föderation wird unabhängig. Die Verfassung behält gegen den Willen Französisch-Sudans einen bundesstaatlichen Charakter.
	19. August: Differenzen über die Verfassung führen zu Konflikten und zur Ausrufung des Notstandes.
	20. August: Senegal proklamiert seine Unabhängigkeit und erklärt das Ende der Mali-Föderation.
	22. September: Mali erhält seine Unabhängigkeit als Republik unter Präsident Modibo Keita.
1961	20. Januar 1961: Präsident Keita fordert Frankreich auf, die letzten Truppen aus Mali abzuziehen. Heute »Tag der Streitkräfte«.
1962	Unter Präsident Keita verfolgt Mali einen sozialistischen Kurs, tritt aus dem Franc-Verbund aus und führt eine eigene Währung ein.

Dekolonialisierung und Unabhängigkeit

1964	Zusammenbruch der seit 1961 schwelenden Tuareg-Rebellion in der heutigen Region Kidal nach Militäreinsatz.
1967	Verhandlungen mit Frankreich über Wiedereintritt in die Franc-Zone ab 1968.
	22. August: »Kulturrevolution« zur ideologischen »Säuberung« des Apparats von frankophilen Einflüssen.
1968	19. Januar: Auflösung der Nationalversammlung und Übertragung der gesetzgebenden Gewalt auf den Präsidenten.
	19. November: Verhaftung Keitas durch eine »gegenrevolutionäre« Koalition aus Militärs und frankophilen Parteiführern; Übernahme der Regierung durch das »Militärkomitee für nationale Befreiung« unter Moussa Traoré und Yoro Diakité.
1969	19. September: Traoré wird Staats- und Regierungschef.
1971	26. März: Verhaftung Diakités (1968/69 Premierminister) wegen eines angeblichen Umsturzversuches.
1973–1974	Saheldürre bewirkt Flucht von 80 000 Menschen in die Gao-Region.
1974	Referendum über neue Verfassung; Rückkehr zur Zivilregierung.
1979	27. bis 31. März: Erster Kongress der Einheitspartei »Union Démocratique du Peuple Malien« (UDPM).
	19. Juni: Wahl Traorés zum Präsidenten.
1983–1985	Erneute Dürreperiode im Norden
1985	Dezember: Grenzkrieg mit Burkina Faso um den Agacher-Streifen.
1986	Der Urteilsspruch des Internationalen Gerichtshofs (IGH) über die Aufteilung des Agacher-Streifens wird von beiden Seiten akzeptiert.

Dekolonialisierung und Unabhängigkeit

1988	Aufnahme der historischen Stätten von Djenné und Timbuktu in das UNESCO-Weltkulturerbe. Bei Parlamentswahlen erhält die UDPM 98,5 % der Stimmen. Gründung der Tuaregbewegung »Mouvement Populaire de Libération de l'Azawad« (MPLA) durch Iyad ag Ghali.
ab 1989	Libyen weist tausende malischer Migranten, darunter viele Tuareg, aus.
1990	**28. Juni 1990:** Mit dem Angriff der MPLA auf Ménaka beginnt der zweite Tuareg-Konflikt.
	Dezember: Pro-Demokratieproteste in Bamako.
1991	**6. Januar:** Friedensabkommen zwischen der Regierung und Tuareg-Rebellen in Tamanrasset (Algerien). Aufsplitterung der Rebellion entlang ethnischer Linien.
	26. März: Nach Unruhen in Bamako Sturz von Präsident Traoré und Übernahme der Regierung durch den Nationalen Versöhnungsrat unter Amadou Toumani Touré.
	15. Juli: Gescheiterter Putschversuch von Anhängern Traorés.
	9. August: Annahme eines an demokratischen Prinzipien orientierten Verfassungsentwurfes.

Demokratisierungsprozess

1992	**12. April 1992:** Ein Teil der Tuareg-Rebellen und die Regierung schließen in Bamako einen Friedensvertrag (Pacte National).
	26. April: Wahl von Alpha Oumar Konaré zum ersten demokratisch legitimierten Staatspräsidenten.
	8. Juni: Berufung von Younoussi Touré zum Premierminister.
1993	**April:** Rücktritt der Regierung Touré nach Unruhen in Bamako und Ernennung von Verteidigungsminister Abdoulaye Sékou Sow zum neuen Premierminister.
1994	**4. Februar:** Außenminister Ibrahim Boubacar Keita wird nach Rücktritt von Sow neuer Regierungschef.

Demokratisierungsprozess

1994	**April/Mai**: Aufgrund der anhaltenden Unsicherheit in der Region Gao bildet sich die überwiegend aus Songhay bestehende Selbstverteidigungsmiliz Ganda Koy.
1995	**11. Januar**: Nach lokaler Initiative schließen die Volksgruppen im Norden den »Accord de Bourem« zur Beilegung des Konflikts.
1996	**26./27. März**: Als Zeichen der Beendigung der zweiten Tuareg-Rebellion werden in Timbuktu symbolisch 3000 Waffen in der »Flame de la Paix« verbrannt. Einige hundert Ex-Kombattanten werden in die Armee integriert.
1997	**11. Mai**: Wiederwahl von Präsident Konaré

Ende der 1990er Jahre:
Erste al-Qaida-Sympathisanten kommen nach Nordmali.

2000	**14. Februar**: Rücktritt von Premierminister Keita. Im Oktober Rücktritt von allen Ämtern in der Regierungspartei und Gründung der Partei »Rassemblement pour le Mali« (RPM) im Juli 2001.
2002	**12. Mai**: Wahl von Amadou Toumani Touré zum Präsidenten. Der Targi Ahmed Mohamed ag Hamani wird Premierminister (Rücktritt 2004).
	Beginn der Militärausbildung durch die USA im Rahmen der Pan-Sahel-Initiative (PSI).
2003	**Mitte Februar bis Ende März**: 32 europäische Touristen, darunter 16 Deutsche, werden in Algerien entführt. Nachdem im Mai 17 Geiseln befreit worden sind, werden die restlichen in den Norden Malis verschleppt. Im Juli stirbt eine deutsche Geisel infolge der Strapazen.
2006	**23. Mai**: Ausbruch des dritten Tuareg-Konflikts durch Angriffe auf die Militärcamps in Kidal und Ménaka.
	4. Juli: Friedensvertrag von Algier zwischen der Regierung und den Rebellen zur Beilegung des Konfliktes und zur Integration von Ex-Kombattanten in die Armee. Ein Teil der Rebellen erkennt den Vertrag nicht an.

Demokratisierungsprozess

2007	**7. bis 9. Februar:** »Gipfel der Armen« in Sikasso als Gegenveranstaltung zum G8-Gipfel in Heiligendamm mit rd. 1000 Delegierten aus Afrika und Europa.
	29. April: Wiederwahl von Präsident Touré; Ibrahim Boubacar Keita wird zweiter der Präsidentenwahl. Mit Sidibé Aminata Diallo kandidiert erstmalig eine Frau.
	Juli: Klarer Sieg des von Präsident Touré unterstützenden Koalitionsbündnisses »Alliance pour la Démocracie et le Progrès« (ADP) bei den Parlamentswahlen.
	Seit August: Erneute sporadische Übergriffe von Tuareg-Rebellen um Ibrahim ag Bahanga und Zusammenstöße mit malischen Sicherheitskräften. Libyen vermittelt im April 2008 zur Beendigung der Kämpfe
2008	**April bis Mai:** Offensive der Rebellen gegen die malische Armee. Oberst Mohamed Ould Meidou, ein Araber aus Timbuktu, und Oberst El Hajj ag Gamou, ein Targi, werden mit der Gegenoffensive betraut.
	21. Juli: Waffenstillstand unter algerischer Vermittlung.
	20. Dezember: Rebellenüberfall auf einen Militärstützpunkt in Nampala.
2009	**21. Januar:** Zerstörung von Ibrahim ag Bahangas Hauptquartier und Eroberung weiterer Rebellencamps infolge einer malischen Militäroffensive; Flucht Ibrahim ag Bahangas nach Libyen im Februar.
	22. Januar: Entführung von vier europäischen Touristen in der Grenzregion zu Niger und »Verkauf« an AQIM. Zwei werden im Austausch für Islamisten freigelassen, für eine Schweizer Geisel wird angeblich Lösegeld bezahlt. Eine britische Geisel wird erschossen, nachdem die britische Regierung Verhandlungen verweigert hatte.
	Februar: Die malische Armee geht gegen AQIM-Stützpunkte an der algerischen Grenze vor.
	17. Februar: Zeremonielle Waffenabgabe durch rund 700 Rebellen. Ein Teil wird in die Armee integriert.

Demokratisierungsprozess

4. Juli: Anschlag auf einen Militärkonvoi durch AQIM mit rund 20 Toten.

20. Juli: Unterzeichnung eines Abkommens mit der wichtigsten Tuareg-Gruppierung »Alliance Démocratique du 23 mai 2006 pour le Changement« (ADC) zur Kooperation im Kampf gegen AQIM.

23. August: Nach landesweiten Protesten nimmt Präsident Touré einen Gesetzesentwurf zur Stärkung der Rechte von Frauen und Kindern zurück.

2010 23. Juli: Gescheiterte Befreiung einer französischen Geisel durch französische und mauretanische Einheiten aus einem AQIM-Lager bei Tessalit. Am 25. Juli verkündet AQIM die Ermordung der Geisel als Racheakt für ihre bei der Befreiungsaktion getöteten Mitglieder.

17.–19. September: Boden- und Luftschläge gegen AQIM nahe Timbuktu durch Mali und Mauretanien.

22. Oktober: Freilassung von zwei im November 2009 entführten spanischen Entwicklungshelfern gegen Lösegeld.

2011 5. Januar: Anschlag eines mutmaßlichen AQIM-Mitgliedes auf die französische Botschaft in Bamako.

3. April: Cissé M. Sidibé wird als erste Frau Ministerpräsidentin von Mali.

Ab 21. Juni: Boden- und Luftschläge gegen AQIM-Milizen bei Wagadu durch Mali und Mauretanien.

August: Beginn eines EU-unterstützten Entwicklungsprogramms für den Norden.

Unabhängigkeitsbestrebung der Tuareg

2011 Oktober: Tuareg-Söldner aus Libyen kehren nach der Niederlage der Armee Muammar al-Gaddafis nach Mali zurück. Gründung der Unabhängigkeitsbewegung »Mouvement National de Libération de l'Azawad« (MNLA). Ihr Ziel ist die Errichtung des unabhängigen Staates Azawad.

Unabhänigkeitsbestrebung der Tuareg

2011   26. Oktober: Der Anführer der Tuareg-Rebellion von 2009, ag Bahanga, stirbt unter ungeklärten Umständen.

25. November: In Timbuktu ermordet AQIM einen deutschen Touristen und entführt drei weitere Personen. Franzosen befreien eine Geisel im April 2015.

Dezember: Separate Gründung der islamischen Tuareg-Gruppe »Ansar Dine« durch Iyad ag Ghali in der Region Kidal und des »Mouvement pour l'unicité et le jihad en Afrique de l'Ouest« (MUJAO) in Südalgerien

Der Konflikt in Mali 2012/13

2012   17. Januar: Beginn der vierten Tuareg-Rebellion durch eine Offensive der MNLA auf Ménaka. Nach Rückzug der malischen Armee fällt die Stadt am 31. Januar.

24. Januar: In Aguelhok sollen Ansar Dine und MNLA zwischen 70 und 153 Soldaten hingerichtet haben.

21./22 März: Militärmeuterei, Putsch und Sturz von Staatspräsident Touré wegen angeblicher Untätigkeit gegen die Rebellion; Machtübernahme durch eine Junta unter Hauptmann Amadou Haya Sanogo; Unruhen in der Hauptstadt Bamako; Verhängung von Sanktionen u.a. durch die Afrikanische Union und ECOWAS.

30. März bis 1. April: Nach Rückzug der malischen Armee nehmen MNLA und Ansar Dine die Stadt Kidal ein. Es folgen Gao und Timbuktu. Es kommt zu Vergewaltigungen und Plünderungen. In der Folge bildet sich in der Region Timbuktu das spätere »Mouvement arabe de l'Azawad« (MAA), das die Interessen der arabischen Minderheit gegenüber der Tuareg-Rebellen vertreten soll.

2. April: In Timbuktu kommt es zwischen Ansar Dine und der MNLA zu Spannungen. In der Folge werden die meisten MNLA-Truppen aus der Stadt verdrängt.

6. April: Die MNLA proklamiert ihren unabhängigen Staat Azawad; die Autonomieerklärung wird international zurückgewiesen. Rahmenabkommen zwischen der Militärjunta und der ECOWAS für die Rückkehr zur Demokratie.

Der Konflikt in Mali 2012/13

2012

8. April: Offizielle Rücktrittserklärung von Präsident Touré, der in der Folge ins Exil nach Senegal geht. Bildung einer Übergangsregierung unter Cheick Modibo Diarra und Interimspräsident Dioncounda Traoré.

26. April: ECOWAS beschließt die Entsendung von 3000 Soldaten zur Stabilisierung von Mali; die Ex-Militärjunta lehnt die militärische Intervention jedoch ab.

30. April: Gegenputsch von Anhängern Präsident Tourés; Gefechte in Bamako mit den Soldaten der Junta.

21. Mai: Unruhen und tätlicher Angriff auf Präsident Traoré in Bamako, der daraufhin zwei Monate in Frankreich behandelt werden muss.

1. Juni: Die MNLA annulliert ihren beabsichtigten Zusammenschluss mit Ansar Dine. Nach Protesten gegen die Einführung der Scharia kommt es zu Zusammenstößen zwischen beiden Gruppen, in deren Verlauf auch Weltkulturerbestätten in Timbuktu zerstört werden.

26.–27. Juni: Islamisten vertreiben die MNLA nach blutigen Kämpfen aus Gao.

28. Juni: MNLA-Truppen ziehen nach Aufforderung von Ansar Dine aus Timbuktu ab.

12. Oktober: Der VN-Sicherheitsrat verabschiedet Resolution 2071 zum Erhalt der staatlichen Einheit Malis.

November: Die MNLA verliert Ménaka an MUJAO und überlässt Léré Ansar Dine kampflos.

10./11. Dezember: Die Ex-Militärjunta setzt Premierminister Diarra fest und zwingt ihn zum Rücktritt. Dieser hatte einen internationalen Militäreinsatz befürwortet.

11. Dezember: Präsident Traoré ernennt den Ombudsmann der Republik, Django Sissoko, zum neuen Regierungschef.

20. Dezember: Der VN-Sicherheitsrat autorisiert mit Resolution 2085 die Ausbildung malischer Streitkräfte sowie die Aufstellung einer ECOWAS-Militärmission zur Unterstützung Malis bei der Rückgewinnung des Nordens.

Die Ausweitung zum internationalen Konflikt

2013

8.–10. Januar: Einnahme der Stad Konna durch Islamisten. Präsident Traoré bittet Frankreich um Unterstützung.

11. Januar: Frankreich greift nach Billigung des VN-Sicherheitsrates aktiv in den Kampf gegen die vorrückenden Islamisten ein (Operation »Serval«). Noch am selben Tag fällt ein französischer Helikopterpilot.

14. Januar: Frankreich intensiviert seine Angriffe auf Ziele im Norden des Landes. Algerien kündigt die Grenzschließung zu Mali an.

15. Januar: Hunderte französische und malische Soldaten rücken auf Diabali vor.

16. Januar: Deutschland kündigt an, zwei Transportflugzeuge der Bundeswehr nach Mali zu entsenden um ECOWAS-Truppen nach Bamako zu verlegen. Die Entsendung von Kampftruppen schließt die Bundesregierung aus.

17. Januar: Der Europäische Rat beschließt die Entsendung einer rund 500 Soldaten umfassenden Ausbildungsmission (EUTM Mali) unter französischer Führung.

17./18. Januar: Die Bundeswehr beginnt ihren Mali-Einsatz mit zwei Transall-Maschinen. Zeitgleich treffen die ersten afrikanischen Truppen in Mali ein.

23./24. Januar: Das »Mouvement Islamique de l'Azawad« (MIA) spaltet sich von Ansar Dine, schwört dem Terrorismus ab und fordert Verhandlungen mit der Regierung.

26./27. Januar: Französische und malische Truppen nehmen Gao ein.

27./28. Januar: Französische und malische Truppen marschieren gemeinsam in Timbuktu ein.

29./30. Januar: Französische Truppen rücken in Kidal ein. MNLA und MIA verweigern malischen Truppen den Zugang wegen Bedenken vor Übergriffen gegen die dortige Bevölkerung.

2. Februar: Der französische Präsident François Hollande besucht medienwirksam Timbuktu und Bamako.
Es stehen rund 3500 französische Soldaten im Land.

Die Ausweitung zum internationalen Konflikt

7./8. Februar: Französische Truppen nehmen Tessalit ein.

8./9. Februar: In Bamako kommt es innerhalb der malischen Armee zu Kämpfen zwischen Anhängern und Gegnern des gestürzten Präsidenten Touré. In Gao wird erstmals ein Selbstmordanschlag verübt. Ein malischer Soldat stirbt. MUJAO übernimmt die Verantwortung. Derweil treffen die ersten 70 EU-Soldaten in Bamako ein.

9. auf 10. Februar: Ein MUJAO-Angriff auf Gao wird von malischen und französischen Truppen abgewehrt.

18. Februar: Auf Beschluss der EU-Außenminister beginnt offiziell die EU-Mali-Mission EUTM Mali. 20 der 27 EU-Staaten beteiligen sich daran.

19. Februar: Beginn der französischen Bodenoffensive im Ifoghas-Gebirge. Sie wird von Soldaten aus dem Tschad unterstützt, die am 22./23. Februar den Tod von 93 Islamisten und 23 eigene Soldaten vermelden.

26. Februar: In Kidal sterben bei einem Selbstmordanschlag sieben MNLA-Kämpfer.

Ende Februar: Ende der großen Militäroperation; Guerillakrig gegen französische und afrikanische Truppen im Nordosten. Die Stadt Gao gilt als Hochburg der Islamisten. Hier gibt es am 21. Februar heftige Kämpfe. Die Franzosen arbeiten mit kooperationsbereiten Tuareg zusammen, um die Extremisten aufzufinden.

28. Februar: Der Deutsche Bundestag beschließt die Beteiligung mit bis zu 180 deutschen Soldaten an einer EU-Ausbildungsmission der malischen Streitkräfte. Separater Beschluss für eine deutsche Hilfe für die ECOWAS-geführte internationale Unterstützungsmission AFISMA. Bis zu 150 Soldaten und drei Transall-Flugzeuge unterstützten beim Transport afrikanischer Kampftruppen, ein Airbus vom Typ A310 MRTT bei der Luftbetankung französischer Kampfflugzeuge.

März: Tschad und Frankreich vermelden den Tod von Abd al-Hamid Abu Zeid, einem hochrangigen AQIM-Führer. Zeids Nachfolger wird Yahia Abu el Hamam alias Djamel Okacha.

Die Ausweitung zum internationalen Konflikt

2013

20./21. März: Beim Versuch, den Flughafen von Timbuktu einzunehmen, sterben bei heftigen Gefechten mit französischen und malischen Soldaten etwa zehn Islamisten und ein malischer Soldat; erster Selbstmordanschlag in Timbuktu.

22. März: Rund 40 Sanitätssoldaten der Bundeswehr treffen in Koulikoro ein und errichten das künftige EUTM-Truppenlazarett.

Ende März: Erneut mehrtägige Gefechte in Timbuktu, bei denen mindestens 21 Islamisten sowie ein malischer Soldat ums Leben kommen.

2. April: Ausbildungsbeginn der ersten 650 malischen Soldaten durch die EUTM. Die Bundeswehr stellt bisher 71 Sanitäter und Unterstützungspersonal.

12. April: Infolge eines Selbstmordanschlags in Kidal sterben drei tschadische Soldaten. Der Präsident des Tschad kündigt am 15. April den Abzug seiner 2000 Soldaten aus Mali an. Rund 30 Soldaten waren in den vergangenen drei Monaten gefallen.

25. April: Der VN-Sicherheitsrat beschließt mit der Resolution 2100 (2013) die Aufstellung der 11 200 Soldaten umfassenden »Multidimensionalen Integrierten Stabilisierungsmission der VN in Mali« (MINUSMA).

29. April: Die Bundeswehr startet mit rund 30 Soldaten die Ausbildung malischer Soldaten in Koulikoro. Der Schwerpunkt liegt auf der Ausbildung von Sanitätern und Pionieren. Innerhalb eines Jahres sollen 2600 malische Soldaten ausgebildet werden.

2. Mai: Gründung des »Haut Conseil de l'Azawad« (HCA) in der Region Kidal. Nach dem Zusammenschluss mit der MIA Umbenennung zum »Haut Conseil de l'Unité de l'Azawad« (HCUA). Offiziell strebt der HCUA eine politische Beilegung des Konfliktes an.

Ende Mai: Frankreich beginnt mit der Rückführung seiner derzeit rund 4500 Soldaten.

Die Ausweitung zum internationalen Konflikt

5. Juni: Malische Truppen nehmen angeblich als Reaktion auf die Verhaftung schwarzer Nicht-Tuareg in Kidal, die Stadt Anéfis von der MNLA ein.

18. Juni: Vereinbarung von Ouagadougou zwischen der malischen Regierung und der MNLA/HCUA über einen Waffenstillstand, die Stationierung malischer Truppen in Kidal und die Abhaltung von Wahlen.

27. Juni: Der Bundestag beschließt die Überführung der deutschen Unterstützung von AFISMA zu MINUSMA.

1. Juli: Offizieller Beginn der VN-Mission MINUSMA unter ruandischer Führung. Über 6100 Soldaten und fast 400 Polizisten werden von AFISMA übernommen.

5. Juli: In Kidal kommt es wegen der Stationierung von 200 malischen Soldaten zu gewalttätigen Protesten.

28. Juli/11. August: Ibrahim Boubacar Keita (IBK) wird bei den generell in einem friedlichen Umfeld stattfindenden Präsidentschaftswahlen mit 77,6 % der Stimmen in der zweiten Runde zum neuen Präsidenten gewählt.

6. August: Auf Vermittlung Mauretaniens vereinbaren die MNLA, HCUA und MAA die Einstellung gegenseitiger Angriffe.

14. August: Beförderung des Putschistenführers Sanogo zum Generalleutnant und Ernennung zum Vorsitzenden der Kommission zur Überwachung der Reform des Sicherheits- und Verteidigungssektors.

22. August: Dschihadisten um Mokhtar Bel Mokhtar und MUJAO schließen sich zu »al Mourabitoun« zusammen.

5. September: Ernennung des Ökonomen Oumar Tatam Ly zum Premierminister.

19. September: Bei der Vereidigungszeremonie von IBK erklärt der französische Präsident Hollande den Krieg für gewonnen, verspricht Mali aber weiterhin Unterstützung im Kampf gegen den Terror.

Die Ausweitung zum internationalen Konflikt

2013

26. September: Die Rebellengruppen MNLA, HCUA und MAA werfen der Regierung vor, den Inhalt des Ouagadougou-Vertrages nicht umzusetzen, und kündigen dessen Aufhebung an. Am 29. September kommt es in Kidal zu Gefechten mit Regierungstruppen.

30. September: Meuterei von Ex-Junta-Soldaten gegen Sanogos Beförderung in Kati. Sanogo-Loyalisten gehen gegen die Meuterer vor. Laut VN sterben mindestens vier Soldaten, zwölf werden vermisst. Präsident IBK löst daraufhin das von Sanogo geführte Komitee zur Reform des Sicherheits- und Verteidigungssektors auf.

31. Oktober: Ermittlungen gegen Sanogo wegen dessen Beteiligung an der Niederschlagung des Gegenputsches vom April 2012. Am 27. November werden Sanogo und 28 weitere Soldaten verhaftet. Im April 2014 wird gegen Sanogo Anklage wegen Mordes erhoben.

24. November/15. Dezember: Bei den international als »frei und fair« bewerteten Parlamentswahlen gewinnt IBKs RPM 66 von 147 Sitzen. Am 22. Januar wird Issaka Sidibé von der RMP zum Parlamentspräsidenten gewählt.

28. November: Malische Soldaten schlagen gewalttätige Proteste in Kidal gegen einen geplanten Besuch des Premierministers blutig nieder. Die Rebellen kündigen daraufhin den Waffenstillstand mit der Regierung.

Mitte Dezember: Bei einer französischen Offensive im Raum Timbuktu sterben rund 19 Dschihadisten.

2014

Februar: Wiederholt Zusammenstöße in der Region Gao zwischen Imghad-Tuareg und Peul mit über 40 Toten.

16. Februar: Burkina Faso, Mali, Mauretanien, Niger und Tschad verständigen sich als »G5-Staaten« auf eine engere Zusammenarbeit im Kampf gegen Terrorismus und grenzübergreifende Kriminalität.

Anfang März: Bei einem französischen Luftangriff im Nordosten sterben laut Medienberichten mindestens elf Islamisten, darunter wohl auch der MUJAO-Kommandeur Omar Ould Hamaha.

Die Ausweitung zum internationalen Konflikt

18. März: Abspaltung der »Coalition du peuple pour l'Azawad« (CPA) von der MNLA.

April: Laut Medienberichten sollen bei französischen Militäroperationen rund 30 Islamisten getötet worden sein.

5. April: Premierminister Oumar Tatam Ly tritt wegen angeblicher Reformblockaden in der Regierung zurück. Nachfolger wird Moussa Mara von der Yelema-Partei.

15. April: Der Rat der EU beschließt die Aufstellung der zivilen Mission EUCAP (EU Capacity Buidling) Sahel Mali zur Ausbildung und Beratung der malischen Polizei, der Nationalgarde sowie der Gendarmerie. Vom 26. Mai 2014 bis 14. Juni 2016 steht die Mission mit Albrecht Conze unter deutscher Führung. Parallel wird die Fortsetzung der EUTM Mali bis zum 18. Mai 2016 beschlossen, die bisher vier Kampfverbände ausgebildet hat.

16. bis 21. Mai: Beim Besuch des Premierministers in Kidal kommt es nach gewalttätigen Protesten zu Gefechten zwischen MNLA/HCUA und malischen Truppen. Die Rebellen nehmen Regierungspersonal als Geiseln, wobei acht Zivilisten sterben. Malische Sicherheitskräfte beginnen am 21. Mai eine Offensive auf Kidal. Nach schweren Verlusten ziehen sie sich erst aus Kidal und später aus weiteren Gebieten im Norden, darunter Ménaka, Aguelhok, Anéfis und Tessalit, zurück, die von der MNLA eingenommen werden. MINUSMA spricht von insgesamt 41 Toten, darunter 33 malische Sicherheitskräfte. In Bamako kommt es zu Demonstrationen gegen MINUSMA und »Serval«, weil diese die Regierungstruppen nicht unterstützten. Verteidigungsminister Soumeylou Boubèye Maïga tritt daraufhin zurück. Frankreich stoppt seinen Truppenabzug und behält 1600 Soldaten im Land.

23. Mai: Auf Vermittlung Mauretaniens unterzeichnen die malische Regierung, die MNLA, HCUA und die MAA ein Waffenstillstandsabkommen und vereinbaren die Rückkehr zu den im Juni 2013 geschlossenen Ouagadougou-Vereinbarungen.

Die Ausweitung zum internationalen Konflikt

2014

9. Juni: In der Erklärung von Algier vereinbaren MNLA, HCUA und MAA die Einhaltung des Waffenstillstandes und die gemeinsame Arbeit an einem Friedensprozess unter Anerkennung der territorialen Integrität und Einheit des malischen Staates.

11. Juni: Bei einem Autobombenanschlag auf ein VN-Camp in Aguelhok sterben vier tschadische Peacekeeper.

14. Juni: In Algier beschließen CPA, die aus Pro-Regierungsmilizen bestehende CMFPR sowie eine Splittergruppe der MAA den Zusammenschluss zur »Plateforme d'Alger du 14 juin 2014«.

25. Juni: Der VN-Sicherheitsrat verlängert die Mission MINUSMA mit Resolution 2164 um ein weiteres Jahr und setzt den Fokus auf die Stabilisierung und den Schutz von Zivilisten. Am selben Tag beschließt der Bundestag die deutsche Fortsetzung an MINUSMA.

Anfang Juli: In den Regionen Gao und Kidal kommt es wiederholt zu Gefechten zwischen Pro-Regierungsmilizen und MNLA, HCUA sowie einer Fraktion der MAA. Effektiv kontrolliert die malische Armee im Norden nur noch Gao und Timbuktu.

14. Juli: In der Region Gao stirbt erstmals ein französischer Soldat bei einem Selbstmordanschlag. Al-Mourabitoun übernimmt die Verantwortung. In Algier beginnen formelle Friedensverhandlungen zwischen der Regierung und den Rebellen. Am 24. Juli wird eine Vereinbarung zur Einstellung von Feindseligkeiten und ein Fahrplan für die Gespräche zwischen der Regierung, den Pro-Regierungsmilizen der »Plateforme« (CMFPR, CPA, MAA-Plateforme) und der Rebellen der »Coordination« (CMA = MNLA, HCUA, MAA-Coordination) unterzeichnet.

16. Juli: Mali und Frankreich schließen einen neuen Vertrag zur Militärkooperation.

1. August: Ende der Operation »Serval«, die in der Operation »Barkhane« aufgeht. Offiziell starben zehn französische Soldaten. Barkhane verfügt zunächst über 3000 Soldaten in fünf Sahel-Ländern. Ihr Hauptquartier ist in N'Djamena, Tschad.

> Die Ausweitung zum internationalen Konflikt

14. August: Gründung der Pro-Regierungsmiliz GATIA (Groupe autodéfense touareg Imghad et alliés). Der malische General El Hajj ag Gamou gilt bei Beobachtern als ihr militärischer Führer. GATIA spricht sich gegen jede Form der Abspaltung aus und fordert die Teilnahme an den Friedensverhandlungen in Algier.

September: Bei drei IED-Anschlägen in der Region Kidal sterben insgesamt zehn tschadische Peacekeeper.

3. Oktober: Bei einem MUJAO-Hinterhalt auf einen VN-Logistikkonvoy zwischen Ménaka und Ansongo in der Region Gao sterben neun Peacekeeper aus dem Niger.

16. Oktober: GATIA nimmt N'tillit (Regio Gao) von der MNLA ein. Drei Tage später fällt auch Tessit an GATIA.

24. Oktober: Spanien übernimmt die EUTM Mali-Führung von Frankreich.

Ende Oktober: Aufgrund der anhaltenden Angriffe auf VN-Truppen stockt Frankreich seine Truppen im Norden auf. Der erste Barkhane-Soldat stirbt am 29. Oktober. Zwischen dem 28. Oktober und dem 6. November sollen laut »Barkhane« 26 Terroristen »neutralisiert« worden sein.

10. auf 11. Dezember: Französische Soldaten töten den MUJAO-Führer Ahmed el Tilemsi.

18. Dezember: In Kidal stirbt der Amenokal der Ifoghas, Intallah ag Attaher. Im folgt sein Sohn Mohamed ag Intalla. Am selben Tag vereinbaren Mali und Deutschland ein Abkommen über die Grundsätze des Ausstattungshilfeprogramms für ausländische Streitkräfte (AH-P).

Ende Dezember: In den Regionen Gao und Timbuktu kommt es zu mehreren Gefechten zwischen CMA und Plateforme.

2015

5. Januar: AQIM-Islamisten greifen die Stadt Nampala an und töten elf malische Soldaten. Es ist der erste Angriff seit Mitte Januar 2013 südlich von Timbuktu.

8. Januar: Rücktritt des Premierministers Moussa Mara ohne nähere Begründung. Nachfolger wird Modibo Keita.

Die Ausweitung zum internationalen Konflikt

2015

20. Januar: Niederländische MINUSMA-Truppen fliegen nach angeblichem Beschuss in Tabankort Angriffe auf MNLA-Stellungen. Die MNLA kündigt daraufhin die Kooperation mit MINUSMA auf. Am folgenden Tag kommt es in Kidal zu gewaltsamen Protesten gegen die VN-Truppen.

27. Januar: Peacekeeper erschießen drei Demonstranten bei Anti-MINUSMA-Protesten in Gao.

28. Januar: Bei einem Selbstmordanschlag in Tabankort sterben zwischen neun und zwölf MNLA-Kämpfer.

10. Februar: EUCAP Sahel Mali nimmt ihre Arbeit auf.

19. Februar: Unter Vermittlung Algeriens unterzeichnen die Regierung sowie Mitglieder der CMA und der Plateforme ein Waffenstillstandsabkommen und vereinbaren, die Friedensgespräche fortzusetzen.

26. Februar: Der Bundestag beschließt die Fortsetzung des deutschen Beitrags für die EUTM Mali und dessen Kommandoübernahme. Neue Obergrenze sind 350 Soldaten.

1. März: Die malische Regierung und die Plateforme unterzeichnen in Algier einen vorläufigen Friedensvertrag. Die CMA lehnt den Vertrag ab, da er nicht die Grundprobleme des Konfliktes angehe.

7. März: Bei einem Anschlag auf ein bei Ausländern beliebtes Lokal in Bamako sterben fünf Menschen. Al-Mourabitoun bekennt sich zu dem Angriff.

27. April: Plateforme-Truppen nehmen Ménaka von der MNLA ein. In der Folge kommt es in der Nähe von Ménaka und in der Region Timbuktu zu mehreren Zwischenfällen, bei denen laut VN-Angaben u.a. 19 malische Sicherheitskräfte ums Leben kommen.

11. Mai: Bei einem CMA-Hinterhalt zwischen Timbuktu und Goundam sterben laut AFP acht malische Soldaten.

13. Mai: Die CMA kündigt die Paraphrasierung des vorläufigen Friedensvertrages an, fordert aber Nachverhandlungen. Am 15. Mai kommt es in Kidal zu Protesten gegen den Vertrag und gegen MINUSMA.

Die Ausweitung zum internationalen Konflikt

14. Mai: Der Kommandeur der al-Mourabitoun, Adnan Abu Waleed al-Sahrawi, erklärt seine Loyalität gegenüber dem Islamischen Staat (ISIS/IS). Bel Mokhtar besteht dagegen auf die Loyalität zu al Qaida.

15. Mai: In Bamako unterzeichnen die Regierung und die Plateforme, bestehend aus der CMFPR-I, einer CPA-Fraktion, MAA-Plateforme und GATIA, sowie Repräsentanten zweier weiterer Splittergruppen der CPA und der CMFPR, den endgültigen Friedensvertrag. Die CMA unterzeichnet den Vertrag nicht. Der Vertrag anerkennt die nationale Einheit, die territoriale Integrität und den Säkularismus Malis und er sieht die Etablierung einer Entwicklungszone für den Norden, stärkere Dezentralisierung durch die Aufstellung einer Regionalversammlung und Vorkehrungen für einen DDR-Prozess vor.

17. auf 18. Mai: Französische Truppen töten u.a. den Cousin von Iyad ag Ghali und höchsten Tuareg von AQIM, Amada ag Hama alias Abdelkrim al Targui.

18./19. Juni: Nach Verhandlungen zieht GATIA aus Ménaka ab und übergibt die Kontrolle an MINUSMA. Am selben Tag hebt die Regierung die Haftbefehle für die Führer der MNLA, HCUA und MAA-Coordination auf.

20. Juni: In Bamako unterzeichnet Sidi Ibrahim Ould Sidatt den Friedensvertrag für die CMA.

27. Juni: Bei einem Ansar Dine-Angriff auf ein Militärcamp in Nara in der Region Koulikoro sterben laut AFP drei malische Soldaten und neun Angreifer. Einen Tag später plündern Ansar Dine-Sympathisanten Regierungsgebäude in Fakola, in der Region Sikasso. Mitte Juli geht die Armee gegen Islamisten in der Region Sikasso vor.

29. Juni: Der VN-Sicherheitsrat verlängert MINUSMA um ein weiteres Jahr. Aufstockung auf 11 240 einzusetzende Kräfte durch zusätzliche Militärbeobachter.

2. Juli: Bei einem Hinterhalt auf eine VN-Patrouille südlich von Timbuktu sterben sechs Peacekeeper aus Burkina Faso. AQIM übernimmt die Verantwortung.

Die Ausweitung zum internationalen Konflikt

2015

28. Juli: Der deutsche Brigadegeneral Franz Xaver Pfrengle übernimmt die Führung der EUTM Mali.

3. August: Zu MUJAO gehörende Kämpfer greifen einen malischen Stützpunkt in Gourma-Rharous in der Region Timbuktu an und töten zehn Sicherheitskräfte.

7. und 8. August: Islamisten greifen zunächst ein malisches Camp in Sévaré, Region Mopti, an und nehmen sodann Geiseln im von Ausländern bewohnten Babylos Hotel. Dabei sterben fünf Zivilisten. Beim Sturm auf das Hotel sterben vier malische Soldaten und vier Islamisten. Al-Mourabitoun übernimmt die Verantwortung.

16./17. August: Nach heftigen Kämpfen nehmen Plateforme-Truppen die Stadt Anéfis, in der Region Kidal, von der CMA ein. Rückzug der Plateforme auf internationalen Druck am 7. September.

27. September bis 14. Oktober: Vertreter der CMA und der Plateforme schließen in Anéfis den »pacte d'honneur«, um innergesellschaftliche Spannungen zu überwinden.

Mitte November: Erste gemeinsame Patrouille von malischen Soldaten sowie CMA- und Plateforme-Kämpfern in der Region Kidal.

20. November: Beim Angriff auf das Luxushotel Radisson Blu in Bamako sterben über 20 Menschen. Zur Tat bekennen sich sowohl die FLM als auch al-Mourabitoun.

3./4. Dezember: AQIM Führer Abdelmalek Droukdel verkündet die Fusion von al-Mourabitoun und AQIM.

18. Dezember: Der deutsche Brigadegeneral Werner Albl übernimmt die Führung der EUTM Mali (bis 3. Juli 2016).

19. auf 20. Dezember: Laut französischen Angaben werden in der Region Ménaka zehn al-Mourabitoun-Terroristen nach heftigem Gefecht »neutralisiert«.

24. und 25. Dezember: Bei zwei Zusammenstößen zwischen Ansar Dine und MNLA in der Region Kidal sterben mindestens 15 MNLA-Kämpfer.

Die Ausweitung zum internationalen Konflikt

2016

28. Januar: Der Deutsche Bundestag stimmt für die Erweiterung der deutschen Beteiligung an der VN-Mission MINUSMA mit bis zu 650 Soldaten.

12. Februar: Kämpfer von Ansar Dine und al-Mourabitoun greifen das VN-Camp in Kidal an und töten sieben Peacekeeper aus Guinea.

1. März: Der Internationale Strafgerichtshof (ICC) befasst sich im Prozess gegen den ehemaligen Ansar Dine-Anhänger Ahmad al-Faqi al-Mahdi erstmals mit der Zerstörung von Weltkulturerbe.

Anfang März: In der Region Gao vereinbaren Imghad- und Daoussak-Tuareg die Einstellung aller Gewalt.

17. März: Der Europäische Rat beschließt die Verlängerung der EUTM Mali bis zum 18. Mai 2018 und die Ausweitung des Einsatzgebietes inklusive der Gemeinden Gao und Timbuktu auf den Niger-Bogen.

21. März: Bei einem versuchten Angriff auf das EUTM Mali-Hauptquartier in Bamako stirbt ein Angreifer.

Ende März: Festnahme des mutmaßlichen Anführers von Ansar Dine im Süden, Souleymane Keita.

12. April: Drei französische Soldaten sterben, als ihr Fahrzeug in der Nähe von Tessalit auf eine Sprengfalle fährt. Ansar Dine übernimmt die Verantwortung.

18. April: Nach der Festnahme von drei Tuareg in Kidal sterben zwei Demonstranten bei Anti-Barkhane-Protesten.

Anfang Mai: In der Region Mopti sterben bei Zusammenstößen zwischen Bambara und Peul zwischen 20 und 50 Personen.

12. Mai: Der Deutsche Bundestag beschließt mit einer reduzierten Maximalstärke von 300 Soldaten die einjährige Fortsetzung an der EUTM Mali.

Zweite Maihälfte: Bei drei verschiedenen Anschlägen sterben insgesamt elf Peacekeeper.

Martin Hofbauer, Markus von Salisch und Torsten Konopka

Soweit vorhanden, sind bei Buchtiteln die deutschen Übersetzungen aufgeführt. Die genannten Werke sind zum Teil im Buchhandel vergriffen. Bitte wenden Sie sich in diesem Fall an Bibliotheken oder suchen Sie nach antiquarischen Ausgaben (z.B. bei www.zvab.com).

Wissenschaftliche Literatur

Abdalla, Muna Ahmed, Understanding of the Natural Resource Conflict Dynamics. The Case of Tuareg in North Africa and the Sahel, Pretoria 2009 (= Institute for Security Studies Papers, 194). Online unter https://www.issafrica.org/uploads/PAPER194.PDF

Arieff, Alexis, Crisis in Mali, Washington D.C. 14.01.2013 (= CRS Report for Congress, R42664). Online unter http://fpc.state.gov/documents/organization/203726.pdf

Barrera, Bernard, Opération Serval. Notes de Guerre, Mali 2013, Paris 2015

Barth, Hans Karl, Mali. Eine geographische Landeskunde, Darmstadt 1986 (= Wissenschaftliche Länderkunden, 25)

Beeler-Stücklin, Sabrina, Institutioneller Wandel und Ressourcenkonflikte. Fischerei, Viehzucht und Landwirtschaft im Nigerbinnendelta von Mali, Köln 2009 (= Topics in African Studies, 11)

Benjaminsen, Tor A., Does Supply-Induced Scarcity Drive Violent Conflicts in the African Sahel? The Case of the Tuareg Rebellion in Northern Mali. In: Journal of Peace Research, 45 (2008), 6, S. 819-836

Benetti, Thomas, Entwicklung des Verhältnisses zwischen Tuareg und staatlichen Strukturen in Mali, Diplomarbeit, Universität Wien 2008. Online unter http://othes.univie.ac.at/2030/1/2008-11-02_9807842.pdf

Bennett, Valerie Plave, Military Government in Mali. In: The Journal of Modern African Studies, 13 (1975), 2, S. 249-266

Bergamaschi, Isaline, and Mahamadou Diawara, The French Intervention in Mali: Not only françafrique but definitely post-colonial. In: Tony Chafer und Bruno Charbonneau (Eds.), Peace Operations in the Francophone World. Global governance meets post-colonialism, London, New York 2014, S. 137-152

Berge, Gunvor, In Defense of Pastoralism. Form and Flux among Tuaregs in Northern Mali, Dissertation, Universität Oslo 2000

Bingen, R. James, [et al.] (Eds.), Democracy and Development in Mali, East Lansing 2000

Bleck, Jaimie, and Kristin Michelitch, The 2012 crisis in Mali: Ongoing empirical state failure. In: African Affairs, 114 (2015), 457, S. 598-623

Bøås, Morten, and Liv-Elin Torheim, The trouble in Mali – corruption, collusion, resistance. In: Third World Quarterly, 34 (2013), 7, S. 1279-1292

Bøås, Morten, Crime, Coping, and Resistance in the Mali-Sahel Periphery. In: African Security, 8 (2015), 4, S. 299-319

Boeke, Sergei, and Bart Schuurman, Operation ›Serval‹: A Strategic Analysis of the French Intervention in Mali, 2013-2014. In: The Journal of Strategic Studies, 38 (2015), 6, S. 801-825

Boisvert, Marc-André, Failing at Violence: The Longer-lasting Impact of Pro-government Militias in Northern Mali since 2012. In: African Security, 8 (2015), 4, S. 272-298

Bratton, Michael [et. al], Popular Views of the Legitimacy of the State of Mali. In: Canadian Journal of African Studies, 36 (2002), 2, S. 197-238

Briscoe, Ivan, Crime after Jihad: armed groups, the state and illicit business in post-conflict Mali, Den Haag 2014 (= Clingendael's Conflict Research Unit (CRU) Report). Online unter http://www.clingendael.nl/sites/default/files/Crime%20after%20Jihad.pdf

Brüne, Stefan, [u.a.] (Hrsg.), Frankreich, Deutschland und die EU in Mali. Chancen, Risiken, Herausforderungen, Baden-Baden 2015

Charbonneau, Bruno, and Jonathan M. Sears, Fighting for Liberal Peace in Mali? The Limits of International Military Intervention. In: Journal of Intervention and Statebuilding, 8 (2014), 2–3, S. 192–213

Chauzal, Grégory, and Thibault van Damme, The roots of Mali's conflict. Moving beyond the 2012 crisis, Den Haag 2015 (= Clingendael's Conflict Research Unit (CRU) Report). Online unter http://www.clingendael.nl/publication/roots-malis-conflict-moving-beyond-2012-crisis

Chivvis, Christopher S., The French War on al Qa'ida in Africa, New York 2016

Cline, Lawrence, Counterterrorism Strategy in the Sahel. In: Studies in Conflict and Terrorism, 30 (2007), S. 889–899

Cristiani, Dario, and Riccardo Fabiani, The Malian Crisis and it's actors. In: The International Spectator: Italian Journal of International Affairs, 48 (2013), 3, S. 78–97

Drouard, Jean-Pierre, Stellung und Funktionen der Streitkräfte in Ländern der Dritten Welt. Dargestellt am Beispiel von Tschad und Mali, Hamburg: Lehrgangsarbeit Führungsakademie der Bundeswehr 1979

Dunning, Thad, and Lauren Harrison, Cross-Cutting Cleavages and Ethnic Voting. An Experimental Study of Cousinage in Mali. In: American Political Science Review, 104 (2010), 1, S. 21–39

Fischer, Anja, [et al.] (Eds.), The Tuareg Society within a Globalized World. Saharan Life in Transition, London [et al.] 2010 (= Library of Modern Middle East Studies, 91)

Fischer, Rudolf, Gold, Salz und Sklaven. Die Geschichte der grossen Sudanreiche Gana, Mali, Songhai, 2., überarb. und erg. Aufl., Oberdorf, Schweiz 1991

Florquin, Nicolas, and Stéphanie Pézard, Insurgency, Disarmament, and Insecurity in Northern Mali, 1990–2004. In: Nicolas Florquin and Eric G. Berman (Eds.), Armed and Aimless. Armed Groups, Guns, and Human Security in the ECOWAS Region, Genf 2005, S. 46–77. Online unter http://www.smallarmssurvey.org/fileadmin/docs/D-Book-series/book-01-Armed-and-Aimless/SAS-Armed-Aimless-1-Full-manuscript.pdf

Foltz, William, From French West Africa to the Mali Federation, New Haven, London 1965

François, Pierre, Class Struggles in Mali. In: Review of African Political Economy, 9 (1982), 24, S. 22–38

Frémeaux, Jacques, Le Sahara et la France, Paris 2010

Friedrich-Ebert-Stiftung, Mali-Mètre: enquête d'opinion »Que pensent les Maliens?« Bamako 2012 (fortlaufend). Online unter http://library.fes.de/pdf-files/bueros/mali/10100/

Graham, Franklin Charles IV, Abductions, Kidnappings and Killings in the Sahel and Sahara. In: Review of African Political Economy, 38 (2011), S. 587–604

Grebe, Jan, Rüstung und Militär in Westafrika. Regionale Sicherheitskooperation in der ECOWAS und die Rolle externer Akteure, Wiesbaden 2016

Gutelius, David, Islam in Northern Mali and the War on Terror. In: Journal of Contemporary African Studies, 25 (2007), 1, S. 59–76

Hagberg, Sten, and Gabriella Körling, Socio-Political Turmoil in Mali. The Public Debate Following the Coup d'état on 22 March 2012. In: Africa-Spectrum, 47 (2012), 2/3, S. 111–125

Hanke, Stefanie, Systemwechsel in Mali. Bedingungen und Perspektiven der Demokratisierung eines neopatrimonialen Systems, Hamburg 2001 (= Hamburger Beiträge zur Afrika-Kunde, 64)

Hanke, Stefanie, und Siegmar Schmidt, Mali. In: Werner Weidenfeld (Hrsg.), Den Wandel gestalten – Strategien der Transformation, Bd 1: Ergebnisse der internationalen Recherche, Gütersloh 2001, S. 188–204

Harmon, Stephen, From GSPC to AQIM: The evolution of an Algerian islamist terrorist group into an Al-Qa'ida Affiliate and its implications for the Sahara-Sahel region. In: Concerned Africa Scholars, Bulletin N°85, 2010, S. 12–29. Online unter http://concernedafricascholars.org/docs/bulletin85harmon.pdf

Harmon, Stephen, Securitization Initiatives in the Sahara-Sahel Region in the Twenty-first Century. In: African Security, 8 (2015), 4, S. 227–248

Harmon, Stephen, Terror and Insurgency in the Sahara-Sahel Region. Corruption, Contraband, Jihad and the Mali War of 2012–2013, Dorchester 2014

Hetland, Oivind, Decentralisation and Territorial Reorganisation in Mali. Power and the Institutionalisation of Local Politics. In: Norsk Geografisk Tidsskrift, 62 (2008), 1, S. 3–35

Hock, Carsten, Fliegen die Seelen der Heiligen? Muslimische Reform und staatliche Autorität in der Republik Mali seit 1960, Berlin 1999 (= Islamkundliche Untersuchungen, 225)

Hüsken, Thomas, and Georg Klute, Political Orders in the Making: Emerging Forms of Political Organization from Libya to Northern Mali. In: African Security, 8 (2015), 4, S. 320–337

Human Rights Watch, Collapse, Conflict, and Atrocity in Mali. Human Rights Watch Reporting on the 2012–13 Armed Conflict and Its Aftermath, New York 2014. Online unter https://www.hrw.org/sites/default/files/related_material/mali0514_ForUpload.pdf

Imperato, Pascal James, Historical Dictionary of Mali, 4th ed., Lanham, MD 2008 (= Historical Dictionaries of Africa, 107)

Ingerstad, Gabriella, and Magdalena Tham Lindell, Stabilizing Mali. Neighbouring states´political and military engagement, 2015 (= FOI, Swedish Defence Research Agency). Online unter http://foi.se/en/Search/Abstract/?rNo=FOI-R--4026--SE

International Crisis Group, Mali. Reform or Relapse, Dakar/Brüssel 2014 (= Africa Report, 210). Online unter http://www.crisisgroup.org/~/media/Files/africa/west-africa/mali/210-mali-reform-or-relapse-english

Karlsrud, John, and Adam C. Smith, Europe's Return to UN Peacekeeping in Africa? Lessons from Mali, New York 2015 (= International Peace Institute July 2015). Online unter https://www.ipinst.org/wp-content/uploads/2015/07/IPI-Epub-Europes-Return-to-Peacekeeping-Mali.pdf

Keenan, Jeremy, The Dying Sahara. US Imperialism and Terror in Africa, London 2013

Keita, Kalifa Basile, Conflict and Conflict Resolution in the Sahel. The Tuareg Insurgency in Mali, Carlisle Barracks, PA 1998 (= Strategic Studies Institute). Online unter http://www.strategicstudiesinstitute.army.mil/pdffiles/PUB200.pdf

Kétouré, Philippe S., Demokratisierung und Ethnizität. Ein Widerspruch? Gewaltsame Konflikte und ihre friedliche Regelung in politischen Wandlungsprozessen. Beispiele Côte d'Ivoire und Mali, Hamburg 2009 (= Demokratie und Demokratisierungsprozesse, 7)

Klute, Georg, From Friends to Enemies. Negotiating Nationalism, Tribal Identities, and Kinship in the Fratricidal war of the Malian Tuareg. In: L'Année du Maghreb, 7 (2011), S. 163–175

Klute, Georg, Kleinkrieg in der Wüste. Nomadische Kriegsführung und die »Kultur des Krieges« bei den Tuareg. In: Thomas Jäger (Hrsg.), Die Komplexität der Kriege, Wiesbaden 2010, S. 188–220

Klute, Georg, Post-Gaddafi Repercussions, Global Islam or Local Logics? Anthropological Perspectives on the Recent Events in Northern Mali, Basel 2012 (= Basel Papers on Political Transformations)

Klute, Georg, Die Rebellionen der Tuareg in Mali und Niger, Habilitationsschrift, Universität Siegen 2001

Klute, Georg, Die schwerste Arbeit der Welt. Alltag von Tuareg-Nomaden, München 1992 (= Rites de passage, 6)

Klute, Georg, The Technique of Modern Chariots. About Speed and Mobility in Contemporary Small Wars in the Sahara. In: Jan Bart, Sabine Luning and Klaas van Walraven (Eds.), The Speed of Change. Motor Vehicles and People in Africa, 1890–2000, Leiden 2009, S. 192–211. Online unter https://openaccess.leidenuniv.nl/bitstream/handle/1887/20392/ASC-075287668-716-01.pdf?sequence=2

Klute, Georg, Tuareg-Aufstand in der Wüste. Ein Beitrag zur Anthropologie des Krieges und der Gewalt, Köln 2013

Klute, Georg, und Trutz von Trotha, Wege zum Frieden. Vom Kleinkrieg zum parastaatlichen Frieden im Norden von Mali. In: Sociologus, 50 (2000), 1, S. 1–36

Koepf, Tobias, Frankreichs ›neue‹ militärische Interventionspolitik in Subsahara-Afrika (2002–2009). Eine konstruktivistische Analyse, Baden-Baden 2013 (= Aussenpolitik und Internationale Ordnung)

Krings, Thomas, Baumwollproduktion für den Weltmarkt. Verzerrter Wettbewerb und die Folgen für Mali (Westafrika). In: Geographische Rundschau, 56 (2004), 11, S. 26–33

Krings, Thomas, Sahelländer. Mauretanien, Senegal, Gambia, Mali, Burkina Faso, Niger, Darmstadt 2006 (= Wissenschaftliche Buchgesellschaft, Wissenschaftliche Länderkunden)

Krings, Thomas, Viehhalter contra Ackerbauern. Eine Fallstudie aus dem Nigerbinnendelta (Republik Mali). In: Die Erde, 116 (1985), 2/3, S. 197–206

Lacher, Wolfram, Organized Crime and Conflict in the Sahel-Sahara Region, Washington D.C. 2012 (= Papers Carnegie Endowment for International Peace, CP 159). Online unter http://carnegieendowment.org/files/sahel_sahara.pdf

Lackenbauer, Helené, [et. al], »If our men won't fight, we will«. A Gendered Analysis of the Armed Conflict in Northern Mali, Stockholm 2015 (= FOI, Swedish Defence Research Agency). Online unter http://foi.se/templates/Pages/DownloadReport.aspx?FileName=\f8d45f40-f42f-4a5d-86e8-524c2ece7f39.pdf&rNo=FOI-R--4121--SE

Larémont, Ricardo René, Al Qaeda in the Islamic Maghreb: Terrorism and Counterterrorism in the Sahel. In: African Security, 4 (2011), S. 242-268

Lecocq, Baz, The Bellah Question. Slave Emancipation, Race, and Social Categories in late Twentieth-Century Northern Mali. In: Canadian Journal of African Studies, 39 (2005), 1, S. 42–68

Lecocq, Baz, Disputed Desert. Decolonisation, Competing Nationalisms and Tuareg Rebellions in Northern Mali, Leiden 2010 (= Afrika-Studiecentrum Series, 19)

Lecocq, Baz, [et al.], One hippopotamus and eight blind analysts: a multivocal analysis on the 2012 political crisis In the divided Republic of Mali. In: Review of African Political Economy, 40 (2013), 137, S. 343–357

Leininger, Julia, Die ambivalente Rolle islamischer Akteure im Demokratisierungsprozess in Mali. In: Julia Leininger und Mirjam Künkler (Hrsg.), Konstruktiv, destruktiv oder obstruktiv? Religiöse Akteure in Demokratisierungsprozessen, Wiesbaden 2013, S. 163–188

Leininger, Julia, »Bringing the Outside in«. Illustrations from Haiti and Mali for the Re-Conceptualization of Democracy Promotion. In: Peter J. Burnell and Oliver Schlumberger (Eds.), International Politics and National Political Regimes. Promoting Democracy – Promoting Autocracy, London 2012, S. 63–80

Le Vine, Victor, Mali. Accomodation or Coexistence. In: William F.S. Miles (Ed.), Political Islam in West Africa. State-Society Relations Transformed, Boulder CO 2007

Lober, Johanna, Auf dem Weg zu einer neuen Form des Zusammenlebens: der innermalische Diskurs über nationale Versöhnung und Erwartungen an die Ausgestaltung eines nationalen Versöhnungsprozesses, Bamako: Friedrich-Ebert-Stiftung 2016. Online unter http://library.fes.de/pdf-files/bueros/mali/12356.pdf

Lohmann, Annette, Who Owns the Sahara? Old Conflicts, New Menaces. Mali and the Central Sahara between the Tuareg, Al Qaida and Organized Crime, Abuja: Friedrich-Ebert-Stiftung 2011. Online unter http://library.fes.de/pdf-files/bueros/nigeria/08181.pdf

Lounnas Djallil, Confronting Al-Qa'ida in the Islamic Maghrib in the Sahel: Algeria and the Malian crisis. In: The Journal of North African Studies, 19 (2014), 5, S. 810–827

Lounnas Djallil, The Regional Fallouts of the French Intervention in Mali. In: Mediterranean Politics, 18 (2013), 2, S. 325–332

Magassa, Hamidou, Islam und Demokratie in Westafrika. Der Fall Mali. In: Michael Bröning und Holger Weiss (Hrsg.), Politischer Islam in Westafrika. Eine Bestandsaufnahme, Berlin 2006, S. 116–151

Mair, Stefan, Deutsche Interessen in Afrika südlich der Sahara. Definitionsversuche, Ebenhausen 1996 (= Stiftung Wissenschaft und Politik)

Marret, Jean-Luc, Al-Qaeda in Islamic Maghreb. A »Glocal« Organization. In: Studies in Conflict & Terrorism, 31 (2008), S. 541–552

Mauxion, Aurélien, Rice Farming Intensification and Political Enterprise in Northern Mali. In: Politique africaine, 110 (2008), 2, 110, S. 153–169

Moestrup, Sophia, The Role of Actors and Institutions. The Difficulties of Democratic Survival in Mali and Niger. In: Democratization (London), 6 (1999), 2, S. 171–186

Mugumya, Geofrey, Exchanging Weapons for Development in Mali. Weapon Collection Programmes Assessed by Local People, Geneva 2004 (= United Nations Publication, UNIDIR/2004/16)

Niezen, R.W., The »Community of Helpers of the Sunna«. Islamic Reform among the Songhay of Gao (Mali). In: Africa, 60 (1990), 3, S. 399–424

Nijenhuis, Karin, Does Decentralisation Serve Everyone? The Struggle for Power in a Malian Village. In: The European Journal of Development Research, 15 (2003), 2, S. 67–92

Notin, Jean-Christophe, La Guerre de la France au Mali, Paris 2014

Pelckmans, Lotte, Travelling Hierachies. Roads in and out of Slave Status in a Central Malian Fulbe Network, Leiden 2011 (= African Studies Collection, 34). Online unter http://hdl.handle.net/1887/17911

Pezard, Stephanie, and Michael Shurkin, Achieving Peace in Northern Mali. Past Agreements, Local Conflicts, and the Prospect for a Durable Settlement, RAND Corporation, 2015. Online unter http://www.rand.org/content/dam/rand/pubs/research_reports/RR800/RR892/RAND_RR892.pdf

Porch, Douglas, The Conquest of the Sahara, Oxford 1986

Poulton, Robin Edward, and Ibrahim ag Youssouf, A Peace of Timbuktu. Democratic Governance, Development and African Peacemaking, New York 1998

Pringle, Robert, Democratiziation in Mali. Putting History to Work, Washington D.C. 2006 (= United States Institute of Peace, Peaceworks, No. 58). Online unter http://www.usip.org/files/resources/PWOct2006.pdf

Raineri, Luca, and Francesco Strazzari, State, Secession, and Jihad: The Micropolitical Economy of Conflict in Northern Mali. In: African Security, 8 (2015), 4, S. 249–271

Reitano, Tuesday, and Mark Shaw, Fixing a fractured state? Breaking the cycles of crime, conflict and corruption in Mali and Sahel. The Global Initiative Against Transnational Organized Crime, 2015. Online unter http://www.globalinitiative.net/download/global-initiative/Global%20Initiative%20-%20Fixing%20a%20Fractured%20State%20-%20April%202015.pdf

Rocksloh-Papendieck, Barbara, und Henner Papendieck, Die Krise im Norden Malis. Aktuelle Lage, Ursachen, Akteure und politische Optionen, Berlin 2012 (= Friedrich-Ebert-Stiftung; Studie). Online unter http://library.fes.de/pdf-files/iez/09526.pdf

Roy, Alexis, Peasant Struggles in Mali. From Defending Cotton Producers' Interests to Becoming Part of the Malian Power Structure. In: Review of African Political Economy, 37, (2010), 125, S. 299–314

Scheele, Judith, Smugglers and Saints of the Sahara. Regional Connectivity in the Twentieth Century, New York 2012 (= African Studies)

Schlichte, Klaus, In the Shadow of Violence. The Politics of Armed Groups, Frankfurt a.M. 2009

Schlichte, Klaus, Krieg und Vergesellschaftung in Afrika. Ein Beitrag zur Theorie des Krieges, Münster [u.a.] 1996 (= Kriege und militante Konflikte, 7)

Schulz, Dorothea E., Culture and Customs of Mali, Santa Barbara [et al.] 2012 (= Culture and Customs in Africa)

Schulz, Dorothea E., Sharia and National Law in Mali. In: Jan Michiel Otto (Ed.), Sharia Incorporated. A Comparative Overview of the Legal Systems of twelve Muslim Countries in Past and Present, Leiden 2010 (= Law, Governance, and Development), S. 529-552. Online unter http://dare.uva.nl/document/221087

Seely, Jennifer C., A Political Analysis of Decentralisation. Coopting the Tuareg Threat in Mali. In: The Journal of Modern African Studies, 39 (2001), 3, S. 499–524

Seiler-Dietrich, Almut, Afrika interpretieren, Heidelberg 2007

Sidibé, Kalilou, Security Management in Northern Mali. Criminal Networks and Conflict Resolution Mechanisms, Brighton 2012 (= Institute of Development Studies Research Reports, 77). Online unter http://www.ids.ac.uk/files/dmfile/RR77.pdf

Skeppström, Emma [et al.], European Union Training Missions: security sector reform or counter-insurgency by proxy?: In: European Security, 24 (2015), 2, S. 353–367

Smith, Zeric Kay, »From Demons to Democrats.« Mali's Student Movement 1991–1996. In: Review of African Political Economy (Sheffield), 24 (1997), 72, S. 249–263

Soares, Benjamin F. [et al.] (Eds.), Islam and Muslim politics in Africa, New York, N.Y. [et al.] 2007

Soares, Benjamin F., Islam and Public Piety in Mali. In: Armando Salvatore (Ed.), Public Islam and the Common Good, Leiden 2004 (= Social, Economic and Political Studies of the Middle East and Asia, 95), S. 205–226

Sow, Alioune, Nervous Confessions. Military Memoirs and National Reconciliation in Mali. In: Cahiers d'études africaines, 50 (2010) 197, S. 69–93

Steuer, Noemi, Krankheit und Ehre. Über HIV und soziale Anerkennung in Mali, Bielefeld 2012 (= Kultur und soziale Praxis)

Strazzari, Francesco, Azawad and the rights of passage: the role of illicit trade in the logic of armed group formation in northern Mali, Oslo 2015 (= NOREF Report January 2015). Online unter http://www.clingendael.nl/sites/default/files/Strazzari_NOREF_Clingendael_Mali_Azawad_Dec2014.pdf

Sylla, Djoumé, and Hamidou Ongoïba, Mali. Evaluating the Impact of Decentralisation, Bamako 2007

Tinti, Peter, Illicit Trafficking and Instability in Mali: Past, Present and Future. A Research Paper, The Global Initiative Against Transnational Organized Crime, Genf 2014. Online unter http://www.globalinitiative.net/download/global-initiative/Global%20Initiative%20-%20Organized%20Crime%20and%20Illicit%20Trafficking%20in%20Mali%20-%20Jan%202014.pdf

Van Vliet, Martin, Weak legislatures, failing MPs, and the collapse of democracy in Mali. In: African Affairs, 113 (2014), 450, S. 45–66

Villalón, Leonardo A., and Abdourahmane Idrissa, The Tribulations of a Successful Transition: Institutional Dynamics and Elite Rivalry in Mali. In: Leonardo A. Villalón and Peter Von Doepp (Eds.), The Fate of Africa's Democratic Experiments, Elites and Institutions, Bloomington 2005, S. 49–74

Wegemund, Regina, Die Tuareg in Mali und Niger. Rebellion einer Ethnie, vergleichbare Konfliktursachen, unterschiedlicher Verlauf. In: Internationales Afrikaforum, 36 (2000), 4, S. 379–387.

Whitehouse, Bruce, The Force of Action. Legitimizing the Coup in Bamako, Mali. In: Africa Spectrum, 47 (2012), 2/3, S. 93–110. Online unter http://hup.sub.uni-hamburg.de/giga/afsp/article/view/552/550

Whitehouse, Bruce, and Francesco Strazzari, Introduction: Rethinking Challenges to State Sovereignty in Mali and Northwest Africa. In: African Security, 8 (2015), 4, S. 213–226

Whitehouse, Bruce, Mali. In: Sebastian Elischer [et al.] (Eds.), Africa Yearbook. Politics, Economy and Society South of the Sahara in 2014, Vol. 11, Leiden 2015, S. 109–116

Wiedemann, Charlotte, Mali und das Ringen um Würde. Meine Reise in einem verwundeten Land, München 2014

Wing, Susanna D., Constructing Democracy in Transitioning Societies of Africa. Constitutionalism and Deliberation in Mali, New York [et al.] 2008

Wing, Susanna D., French intervention in Mali: strategic alliances, long-term regional presence? In: Small Wars & Insurgencies, 27 (2016), 1, S. 59–80

Wolpin, Miles D., Legitimising State Capitalism. Malian Militarism in Third-World Perspective. In: The Journal of Modern African Studies, 18 (1980), 2, S. 281–295

Literatur und neue Medien

Zounmenou, David, The National Movement for the Liberation of Azawad factor in the Mali crisis. In: African Security Review, 22 (2013), 3, S. 167–174

Belletristik, Erinnerungsliteratur, Reiseberichte, Bildbände

Ba, Amadou Hampaté, Jäger des Wortes, Wuppertal 1993
Ba, Amadou Hampaté, Die Kröte, der Marabut und der Storch und andere Geschichten aus der Savanne, Wuppertal 2013
Ba, Amadou Hampaté, Oui, mon commandant, Wuppertal 1997
Ba, Amadou Hampaté, Wangrins seltsames Schicksal, Frankfurt am Main 1986
Condé, Maryse, Segu, Wie Spreu im Wind, Frankfurt a.M. 2004
Cropp, Wolf-Ulrich, Magisches Afrika – Mali. Faszinierendes Land am Niger, Niederwerrn 2011
Dayak, Mano, Geboren mit Sand in den Augen. Die Autobiografie des Führers der Tuareg-Rebellen. In Zusammenarbeit mit Louis Valentin. Aus dem Franz. von Sigrid Köppen, Zürich 2011 (= Unionsverlag-Taschenbuch, 543)
Dayak, Mano, Die Tuareg-Tragödie. Aus dem Franz. von Sigrid Köppen. Mit einem Nachw. von Michael Stührenberg, Bad Honnef 1996
Friedl, Harald A., Reise Know-How KulturSchock Tuareg, Bielefeld 2015
Hentschel, Tim, Bambara für Mali. Wort für Wort, Bielefeld 2009 (= Reise Know-How Kauderwelsch Band 194)
Ibn-Battuta, Muhammad Ibn Abdallah, Timbuktu. In der Stadt von Kankan Musa. In: Georg Brunold (Hrsg.), Nichts als die Welt. Reportagen und Augenzeugenberichte aus 2500 Jahren, 2009, S. 78–80
Keita, Modibo Sounkalo, Bogenschütze, München 1991
Nagel, Hauke Olaf, Trommler in der Nacht. Reportagen aus Mali, Kiel 2005
Obert, Michael, Regenzauber. Auf dem Fluss der Götter, München 2004
Ouologuem Yambo, Das Gebot der Gewalt, München 1969
Pannke, Peter, und Horst A. Friedrichs, Mali. Reise durch ein magisches Land, München 2008
Park, Mungo, Reisen in das Innere von Afrika. Auf Veranstaltung [sic] der Afrikanischen Gesellschaft in den Jahren 1795-1797 unternommen von Mungo Park, Wundarzt. Hrsg. von Ursula Schinkel, Leipzig 1984
Rosshaupter, Erich, und Ekkehard Rudolph, Die Kinder der Sonne. Reise zu den Dogon in Westafrika. Nachwort von Ellis Kaut, München 1996
Selby, Bettina, Timbuktu! Eine Frau in Schwarzafrika allein mit dem Fahrrad unterwegs, München [u.a.] 1999
Stührenberg, Michael, und Pascal Maitre, Sahara-Expedition. In: Geo, (2002), 1–3; 1: Unter den Söhnen des Windes. Von Timbuktu nach Taoudenni, (März 2002), 3, S. 24–52; 2: Im Reich der blauen Reiter. Von Kidal bis ins Air-Gebirge (April 2002), 4, S. 156–191; 3: Im Treibsand des Wandels. Von Arlit bis auf das Djado-Plateau (Mai 2002), 5, S. 30–60
Trillo, Richard, and Jim Hudgens, The Rough Guide to West Africa, New York 2008
Trotha, Désirée von, Wo sich Himmel und Erde berühren. Tuareg in der Weite der Wüste, München 2003
Wackernagel, Christof, Reden statt schießen: Militärputsch in Malis Kultur des Dialogs. Ein Tagebuch, Münster/Berlin 2013
Wahl, Volker, Dogonblut, Norderstedt 2014
Walter, Ralf, Mali. Eine Reise nach Timbuktu, Hamburg 2011

Anhang

Dokumente

Agreement on Peace and Reconciliation in Mali emanating from the Algiers process (=Letter dated 20 August 2015 from the Permanent Representative of Mali to the United Nations addressed to the President of the Security Council, S/2015/364/Add.1). Online unter http://www.un.org/ga/search/view_doc.asp?symbol=S/2015/364/Add.1

Council of the European Union, Council Decision amending and extending Council Decision 2013/34/CFSP on a European Union military mission to contribute to the training of the Malian Armed Forces (EUTM Mali), 6375/16, 17. März 2016. Online unter http://data.consilium.europa.eu/doc/document/ST-6375-2016-INIT/en/pdf

Deutscher Bundestag, Drucksache 18/7556, 17. Februar 2016 [angenommener Antrag zur Verlängerung des Bundestagsmandates MINUSMA]. Online unter http://dip21.bundestag.de/dip21/btd/18/075/1807556.pdf

Deutscher Bundestag, Drucksache 18/8090, 13. April 2016 [angenommener Antrag zur Verlängerung des Bundestagsmandates EUTM Mali]. Online unter http://dip21.bundestag.de/dip21/btd/18/080/1808090.pdf

Rat der Europäischen Union, Beschluss 2013/34/GASP des Rates vom 17. Januar 2013 über eine Militärmission der Europäischen Union als Beitrag zur Ausbildung der malischen Streitkräfte (EUTM Mali). In: Amtsblatt der Europäischen Union, vom 18. Januar 2013. Online unter http://eur-lex.europa.eu/legal-content/DE/TXT/PDF/?uri=CELEX:32013D0034&from=EN

Rat der Europäischen Union, Beschluss des Rates zur Änderung und Verlängerung des Beschlusses des Rates 2013/34/GASP über eine Militärmission der Europäischen Union als Beitrag zur Ausbildung der malischen Streitkräfte (EUTM Mali), 6375/16, Brüssel, den 17. März 2016. Online unter http://data.consilium.europa.eu/doc/document/ST-6375-2016-INIT/de/pdf

United Nations, Report of the Secretary-General on the situation in Mali, S/2016/285, vom 28. März 2015. Online unter http://www.un.org/ga/search/view_doc.asp?symbol=S/2016/281

United Nations General Assembly, Report of the Independent Expert on the situation of human rights in Mali, A/HRC/31/76, vom 21. Januar 2016. Online unter http://www.ohchr.org/EN/HRBodies/HRC/RegularSessions/Session31/Documents/A%20HRC%2031%2076_E.docx

United Nations Security Council, Resolution 2085, vom 20. Dezember 2012. Online unter http://www.un.org/en/ga/search/view_doc.asp?symbol=S/RES/2085%282012%29

United Nations Security Council, Resolution 2100, vom 25. April 2013. Online unter http://www.un.org/en/peacekeeping/missions/minusma/documents/mali%20_2100_E_.pdf

United Nations Security Council, Resolution 2227, vom 29. Juni 2015. Online unter http://www.un.org/en/ga/search/view_doc.asp?symbol=S/RES/2227(2015)

Filme

Budapest to Bamako, Ungarn 2007–2009 [mehrteilige Dokumentation über Autorallye nach Mali]

Dambé. The Mali Project, Regie: Dearbhla Glynn, Irland 2008 [Dokumentation über ein Musikfestival in Mali]

[Documentaire] Serval, une brigade au combat, Ministère de la Défense, 2015. Online unter http://www.defense.gouv.fr/actualites/articles/documentaire-serval-une-brigade-au-combat [Dokumentantion des französischen Verteidigungsministerium. In Englisch unter https://www.youtube.com/watch?v=QO3iXNtLkug]
Je chanterai pour toi, Regie: Jacques Sarasin, Frankreich, Mali 2001 [musikalische Reise durch Malis Geschichte seit 1960]
Mali und die Kunst des Teilens, Regie: Walter Größbauer und Claudia Pöchlauer, Österreich 2009 [Dokumentation über die Herausforderung humanitärer Hilfe]
This African Life, Regie: Lisa Thompson, USA 2008 [Dokumentation über Leben in malischem Dorf]
Timbuktu, Regie: Abderrahmane Sissako, Frankreich/Mauretanien 2014 [Oscar-nominierter Spielfilm über die islamistische Besatzung Timbuktus]
Vice News Ground Zero – Mali, 2013. Online unter http://www.vice.com/de/video/mali [Kurzdokumentation über Kämpfe in Gao im Februar 2013]
With the Nomads, Regie: Julian Richards, Großbritannien 2006 [Dokumentation über das Leben der Tuareg]
Woodstock in Timbuktu. Die Kunst des Widerstandes, Regie: Désirée von Trotha, Deutschland 2013 [Dokumentation über das 11. internationale »Festival au Désert« und Musiker der Tuareg/Kel Tamaschek]

Internet

http://allafrica.com/mali/ [aktuelle Nachrichten zu Mali]
http://www.crm.de/transform.asp?Domain=RGI&Sprache=de&Bereich=laender&Klientel=laie&Auspraegung=kurz&HTMLfragmente=no&RGI=reisebuero&NN=117&land=117 [Reiseinformationen zu Mali des Centrums für Reisemedizin]
http://eucap-sahel-mali.eu/ [Internetauftritt der zivilen EU Mission in Mali]
http://www.eutmmali.eu/ [Internetauftritt der EUTM Mali]
https://finances.worldbank.org/countries/Mali[Länderinformation Mali der Weltbank]
http://liportal.giz.de/mali.html [Länderinformation Mali der Deutschen Gesellschaft für Internationale Zusammenarbeit (GIZ)]
https://www.cia.gov/library/publications/the-world-factbook/geos/ml.html [Central Intelligence Agency, CIA]
http://www.ethnologue.com/country/ML [Informationen zu Sprachen in Mali]
http://www.imf.org/external/country/MLI/index.htm [Länderinformation Mali des International Monetary Fund, IMF]
http://maliactu.net/ [aktuelle Nachrichten zu Mali, Französisch]
http://malijet.com/ [aktuelle Nachrichten zu Mali, Französisch]
http://www.maliweb.net/ [aktuelle Nachrichten zu Mali, Französisch]
https://minusma.unmissions.org/en [Internetauftritt der VN-Mission MINUSMA]
http://www.securitycouncilreport.org/un-documents/malisahel/ [VN-Dokumente für Mali/Sahel]
http://www.studiotamani.org/ [aktuelle Nachrichten zu Mali, Französisch]
http://www.un.org/en/peacekeeping/missions/minusma/ [Internetauftritt der VN-Mission MINUSMA]
http://www.unric.org/en/unric-library/27756 [Regionales Informationszentrum der Vereinten Nationen für Westeuropa, Backgrounder Mali]
http://zmsbw.de/ [Zentrum für Militärgeschichte und Sozialwissenschaften der Bundeswehr]

Anhang

ADC	Alliance Démocratique du 23 mai pour le Changement
ADEMA-PASJ	Alliance pour la Démocratie au Mali – Parti Pan-Africain pour la Liberté, la Solidarité et la Justice
AFISMA	African-led International Support Mission to Mali
AQIM	Al-Qaida im islamischen Maghreb
ARLA	Armée Révolutionnaire de Libération de l'Azawad
ATNMC	Alliance Touaregue Nord Mali Pour Le Changement
ATT	Amadou Toumani Touré
AU	Afrikanische Union/African Union
BCEAO	Banque Centrale des Etats de l'Afrique de l'Ouest
CEDEAO	Communauté Économique des États de l'Afrique de l'Ouest
CMA	La Coordination des Mouvements de l'Azawad
CMFPR	Coordination des Mouvements et Fronts Patriotiques de Résistance
CPA	Coalition du Peuple de l'Azawad
DDR	Disarmament, Demobilization, and Reintegration
EMP-ABB	Ecole de Maintien de la Paix »Alioune Blondin Beye«
ECOWAS	Economic Community of West African States
EUCAP	European Union Capacity Building Mission
EUTM	European Union Training Mission
FLM	Front de Libération du Macina
FIAA	Front Islamique Arabe de l'Azawad
FNLA	Front de Libération Nationale de l'Azawad
FPLA	Front Populaire de Libération de l'Azawad
GATIA	Groupe Autodéfense Touareg Imghad et Alliés
GIZ	Deutsche Gesellschaft für Internationale Zusammenarbeit
GTIA	Groupement Tactique Interarmes
GSPC	Groupe Salafiste pour la Prédication et le Combat
HCI	Haut Conseil Islamique
HCUA	Haut Conseil pour l'Unité de l'Azawad
IBK	Ibrahim Boubacar Keita
MAA	Mouvement Arabe de l'Azawad
MIA	Mouvement Islamique de l'Azawad
MINUSMA	Mission Multidimensionnelle Intégrée des Nations Unies pour la Stabilisation au Mali
MNA	Mouvement National de l'Azawad
MNLA	Mouvement Nationale de Libération de l'Azawad
MPA	Mouvement Populaire de l'Azawad
MPLA	Mouvement Populaire pour la Libération de l'Azawad
MRRA	Mouvement Républicain pour la Restauration de l'Azawad
MUJAO	Mouvement pour l'Unicité et le Jihad en Afrique de l'Ouest
PSI	Pan-Sahel Initiative
RDA	Rassemblement Démocratique Africain
RPM	Rassemblement Pour le Mali
TSCTI	Trans-Sahara Counterterrorism Initiative
TSCTP	Trans-Sahara Counterterrorism Partnership
UNESCO	United Nations Educational, Scientific and Cultural Organization
UNHCR	United Nations High Commissioner for Refugees
UNTM	Union Nationale des Travailleurs du Mali
ZAR	Zentralafrikanische Republik

Register (Auswahl)

Nicht aufgenommen wurden Begriffe wie Mali. Die alphabetische Ordnung der aus dem islamischen Kulturkreis stammenden Personennamen richtet sich teilweise nicht nach dem in Deutschland üblichen Alphabetisierungsmuster.

Abu Zeid, Abd al-Hamid 168–170, 245
ADC 91 , 241
Adrar des Iforas 33, 40, 57, 83
Ägypten 115, 185, 189
AFISMA 179, 181, 188, 199, 245, 247
Afrikanische Union 72, 95, 97, 109, 162, 180, 242
Agacher-Streifen 237
Agadez 214
ag Albachir, Alla 57
ag Alla, Elledi 57
ag Attaher, Intallah 162, 251
ag Attaher, Zeyd 58
ag Bahanga, Ibrahim 91 f., 157 f., 240, 242
ag Bibi, Ahmada 99
ag Fagaga, Hassan 91
ag Gamou, El Hajj 92, 94, 105, 149, 160 f., 240
ag Ghali, Iyad 87, 91, 94, 154, 158, 162–165, 168, 238, 242, 253
ag Ghali, Mohamed 158
ag Hamani, Ahmed Mohamed 239
ag Intalla, Alghabass 162, 164
ag Intalla, Mohamed 159 f., 251

ag Najem, Mohamed 158
ag Sharif, Bilal 158
Aguelhok 154, 158, 162, 242, 249 f.
Ahaggar 33, 39 f., 43, 83
Albl, Werner 254
al-Gaddafi, Muammar 67, 92, 136, 154, 157 f., 163, 182, 196, 241
Algerien 9, 12, 28, 32–34, 38–43, 47, 51, 56, 58 f., 61, 66–68, 79, 83, 87, 91, 97, 101, 108 f., 111, 117, 134, 136, 138, 140, 151, 166–170, 172 f., 184, 189, 203, 238 f., 242, 244, 252
Algier 39, 91, 97, 101, 111, 160, 239, 250–252
al-Hamam, Yahya Abu 170
al-Mansur, Mulai Ahmed 235
Almoraviden 23, 234
al-Mourabitoun 107, 166 f., 169, 171, 252–255
al-Sahrawi, Adnan Abu Waleed 167, 253
al-Targui, Abd-al-Karim 170

Amadou Amadou III. 35
Amadou, Marabout Sékou 35
Anéfis 106, 247, 249, 254
Ansar Dine 21, 79, 94–96, 99, 108, 154–156, 158 f., 162–166, 169, 171, 232, 242–244, 253–255
Ansongo 138, 251
Aoudaghost 23
AQIM 78 f., 91, 93, 95, 107 f., 113, 153, 155 f., 158, 162, 165–171, 173, 212–214, 232, 240–242, 245, 251, 253
Araber 140, 166
Araouane 38
Archinard, Louis 41
ARLA 87, 89, 91
Arlit 214
ASIFU 188
ATNMC 91 f.
Azawad 12, 45, 82, 92–95, 99, 157, 159, 232, 241 f., 244
az-Zubayr, Rabih 42 f.
Bâ, Amadou Hampâté 226
Badian, Seydou 227
Badi, Sultan Ould 166
Bakr, Abu 23, 234

Anhang

Bamako 7, 14, 20, 26, 38, 40 f., 43, 52 f., 60, 67 f., 70 f., 78, 80 f., 87, 94, 97, 100, 107, 109 f., 118, 120, 123–127, 137, 145, 157, 166 f., 176, 180 f., 193 f., 198, 208, 217–220, 222–225, 227–231, 236, 238, 241–247, 249, 252
Bambara 29, 33, 35, 130, 137, 219 f., 235, 255
Bandiagara 138, 226
Barkhane 109, 164, 173, 189, 209, 215, 217, 250 f., 255
Barth, Heinrich 38, 191
Bel Mokhtar, Mokhtar 166–171, 247
Ben Bella, Ahmed 58
Berabiche 140, 153
Berber 19, 20, 23, 108, 133, 140, 148, 234
Berlin 38, 72, 190, 195, 211
Bin Laden, Osama 167
Bissandougou 36 f.
Boko Haram 153, 165 f., 172, 215
Bonnier, Eugène 41
Borgnis-Desbordes, Gustave 41
Bornu 35, 38, 42
Bouteflika, Abd al-Aziz 56
Brazzaville 42, 47
Bridgewater, Dee Dee 228
Bulgarien 152

Burkina Faso 43, 48, 83, 97, 107–109, 134, 162, 165 f., 172, 180, 184 f., 187 f., 215, 217, 237, 248, 253
Bush, George W. 182
Bussa 38
Caillié, René 29, 38
Cap Verde 37
CEDEAO 178
China 54, 59, 123, 125, 151, 176, 187 f., 220, 222
Cisse, Kaya Maghan 234
Cisse Tunkara 234
CMA 97 f., 104–106, 159–161, 173, 250–254
CMFPR 160 f., 250, 253
Colomb-Béchar 58
Compaoré, Blaise 108, 162, 172
Conze, Albrecht 249
Cooder, Ray 228
Côte d'Ivoire *siehe* Elfenbeinküste
CPA 249 f., 253
Crans-Montana 51
Dahomey 48, 51 f.
Dakar 39, 45, 52, 219, 224, 230
dan Fodio, Usman 34
Déby, Idriss 211
Deutschland 7 f., 10 f., 14, 44, 60, 72, 78, 110 f., 118, 145, 152, 168, 178, 181, 190–192, 194–196, 198–203, 211, 222, 239, 244–247, 250–252, 255

Diabali 244
Diabate, Kasse Mady 229
Diabaté, Massa Makan 227
Diabaté, Toumani 228 f.
Diakité, Yoro 237
Dia Kossoi 234
Diarra, Diby Sillas 58, 197, 243
Diarra, Scheich Modibo 197, 243
Diawara 140
Diawara, Victoria 226
Dicko, Mahmoud 78
Djenné 7, 27, 30, 138, 169, 234 f., 238
Djenné-Djeno 234
Djibouti 208, 210
Djiddah 163
Djouadi, Yahia 168
Dogon 138 f., 219, 227
Dourneauy-Duperré, Charles 39
Droukdal, Abdulmalik 170
ECOWAS 13, 95–97, 108, 151, 155, 162, 172 f., 178–181, 194, 198 f., 242–245
Elfenbeinküste 21, 24, 36, 37, 42 f., 48, 50 f., 107, 109, 126, 139, 165, 173, 178 f., 205–207, 209–212, 214 f., 217
el Hamam, Yahia Abu 169, 245

Register (Auswahl)

el Tilemsi, Ahmed 251
EUCAP Sahel Mali 110, 178, 202, 249, 252
Europa 16 f., 23, 26 f., 32, 41, 44, 51, 55, 90, 130, 138, 142, 150, 152, 203, 219, 222, 240
Europäische Union 10 f., 21, 95–97, 104, 110, 112, 121, 125, 152, 175, 177, 178, 180, 190 f., 200–202, 204–206, 210 f., 216, 230, 233, 241, 245, 247, 249
EUTM Mali 8, 11, 105, 110, 111, 152, 178, 191, 198 f., 201 f., 206, 230, 244 f.246, 249, 251 f., 254 f.
Falea 124
Fanon, Frantz 56
FIAA 87
Flatter, Paul 39, 40
FLM 107, 139, 164 f., 171, 254
FLNA 160 f.
Fofana, Aïcha 226
Fouta-Jalon 35
Fouta-Toro 35
FPLA 87, 89
Frankreich 8, 10 f., 14, 16 f., 27, 36–38, 40–42, 44–46, 48, 50–53, 55–57, 60, 62, 66 f., 74, 82 f., 88, 93, 107, 110, 122, 123, 134, 139, 164 f., 172 f., 179 f., 191 f., 200, 202, 204–206, 208–217, 224, 226, 230, 233, 236 f., 241 f., 244–248, 251
Französisch-Kongo 42, 45
Französisch-Sudan 32 f., 35, 43, 45, 48, 52, 63, 74, 224, 236
Französisch-Westafrika 32, 37, 39, 42–44, 50
Frobenius, Leo 226
Fulani/Fulbe *siehe* Peul
Fuuta Jaalo 235
G5 du Sahel 109, 215
Gabun 208, 210
Gambia (Fluss) 24, 38
Ganda Izo 160, 233
Ganda Koy 89, 134, 138, 160, 239
Gao 14, 24, 26–31, 33, 95, 105, 110, 118, 124, 138, 142, 152, 159 f., 166, 169, 171, 199, 215, 218–220, 223, 230–235, 237, 239, 242–246, 248, 250 f.
GATIA 105 f., 160 f., 251, 253
Gauck, Joachim 199, 202
Gaulle, Charles de 45, 47
Ghana 11, 16 f., 19–26, 122, 139, 179, 234
Gorée 37
Goundam 41
Grand Bassam 217
Grodet, Albert 41
Großbritannien 42, 211
GSPC 91, 153, 163, 167 f., 170
Guinea 20 f., 35–38, 43, 48, 51, 109, 219, 230, 234, 255
Guinea-Bissau 178 f.
Haidara, Chérif Ousmane Madani 79, 94
Hamaha, Omar Ould 248
Hamdullahi 35
Haussa 34 f.
Haut Conseil Islamique 78
d'Hautpoul, Henri Laperrine 40
HCUA 99, 104–106, 159 f., 164, 246–250, 253
Hoggar *siehe* Ahaggar
Hollande, François 204 f., 244, 247
Houphouët-Boigny, Félix 48, 50–52
Ifoghas 33, 83, 87, 91, 153, 159, 163, 245, 251
Imghad 79, 87, 92, 106, 136, 153, 161, 248, 255
In Amenas 169, 171
Internationaler Währungsfonds 65
Jahanka 129
Juratovic, Josip 203
Kaarat 235
Kadiolo 123
Kalana 123

Anhang

Kangaba 24–27
Kati 104, 248
Kayes 35, 43 f., 63, 123
Kayo 220
Keita, Aoua 226
Keita, Ibrahim Boubacar 70, 81, 103 f., 190, 204, 238, 240, 247 f.
Keita, Karim 104
Keita, Modibo 11 f., 46, 48, 50–54, 56, 59–63, 103, 225, 227, 229, 235–239, 251
Keita, Modibo Sounkalo 227
Keita, Salif 228
Keita, Souleymane 164, 255
Keita, Sundjata 23, 25 f., 54, 235
Kel Adagh 33, 135
Kel Tamasheq 134
Kheirou, Hamada Ould Mohamed 165
Kidal 53, 57 f., 77, 94, 99, 101, 105, 109 f., 124, 160–162, 164, 169, 187, 232 f., 237, 239, 242, 244–252, 254 f.
Kita 114, 227
Kitchener, Herbert 42
Kodieran 123
Kodok 42
Kolen, Ali 29, 30, 235
Konaré, Alpha Oumar 12, 63, 70–74, 77, 81, 88, 193, 238 f.
Konaté, Moussa 227
Kongo 42, 109, 205 f., 210, 214
Konna 244
Koufa, Amadou 139, 165
Koukia 24, 28
Koulikoro 14, 43, 110, 112, 199, 218–220, 223, 230, 246, 251
Koumbi Saleh 22 f., 234, 235
Kounta 140, 153
Kousséri 43
Kouyaté, Bassekou 229
Kukia 234
Laing, Gordon 38
Lamy, François Amedée 43
Léré 95, 158, 243
Libyen 12, 28, 33, 44 f., 59, 61, 66–68, 83, 92, 94, 109, 111, 134, 136, 154, 156–158, 162 f., 169, 196, 202, 215 f., 238, 240–242
Ly, Oumar Tatam 247, 249
MAA 161, 242, 247–250, 253
Macina 34 f., 139, 165, 171, 235
Maghreb 57, 78 f., 91, 153, 156, 158, 167, 170, 212
Mali-Föderation 46, 52 f., 236
Malinke 137, 219, 235
Mande 20, 25, 128, 130, 137
Mandingo 124, 219, 227
Mandinka 36, 234
Mangin, Charles 44
Mansa Musa 26 f., 29, 115, 122, 231, 235
Mara, Moussa 105, 249, 251
Marchand, Jean-Baptiste 42
Markala 220
Marokko 23, 28, 31, 33, 38 f., 56, 111, 138, 152, 184, 234 f.
Mauren 117, 120, 140
Mauretanien 20–22, 30, 38, 43–45, 48, 56, 79, 88, 97, 109, 139 f., 151, 154 f., 165, 168, 184, 187, 212, 215, 230, 234, 241, 247–249
Médine 41
Meidou, Mohamed Ould 240
Mekka 27, 29, 35, 115
Ménaka 85, 95, 106, 158, 238 f., 242 f., 249, 251–254
Merkel, Angela 190, 204
MIA 99, 159, 164, 244, 246
MINUSMA 107, 109, 164, 173, 177, 179, 181, 188 f., 199, 202, 216, 246 f., 249 f., 252 f., 255
MNA 92, 157
MNLA 82 f., 92–96, 99, 101, 104–106, 109, 154–160,

Register (Auswahl)

162 f., 166, 241–245, 247–254
Mopti 35, 41, 74, 107, 110, 118, 138 f., 165, 167, 169, 223, 226, 230 f., 254
Mossi 27
MPA 87, 89, 91, 163
MPLA 85, 87, 238
MRRA 160 f.
MUJAO 95, 155 f., 158, 165–167, 169, 171 f., 242 f., 245, 247 f., 251, 254
Nachtigal, Gustav 39
Nampala 108, 240, 251
N'Djamena 43, 215, 250
Niafounké 158
Niamey 34, 42, 199, 215
Niani 26, 29
Niederlande 8, 188
Niger (Fluss) 24, 26, 28, 30, 33–36, 38–41, 43, 83, 89, 117 f., 120, 138–140, 219 f., 224, 228, 230 f.
Niger (Land) 30, 33, 38, 43, 48, 68, 83, 91, 97, 109, 117, 125, 134, 154 f., 160, 168, 172 f., 184 f., 172, 214 f.
Nigeria 35, 38, 42, 97, 109, 166, 172, 178–180, 184, 215, 219, 235
Nioro 45
Nouakchott-Prozesses 109
Obervolta 48, 51 f.

Omar, El Hadsch 235
Ouagadougou 105, 217, 247–249
Ould Cheikh, Mohamed Mahmoud 56
Oulliminden *siehe* Ullemmeden
Ouologuem, Yambo 226 f.
Overweg, Adolf 38
Pakistan 163, 176
Papendiek, Henner 197
Paris 8, 27, 48, 51, 53, 122, 163, 203, 205 f., 208 f., 211, 213, 217, 226 f.
Park, Mungo 38
Peul 30, 34 f., 106, 120, 139 f., 160, 164 f., 219, 248, 255
Pfrengle, Franz Xaver 254
Pivin, Jean-Loup 224
Plateforme 97 f., 105 f., 156, 160 f., 250–254
Rau, Johannes 193, 202
Richardson, James 38
Rohlfs, Gerhard 38 f.
Ruanda 131, 209, 230
Rumsfeld, Donald 185
Sahara 18–24, 28, 31–33, 38–40, 42 f., 55, 66, 79, 83, 90 f., 106, 108, 114, 117, 136, 151, 169 f., 184 f., 209, 231

Sahelzone 19, 30, 32–34, 55, 61, 67, 83, 90, 92, 95, 115, 150 f., 167, 169, 170, 178, 183–187, 201–203, 212, 215, 217, 235, 237, 171
Sanogo, Amadou Haya 80, 103, 142, 147, 159, 180, 242, 247 f.
Saudi-Arabien 163, 228
Say 42 f.
Schweiz 51, 229
Ségou 35, 38, 41, 108, 139, 220, 223, 230
Segu 235
Senegal (Fluss) 33 f., 37, 40, 43, 118
Senegal (Land) 9, 21, 30, 32 f., 35, 40–44, 46, 48 f., 52 f., 60, 62, 74, 109, 124, 126, 173, 184, 191, 208, 219, 235 f., 243
Senghor, Léopold Sédar 48–52, 60
Serval 172 f., 205, 212 f., 215 f., 244, 249 f.
Sévaré 213, 254
Sidibé, Cissé M. 241
Sidibé, Issaka 104, 248
Sidibé, Malick 225, 240 f., 248
Sidi Mahmut 21
Sikasso 37, 53, 108, 164, 223, 240, 253
Sissoko, Django 243
Sokoto 35

Somalia 205 f., 210, 217
Songhay 11, 16–18, 20, 26–29, 30 f., 34, 54, 79, 89, 106, 134, 136, 138, 149, 160, 219, 231 f., 234 f., 239
Soninke 20, 22 f., 137, 139, 234
Sow, Abdoulaye Sékou 238
Spanien 23, 110, 241, 251
St. Louis 37, 39
Sudan 32, 39 f., 42, 189, 224, 226, 234, 236
Südafrika 122 f., 151, 194
Sy, Mamadou Racine 44

Tall, Ahmadou 35
Tall, El Hadsch Umar 35 f.
Tamanrasset 40, 166, 238
Taoussa 118
Taschfin, Yusuf Ibn 23
Teghaza 24
Tessalit 94, 158, 162, 215, 241, 245, 249, 255
Tilemsi 124, 140
Timbuktu 7, 15 f., 20, 26 f., 29 f., 32–35, 38, 40 f., 53, 56, 84, 90, 105, 110, 118, 135, 140, 153, 157, 159 f., 162, 169, 171, 183, 191, 202, 219, 226, 228, 230 f., 235 f., 238–244, 246, 248, 250–253
Tinezawaten 162
Togo 39, 181
Touré, Amadou Toumani 60, 70 f., 74 f., 79–81, 93, 122, 142 f., 146 f., 153 f., 159, 163, 192 f., 208, 212 f., 238–240, 243, 245
Touré, Askia Mohammed I. 30, 232, 235
Touré, Samori 34, 36 f.
Touré, Younoussi 238
Traore (Clan) 25
Traoré, Dioncounda 80, 147, 180
Traoré, Moussa 12, 53, 60–66, 70 f., 74 f., 77, 87 f., 237 f., 243
Tripolis 38 f.
Tschad 39, 42–45, 97, 109, 163, 168, 172 f., 179, 184, 188, 205 f., 209–211, 214 f., 245–249, 251
Tuareg 10, 12 f., 20, 27, 29 f., 33 f., 39–41, 54–59, 61 f., 65–69, 77, 79, 82–87, 89–96, 98–100, 106 f., 117, 120, 128, 131, 133–138, 140 f., 145, 148–150, 153 f., 156 f., 159–163, 166, 168, 172, 192, 196, 197, 200 f., 213, 219, 228, 232, 237 f., 239–242, 245, 247 f., 253, 255
Tukulor 33–36, 41

Ullemmeden 33 f., 41, 44 f.
USA 13, 55, 63, 90, 93 f., 96, 107, 151, 165, 174, 180, 182–187, 189, 200, 216, 239

Vereinte Nationen 8, 11, 13, 51, 74, 95 f., 102, 105, 107, 109 f., 114, 164, 166, 173, 177, 179–181, 188 f., 191, 199, 201 f., 204, 212, 215 f., 233, 243 f., 246–248, 250–253, 255
Vogel, Eduard Ludwig 38

Wagadu 20, 241
Wassulu 34, 36 f.

Yassin, Ibn 23

Zentralafrikanische Republik 202, 205 f., 210, 212, 214 f.